多言語社会研究
2019

三元社

ことばと社会 20号

ことばと社会 **20**号 目次

特集
東京 ことばと都市の統合的理解へ

まえがき ……………………………………………………………………………… 4
パトリック・ハインリッヒ／ましこ・ひでのり／名和 克郎

「東京」－ 社会言語学的過程としての／
社会言語学的経験としての …………………………………………………… 7
パトリック・ハインリッヒ　（訳：塚原 信行）

あいまいな "Tokyo" とわたしたち：大都市圏／生活者／言語 ………… 25
ましこ・ひでのり

東京弁、東京方言、東京語 ………………………………………………… 47
清水 康行

〈コメント〉「東京」のことばと都市の統合的把握のために …………………… 73
名和 克郎

*

《ことばと社会と建築》……………………………………………………… 95
われわれを自由にする「壁」
パトリック・ハインリッヒ　（訳：吉田 達彦）

投稿論文

多言語社会日本にとって、ろう学校が存在する意義 ……………………… 103
中島 武史

書評

◆ 佐藤慎司／佐伯胖（編）『かかわることば――参加し対話する教育・研究へのいざない』………… 126
［評者］アレッサンドロ・マンテッリ

◆ ……………………………………………………………………………………………………… 131
言語人類学と文化人類学に関わる幾つかの宿題の断片的覚書、
あるいはエイハーン『生きている言語』をめぐる徒然なる随想

［評者］渡邊 日日

連載報告 ■ 多言語社会ニッポン

アイヌ語 ⑪ ……………………………………………………………… 164
Aynu itak amososo kuni asir rir
〔アイヌ語復興の新しい流れ〕
丹菊 逸治

琉球弧の言語 ⑲ ………………………………………………………… 184
戦時中の沖縄芸能とうちなーぐちに対する規制
伊佐 尚記

移民の言語 ⑧ …………………………………………………………… 193
在日ベトナム人コミュニティにおける母語教室のあり方
在日ベトナム人2世の言語状況からみる「葛藤」をめぐって
野上 恵美

＊

《映像の中の多言語》………………………………………………………… 202
NHK特集ドラマ（2018）『どこにもない国』にみる「節英」の極北

木村 護郎クリストフ

＊

近刊短評 …………………………………………………………………… 207
Mokuzi（Contents）………………………………………………………… 214
執筆者紹介 ………………………………………………………………… 217

［凡例］引用文中の〔　〕は、注記のないかぎり引用者による省略・補足を意味する。

特集 東京 ことばと都市の統合的理解へ

まえがき

パトリック・ハインリッヒ／ましこ・ひでのり／名和 克郎

　今号の特集は、「東京　ことばと都市の統合的理解へ」である。近年新たな展開を見せつつある大都市の言語状況に関する理論的批判・再検討と、東京という特定の都市の言語状況が持つ諸特質の具体的な探究とを批判的に交差させる形で、新たな議論の場を提供することが、企画時点での本特集の目的であった。本誌前号に掲載された「特集の趣旨」の一部を再掲しておこう。

　　大都市は、国家イデオロギーが唱導する「匿名的かつ均質的」な集合空間ではなく、主体的な動機を持つ多様な個人が交錯する場である。当然、都市の社会言語学的研究は、話者の流動性・創造性、言語機能の多義性を、多面的かつ動態的に取り扱う必要性があり、社会学者等が論じてきた都市特有の関係性をも、方法論上カバーしなければならない。
　　「東京」という空間もまた、この名前が用いられる以前から、常に言語的多様性を内包してきた。21世紀のグローバル都市「東京」には、少数民族を含む国内移住者、多様な背景をもつ海外移住者が暮らしている。他方、日本の地理的位置、植民地支配の歴史、いわゆる「ガラパゴス化」を自明視する風潮等、様々な歴史的社会的経緯により、東京の社会言語的状況が、既存の議論では十全に説明しつくせない個別性を持つことも確かである。〔……〕

様々な紆余曲折の結果、本特集を構成する諸論考は、東京の言語状況の歴史的解析や具体的スピーチ・コミュニティの記述と分析といった具体的な作業よりは、あるべき「東京」の社会言語学的研究への提言、従来の「東京」の言語状況の研究に対する批判的検討、また、そもそも近現代日本において東京で話されていることばがどのように呼ばれ、それについてどのような議論がなされてきたかについての確認作業といった、言わば序論的な作業にかたよったものとなった。

　本特集の冒頭を飾るパトリック・ハインリッヒの論文「「東京」― 社会言語学的過程としての／社会言語学的経験としての」は、学問としての社会言語学の展開と、東京の言語に関する研究の展開とを重ね合わせて辿ることから、重層的なネットワークが交差する「グローバル都市としての東京」の言語状況に対する、今後あるべき研究の方向性を提示する。様々な言語的背景を持つ人々が様々な言語変種で多様なコミュニケーションを展開する東京では、各々の言語変種を同定し時空間の中に位置づける類の古典的な手法のみによってその言語状況を描き尽くすことは出来ず、むしろ言語的に構築された「東京らしさ」、つまり、相応しいとされる言語的相互行為のやり方に関する知識と認識の共有の度合いにこそ注目しなければならない。ハインリッヒはこの観点に立って、固定的な話者の分布の把握から、話者の自己意識への着目、さらに能動的な話者と言語的バリエーションの関係の動態的把握へと展開してきた社会言語学の展開を参照軸として、東京の言語に関する様々な実証的な研究の展開を整理し、今後の研究の方向性を提示する。

　対して、ましこ・ひでのりの論文「あいまいな"Tokyo"とわたしたち：大都市圏／生活者／言語」が強く主張するのは、「方法論的モノリンガリズム」からの「卒業」の必要性である。「東京」の言語現象を論じるにあたっては、日本列島内外からの東京への人口流入に加え、首都圏の膨張に伴い、東京都外から都心に通う生活を送りつつ「東京人」意識を持ち続ける膨大な人々が生成してきたことなど、首都圏が経てきた複層的な変容過程を前提する必要がある。この点を確認した上で、ましこは、「首都圏の言語」の研究から、一方で、英語以外の「外国語」や、日本手話を含むマイノリティの言語など、広義の日本語以外が排除され、他方で東京語、首都圏方言、標準語、共通語等々を実体的に連続的なものと想像してしまう強い傾向が存在してきたことを批判する。ましこが提唱するのは、言語的多様性と動態的な多言語性を捉えるために、様々

な学問分野の知見をも踏まえて、これまでの研究蓄積をあらためて批判的に再吟味する作業である。

　以上二つの論考が、それぞれ異なる視角から、都市一般及び「東京」の言語と社会に関するあり得べき議論の方向性を提示するものであるのに対して、清水康行の論考「東京弁、東京方言、東京語」は、近現代において東京で話されることばがどのように呼ばれ、それについて何が語られ論じられてきたかを、「標準語」との関係にも目を配りつつ、検討したものである。第一に、現代日本語における「東京弁」「東京方言」「東京語」の、一般および学術文献における用例が、東京以外の「〜弁」「〜方言」「〜語」の用例との対比も含めて確認される。第二に、近代の「標準語」に関わる議論における「東京語」の扱いが検討され、社会階層或いは教育の差異への視線に基づき『口語法別記』で排除すべきとされた用法が、実際には小説や雑誌記事で用いられていたものであり、実際の選別の基準が社会階層よりは体系性だった可能性が示唆される。第三に、20世紀後半以降の日本の「方言」調査での被調査者の選抜基準が検討され、国立国語研究所の大規模方言調査における東京都、とりわけ区部への関心の低さ、また「首都圏方言」研究を含め、社会階層や多言語話者への関心が極めて低いこと等が、具体的に指摘される。

　最後に付された名和のコメントは、以上の論考で指摘された論点を批判的に整理検討すると共に、大規模団地での言語社会化や、コンビニエンスストアの名札の表記について名和自身の経験に基づいて検討し、ことばの潜在的多様性や多言語性の内実等について、若干の論点追加を図ったものである。

　本特集の論考はいずれも広義の日本語に止まらない多言語性を一つの焦点としている。このことは、国立国語研究所のような組織と、『ことばと社会——多言語社会研究』という媒体の方向性の違いとして、容易に了解可能ではあろう。にもかかわらず、本特集の諸論考が、そうした分業関係を超えた各方面からの批判を得て、より統合的なことばと都市に関する研究に向けた一つのきっかけになれば、と願っている。

「東京」－社会言語学的過程としての／社会言語学的経験としての

パトリック・ハインリッヒ

訳：塚原 信行

1. 社会言語学的「東京」とはなにか

　おそらく、東京の都市社会言語学に関する一章を始めるのにもっとも良い方法は、「東京」の正確な意味を明らかにすることだろう。これは、社会言語学の立場に立つ本稿からすると、東京が社会言語学的にどのように構築されているのかという問いである。この「東京」は、行政、交通、インフラ、経済などにおける「東京」とは異なる。もちろん、行政、経済、交通といった事柄は、個人のコミュニケーションのあり方に影響する要素という意味では重要である。しかし、考えてみればわかるように、そうした要素は数限りなくあり、たとえば、「離婚経験」「年齢」「ペットの数」なども該当しうる。したがって、東京が社会言語学的な独自性を持つ空間となっているのは、発話に影響する要素が無限に増殖しているからではない。社会言語学的に言えば、東京とは、特定の社会的コミュニケーション過程の帰結としか表現しようがない。東京のような都市は、コミュニケーション上の対立と問題が生ずる場所であり、争いが生じては収まり、あらたな社会言語学的解決策と慣習が根づいていく場所である。それゆえ、必要なことは、東京におけるこうしたコミュニケーションの本質をとらえることである。言いかえれば、「東京的」コミュニケーションを定義するために十分な条件とはなにかを明らかにすることである。

　これは決して簡単な仕事ではないが、他分野における都市研究のアプローチが大きな助けとなる。それらの都市研究に基づき、都市一般の特徴を確認しつ

つ、東京のような場所の特異性を考えることにしてみよう。

(1) まず、人口の集中を示す「World Stable Lights」のデータがある。この人口集中は（幸いにして）国境やその他の行政的境界に沿ったものではない（北本 日付なし）。このデータからは、東京周辺の人口集中は東京周辺で完結せず、東は茨城県から西は福岡県にかけ、いわゆる「太平洋ベルト地帯」沿いに、ほぼ切れ目なくつながっていることがわかる。**東京は巨大ネットワークの一部である。**

(2) 東京のような極大都市は、国内的にも国際的にも、行政、政治、貿易、ビジネス、宗教、文化、芸術などのハブとして機能する。そのため、周辺の地域や国家から多数の訪問者を引き寄せる。この機能のため、都市は明確に規定された地理的人口的実体というよりも、ネットワークの一結節点（ノード）として存在する（Marshall 1989）。**東京は、大規模で多機能多面的かつ多国籍なネットワークの中心的結節点である。**

(3) 上記(1)(2)の結果として、都市はよそ者同士が出会う場所となる。「都会人はよそ者である」（Simmel 1971 [1903]）。都市は大きく、その人口は多く、移民と学生を引き寄せ、社会的に階層化された社会を内包する。「よそ者都会人」は都市で接触状態に入り、一人ひとりが互いに共存する術を学ばなければならない（Sennett 1969）。**東京は、ありとあらゆる面において多様性が見出され、予期せぬ困難と対立がいつ生じても不思議はない場所である。**

(4) 都市は、都市特有の行動で満たされている場所である。「よそ者都会人の共同体」での生活によって生じる可能性がある問題は、実際に都市で生じ、解決されていく。都市は意味に満ち溢れた空間だが、日々の生活において、意味は議論の対象となり、常に（再）生産され、加工され、変質する（De Certeau 1988）。場所は、特定の「世界を理解する方法」である（Cresswell 2004: 11）。人々は、単に都市に「いる」「いない」のではない。そうではなく、「ある場所にいる」ことの意味は、交渉され、従来からの住民を含む、あらゆる人によってあらたに経験される。「コスモポリ

タンな都市では、たとえその都市の生まれであっても、人は自分をよそ者のように感じる」(Deprez 2017: 160) のである。**東京では、あらゆる時とあらゆる場所で、あらゆる人に対して、予期せぬ出来事が生じうる。**

　要するに、東京におけるコミュニケーションは、それ以外の世界とつながりつつ（「グローバル都市としての東京」）、グローバルシステムの中で東京が中心的結節点となっている社会言語学的環境において行われている。東京が世界のあちこちと繋がっている状況は、常にあらたな多様性を生み出し、同時に、解決されるべき挑戦や問題、対立も生み出している。「東京話者」は多様性を経験し、多様性と折り合いをつけるやり方を常に実践していかなければならない。したがって、コミュニケーションにおける「東京らしさ」は、単にある地理的領域（「23区」「東京都市圏」「大東京」）において用いられる特定の支配的言語体系（「東京語」）にのみ見出されるのではなく、異文化間コミュニケーションパターンと、他者と言語に対する柔軟で寛容な傾向にも見出される。東京では、あらゆる人がこうしたコミュニケーション上の特質と向き合わなければならず、そこでは言語能力の高低は問題とはならない。東京でコミュニケーションすることそれ自体が、あらゆる人になにかしらの影響を与えているのであり、地理的な意味での「東京」というくくりは、社会言語学的なくくりとしては不十分である。「東京らしさ」の中心と周縁、言語使用と行動における有標と無標、新しいタイプの話者と古いタイプの話者、といったようなことは、地理的区分によって単純に明らかにできることではない。東京的コミュニケーションを理解するためには、地域性や起源、ナショナリティなどを必ずしも考慮する必要はない。東京的コミュニケーションの探求に必要なのは、ある種類の経験である。

　東京の都市社会言語学にたずさわることが、東京を中心とする、多様化が進む地域間・国家間社会ネットワークに特有の言語的経験を研究することになるという傾向は強まっている。東京では、話者は予期せぬ言語的出会いや相互行為を柔軟に乗り越えていかなければならない。したがって、「東京話者」であることは、特定の社会的スキルであり、すべてのスキルがそうであるように、経験を重ねる必要がある（ちなみに、あるスキルに関する地理的な定義はほとんど意味がない）。社会言語学的に言えば、東京とは、「東京らしさ」が言語的に構築された状況であり、「東京らしさ」は相互行為の特定のやり方（特定の言

語体系、特定のコミュニケーションパターンやスタイル、言語や他者に対する特定の態度）に関する知識あるいは認識を意味する。ここで「知識」と「認識」を強調することは重要である。なぜなら、関与する者すべてがこうした特定のやり方において同様の水準にあるわけではないからである（例えば、かなり昔に地方から上京してきた者や、帰国してきた子供達、留学生などは、往々にしてこうしたやり方に疎い）。にもかかわらず、「東京らしさ」が付随するコミュニケーションに関わる者はすべて、遅かれ早かれ、東京において言語を用いてなにかを行う特定のやり方がどういうものかを認識するようになる。そして、どうにかして、自らのコミュニケーション行為をこれにあわせるように試みる。

　以上、手短に問題の輪郭を明らかにしたが、現在のところ、この種の社会言語学的調査が全般的に不足しているということは認めざるをえない。その原因は、東京に関する研究において、本節で概略的に述べた問いと視点が重要視されてこなかったこと、あるいは広くはみとめられてこなかったことにある。そこで、社会言語学的過程および社会言語学的経験としての東京にどのように取り組むかという議論に入る前に、社会言語学研究が対象としてきた「問題」や、これらの研究の方向性がどのように正当化されてきたか、さらに、これらの研究が日本の社会言語学研究に与えた影響について、概要を簡単に述べておきたい。これは、本稿での最終的な議論に必要となる、社会言語学的・人口統計学的背景を提示することにもなるであろう。

2. 東京と第一の波

相関と分布の社会言語学

　「古典的社会言語学」と呼ばれうる研究、あるいは最近になって「社会言語学の第一の波」（Eckert 2012, 2018）という用語で表現されるようになった研究は、「言語変種」と「社会的マクロカテゴリー」（年齢・ジェンダー・社会階層・宗教・エスニシティなど）を関係づけることによって、言語変種の意味を説明しようと試みたものである。言い換えれば、第一波社会言語学は、言語変種を、これらマクロカテゴリーによって生じるものとみなしていた。ある人が特定の話し方をするのは、そういう人だからだ、と考えられていた。例えば、「練

馬出身の労働者階級の中年女性であること」は「練馬出身の労働者階級の中年女性の話し方」をもたらす、というように。結果として、こうした相関を統計的な差異として論じるといった用心深い姿勢が一部に見られたとしても、全般的には、社会言語学は、社会的属性をあたかも個人から切り離すことができない永続的なものであり、個人はある種のスピーチ——ヴァナキュラー・スピーチ（Labov 1972）——を必ず予定通りに産出するものであるかのように言語変種を研究した。第一波社会言語学の二つ目の特徴は、「話者」よりも「言語」に焦点をあてたことであり、言語が特定の時間と空間に固定されているものとみなされた。そのため、ブロンマートは言語変種に対するこの種のアプローチを「分布の社会言語学」と呼んでいる（Blommaert 2010: 5）。日本の社会言語学は、方言学の強い影響下にあったため、この動向への追従が特に強かった（ましこ 2014; 徳川 1994）。方言学はまさに、時間と空間における言語変種の分布に関するものだからである。

　東京の言語変種に関する研究は当初から、方言学の伝統とは別に、「国語問題」にも影響されていた。「日本語を問題として」みなすことは、日本の壮大な近代化事業と、国語としての日本語の確立への応答であったことを思い起こしたい。国語問題には二つの側面があった。一つ目は、言語コーパスと言語ステータスの問題に関わるものであり、話し言葉と書き言葉の統合、語彙の整備、標準語の選定・規範化・発展などである（飛田 2004; 田中 2001）。二つ目は、解放としての側面である。日本語が近代化のために用いられた最初の非西洋語であったことに留意することが重要である。このことによって、日本語の近代化の担い手たちは、「西洋語」のみが近代性を表現できるという西洋的視点の誤りを証明したからである。当時、ドイツの言語学者アウグスト・シュライヒャーによって提唱された「有機体としての言語」理論が支配的であり、この理論により、非西洋語は「文法的に貧弱」であり、近代的発展を支えることができないとみなされていた（Garvin 1993）。これら二つの側面の組み合わせ（言語問題と抑圧的西洋言語イデオロギー）は1945年以前の「国語問題」へのこだわり（平井 1998）と、言語の一体性のあくなき追求（Heinrich & Galan 2011）を生み出しただけでなく、日本語に対する西洋からの偏見への強力な対抗的イデオロギーを生み出した（イ 1996; ましこ 1997）。東京の言語に関する初期の研究は、こうした動向を反映している。

　他の「世界的都市」や「グローバル都市」と同様、東京もまた多くの移民に

よって構成されているという事実は注目に値する。東京の場合、特徴的な大規模国内移民が二度生じている。一度目は東京の産業化過程において生じたものである（Hugh 1976）。これにより、千住から隅田川沿いにその更に北部と、南西部の多摩川沿い京浜地域の都市化がもたらされた。今日に至るまで、低所得世帯はこれら地域に集中している（菅野／佐野／谷内 2009: 152-155）。これら移民の最貧困層は、スラムに定着した。明治期の東京には、よく知られたゲットーが三つ存在した（三大貧民窟）。都心西部の四谷区鮫河橋、南部の芝区新網町、北部の下谷区万年町がそれらである。当時の東京には言語的多様性や貧困、不平等があり、19世紀の終わり頃には、東京生まれの、いわゆる「江戸っ子」は東京の住民の中では少数派となっていた（Cybriwsky 1991: 73-75; Seidensticker 2010: 521）。東京への移民の数からすれば驚くべきことではないが、東京が抱える独特の社会的地域的多様性と、言語の一体性と均質化へのこだわりがあいまって、移民と下層階級の言語的統合は当時の課題となっていた。二度目は、1960年代の高度経済成長期初期から生じ、バブル経済の終焉まで続いた。二度目においても、方言を標準日本語に「正す」という形での言語的同化が見られた。すべての「標準」でないものが、抑圧と根絶のために有標化された。これは下町ことばも対象とし、東京が拡張するにつれて、多摩方言もその対象とされた（杉本 2014: 309）。

　ここでは「標準日本語」の展開や、それが当時の東京で話されていた社会的地域的変種とどのような関係にあったかについての詳細は述べない（詳しくは真田 2001、杉本 2014を参照されたい）。とりあえずは、「標準日本語」が人工物であり、国語調査委員会の言語学者数名と明治期の小説家によって作り上げられたこと、また、その後の日本における話し言葉に大きな影響を与えたこと（安田 1999）を指摘するだけで十分であろう。明治初期には標準日本語を第一言語としている者は皆無であったが、それは東京の、ほとんどは山の手よりも西で、しばしば言文一致の文学作品を通じて集団的に学ばれていた（野村 2013; Inoue 2006）。東京東部の下町ことばの話し手は、この新しい言語ヘゲモニーの影響を強く受けた。というのも、下町ことばは「労働者階級」のことばとみなされるようになったからである。一方、想像上の山の手ことばの話し手は、「中産階級」とみなされるようになっていた（田中 1999: 94-96）。下町ことばの最も顕著な特徴は、無声声門摩擦音である /h/ が /ʃ/ と口蓋化することであり、このため /hito/ に対して /ʃhito/（人）、/hibiya/ に対して /ʃhibiya/（日比谷）といっ

た変化をもたらしていた。アクセントも異なっていた。山の手ことば（および標準日本語）では、saka（坂）は低－高アクセントだったが、下町ことばでは高－低アクセントであった。形態的にも異なり、山の手ことばでは「たーりない」であったのに対し、下町ことばでは「たーらない」であった。語彙についてもやはり異なっており、例えば、山の手ことばでは「ふろしき」であったが、下町ことばでは「ふるしき」であった。以上の例からも明らかなように、「東京ことば」は「標準日本語」へと奇跡の変容を遂げたわけではなく、東京の社会言語学的状況が均質だったこともなかった。東京ことばは、地域的社会的に階層化していたのである。東京での言語使用は「近代的生活」に適合しなければならず、これは、下町ことばや、多摩方言が、日本のその他の地域方言と同じようにみなされることを意味していた。標準日本語への交代は避けられないものとみなされていた（杉本 2014: 309）。実際に、東京の地域方言の活力は劇的に低下し、今日では絶滅の瀬戸際にある（東京都教育委員会 1986）。

　日本における言語的マイノリティもまた、以上のような国内移民の潮流を通じて東京へ流入し、言語的エスニック的なコミュニティや居住地が東京で形成されるようになった。東京への最初の言語マイノリティ移民は、琉球における不況および食料危機と時を同じくして起こった。具体的には、沖縄史において一般的に「ソテツ地獄」として知られるものと同時期であった。琉球における悲惨な生活状況が原因となり、多くの労働者が日本本土の大都市へと渡っていった。また、1923年におきた関東大震災からの復興のために多くの労働者が必要とされていたことも要因の一つであった（復興の結果、東京の中心部は下町から山の手に移った）。後には、京浜地区の重工業に従事する琉球出身労働者からなる相当大きなコミュニティが鶴見に形成されている（Rabson 2012）。

　1960年代には、二度目の移民とともに、以前よりも多くのアイヌがやってきた。そのほとんどは、東京北部の山谷のようなドヤ街や、多くのアイヌ女性が水商売に従事していた新宿区に定着した（Watson 2014）。筆者の管見の限り、日本の社会言語学はこうしたことを現在に至るまで全く研究してこなかった。おそらくは、当時の日本の言語学において、「社会」に関することがタブー視されていたのが理由だろう（真田 2006: 1）。結果として、今日のわれわれは、5万人ほどの琉球出身移民と、アイヌを背景に持つ5千人以上の移民の言語生活に関する社会言語学的知見を持っていないのである。

　東京への国際的移民ははるかに強い注意を引いた。紙幅の制約と、この分野

におけるすぐれた多くの研究（例えば、工藤／森 2015; 多言語化現象研究会 2013）があることから、ここでは詳細には立ち入らないが、初期の研究の焦点が学校教育と言語的同化であったことを指摘するだけで十分だろう。言い換えれば、移民の多言語使用や言語継承よりも、移民によって話される日本語の方がより注目を集めたということである。社会言語学的な側面に関する研究はようやく1990年代中盤になってあらわれている（国際日本語普及協会 1993; Maher & Yashiro 1995; 宮島 1995）。今日、東京には50万をこえる外国人が住んでいる。この話題については、おって触れることにしよう。

　ここで、日本における都市社会言語学の話題に戻ることにしよう。クルマスは社会言語学を「これまでも現在も本質的に都市的なもの〔……〕産業都市社会の分析の中から現れ、またその分析のために現れたもの」（Coulmas 2017: 12）と述べている。これは欧米の伝統にはあてはまるが、日本の場合は異なる。日本において都市社会言語学が重要なテーマだったことは一度もない（真田／柴田 1982; 真田 1994, 1995, 2000を参照）。唯一の例外は、1970年代終盤および1980年代初頭の数年であり、当時は国立国語研究所おける標準化に関する研究が最盛期を過ぎたが、「国際化」の社会言語学的側面についての研究はまだ始まっていない、という時期だった。

　さて、「都市化」は1970年代における社会科学の重要なキーワードであった。というのも、日本における急激な都市化は、インフラから公害、さらには共同体生活までの範囲において、重大で前例のない多くの問題を引き起こしつつあったからである。1887年に出版されたテンニースの古典的研究『ゲマインシャフトとゲゼルシャフト』（共同体と社会）[1]は、早くも1927年に日本語に翻訳されている（テンニース 1927）が、これになぞらえれば、（八丈島、白川、岡崎、鶴ケ丘などの）農村部における「共同体の社会言語学」から「社会の社会言語学」への転換が試みられたと言えるだろう。この種の最初の研究は、標準日本語と方言の関係をさぐる大規模調査であり、大阪と東京において、標準日本語と方言それぞれに対する態度を研究するものであった。しかし、インフォーマントの多くが実際は方言話者であり、大都市においても身近で親密なネットワークを持っていたため、都市における言語生活が農村部におけるものとどのように異なるのかという明確な見取り図は提示されなかった（国立国語研究所 1981）。

　その後に行われた二つ目の大規模調査は、日立製作所などでの言語生活に関

するものであり、会社組織の職階と、職階の敬語使用への影響に特に注目するものであった。この調査でも、記録された言語使用は予想されたほど特徴があるものではなかった。あらゆる職階の従業員間で頻繁で身近なやりとりがあったが、大部分は親密性が反映された言語使用という結論に落ち着いてしまった（国立国語研究所 1983）。これら二つの大規模で入念な調査から得られた新しい視点がそれほど多くなかったことを考えると、これらの調査がその後の日本の社会言語学の発展にほとんどインパクトを与えなかったことは不思議ではない。都市社会言語学の伝統は発展せず、今日、東京に関する研究の多くは、過去の言語状況に関する文献学的アプローチにとどまっている。もちろん、注目に値する例外もある（例えば、Backhaus 2007; 山下 2016）。

　国立国語研究所が都市言語の研究、具体的には東京都市圏の話し言葉について取り組むまでには40年が必要だった（国立国語研究所 2013）。「首都圏の言語の実態と動向に関する研究」という包括的タイトルのもと、四つの異なるプロジェクトが一つの報告書にまとめられた。個々のプロジェクトは、(1) 首都圏大学生の言語使用と言語意識の地域差に関する調査、(2) 東京のことばに関する研究者インタビュー、(3) 首都圏の言語に関する研究文献目録、(4) 東京語アクセント資料の電子化、である。プロジェクト全体は、第一波社会言語学の顕著な特徴である二つの見方に基づいている。一つは、古典的なマクロ変数とその組み合わせ（出身地と年齢）が言語的バリエーションおよび言語意識のバリエーションの理由であるという見方、二つ目は地理的空間を特に強調する見方である。後者は少々珍しい。なぜなら、都市状況におけるバリエーションを理解するためには、「語られない言語的変種や混交が小規模な都市の広がりにも存在する以上、過去に方言学者がしたように、地理的空間を多様性に関する最も顕著で意味がある次元と見なすことはもはや不可能である」（Coulmas 2017: 12）ことが理解されつつあったからである。この都市社会言語学プロジェクトにくむべきところはあるものの、基本的には地方における方言学をグローバル化した都市に適用したものと言える。

　調査から一つの例を見てみよう。東京都と埼玉県に立地する8つの大学の学生を対象に、35の言語表現について、「言う」「聞いたことがある」「聞かない」のいずれかを、携帯電話を使って回答してもらうものである。学生には、5歳から15歳までの間の最長居住地もたずねており、これを生育地として回答が地図上に記されていく。最初の質問は、標準日本語では「片付ける」とな

る、「カタス」という関東方言についてである。圧倒的多数の96％がこの表現を知っており、75％がよく使うと回答している。「カタス」という表現は一度は使われなくなったが、東京都市圏の学生の間では知られ使われている。古い関東方言が復活しているということになるが、その使用／非使用を学生の生育地によって本当に説明できるのだろうか。基本的には関東方言は一旦衰退しているのだから、学生の間での「カタス」の広がりは「話し言葉のスタイル」のあらわれではあっても、「地域ことば」のあらわれではない。この話し言葉のスタイルはもちろん地理的基礎をもっていることであろう（どこでもない場所では発展できないのだから）。しかし、社会的ネットワーク、ジェンダー、社会階層、通った学校の種類、などのほうがはるかに大きなインパクトを与えた可能性がある。たとえば、この表現を使うことで学生たちは自分の「関東性」を示したがっている、と考えることは難しい。この事例の場合、もし、消えつつあることばを復活させることが「自分がなりたいもの」を示している、と考えるとすれば、少々独創的にすぎるだろう。残念ながら、「カタス」が社会的に示すものがなにかはわかっておらず、今日の東京の大学生の間で、どのような相互作用が働いているのかもわからない。しかし、そうした知識がなければ、社会言語学的な「動向」を発見することはまず不可能である。都市社会言語学には、それに見合った質問項目と調査方法が必要なのだが、このプロジェクトにはそれが欠けている。

　「都市社会言語学」は、「たまたま都市になった」空間における言語データを研究するものではない。意味のある結果を引き出すためには、都市的コミュニケーション（導入部参照）の理解が必要となる。この節を閉じるにあたり、現在の都市社会言語学の枠組みにおいて東京をどのように研究できるかという議論に立ち戻ることにしよう。そのためには、第二波と、わけても第三波社会言語学が有益な出発点を提供してくれる。

3.　東京と第二波および第三波社会言語学
ローカルな意味と移動の社会言語学

　まず、第二波社会言語学のアプローチについて見てみよう。社会言語学は

1990年代に、社会的マクロカテゴリーからローカルな意味およびカテゴリーへと立ち戻りはじめた。言い換えれば、第二波は社会言語学に再び「エスノグラフィー」をもたらしたのである。研究対象となっている言語の話者にとって、意味があるカテゴリーとその役割とはなにか？ ローカルなダイナミズムとはなにか、そしてそこに参加する話者によってそれがどのように受け止められているのか？ 第一波のアプローチには（西洋でも日本でも）こうしたローカルな差異や意味が不在だったことは見たとおりだが、実際には、若者、男性、女性、学生、既婚者、パート労働者などであることの意味は、人や場所によって大きく異なる。例えば、「日本で若者であること」は「イタリアで若者であること」とはなにかしら違うことを意味するし、それはメタ言語、つまり、年齢に関係するイーミック[2]なカテゴリーに反映される（Heinrich & Galan 2018）。「二十代」に相当するイタリア語の表現はなく、イタリア語の「prima età adulta」（第一成人期、22歳から39歳）や「seconda età adulta」（第二成人期、40歳から59歳）に該当する確立された日本語表現もない。言語的バリエーションを説明するイーミックな概念への立ち戻りが第二波社会言語学の主要な貢献であった。たとえば、多岐にわたる様々な日本的ジェンダー役割と個人の性的指向に関するイーミックな視点は、言語的バリエーションの研究にとって、「性別」という生物学的概念よりもはるかに意味がある。東京都市圏の学生の例について再び考えてみると、第二波社会言語学の観点からすれば、次のような問いを立てることができたはずである。東京の日本人大学生は、お互いを言語的にどのように区別しているのか？ 自分自身をどのように区別しているのか？ 若者の間での言語的バリエーションの説明のために「大学生」というカテゴリーは有効か？ また、下位種はあるのか？ 国公立大学の学生と私立大学の学生の間に違いはあるのか？ 偏差値が高い大学と低い大学との間に違いはあるか？ 理系と文系では？ これらの変数は交差するのか？ 最初にエスノグラフィックな観察を行い、それを言語と関係づけなければ、こうした問いのいずれにも答えることができない（ちなみに、柴田武のような言語生活に関する戦後のパイオニアらは、この点について非常に長けており、ある種の第二波社会言語学を先駆的に行っていた）。加えて言うなら、学生にとって本当に「意味がある場所」とはなにか？ 20年前に筆者が東京で学生だった頃、池袋をぶらつくこと、新宿をぶらつくこと、渋谷をぶらつくことにはそれぞれ全く異なる意味合いがあった。例えば、池袋を「本拠地」とすることは、丸の

内では決してぶらつかないという意味でもあった。今日の東京で学生にとって意味がある境界線はなにか？ 学生たちにとってそれはなにを意味しており、どういう言語使用と関係しているのか？ これが第二波アプローチにおいて重要なことであり、千葉で育ったか神奈川で育ったかは重要ではない。コミュニティと言語というテーマについて話者自身が知っている話者自身のことを調査するのが第二波アプローチである。

　次に、東京の研究にとって第三波社会言語学がなし得たであろう貢献について考えてみよう。第三波を最も単純に表現するなら、言語的バリエーション（とその意味）と話者の関係を根本に据えるもの、となる。先に「練馬出身の労働者階級の中年女性であること」は「練馬出身の労働者階級の中年女性の話し方」をもたらすという例で示したような第一波とは異なり、言語を中心に置くことで話者が遠ざけられるということはなくなった。第三波アプローチには、あたらしい点が二つある。一つ目は、話者を言語の「受動的担い手」ではなく、言語をつうじて自らを構築し表現する能動的なエージェントとみなすことである。二つ目は、意味を「固定された静的なもの」ではなく、話者と文脈に応じて変化する潜在的な意味範疇（いわゆる「複指標性」）（Eckert 2003: 453）ととらえることである。例えば、「東京の男性のスピーチ」は日本各地で異なった受けとめをされ、大阪のような場所では「やさしく女性的」なものと受けとめられる（Okamoto & Shibamoto-Smith 2016: 255）。言い換えると、どこでも同一であるかのように考えられがちな「男性的役割」一つをとっても、異なる場所と文脈においては、異なって理解されるということである。意味は安定しておらず、その場の文脈においてのみ意味をなす。だからこそ、個人が操る言語は、個人の生活史によって決定され形づくられる。個人は、予見が難しい変化する特定の文脈において特定のなにかを行うために、自分が持つ言語レパートリーによって社会的役割と関係を構築する。これが今日の都市社会言語学において支配的な見方である（Blommaert 2010; Eckert 2018; Pennycook and Otsuji 2015; Smakman and Heinrich 2017）。こうした研究は終わることがない。というのも、都市における言語を総体として「とらえる」ことは決してできないからである。ポストモダン都市における言語は、移動性・複雑性・非予見性によって特徴づけられる（Blommaert 2013: 6）。「動向」を予見するために「現状の調査」を通じて言語的バリエーションをとらえようとすることは、東京のような場所にみられる社会言語学的状況を全般に単純化することになる。東京はポストモダン

世界の重要な中心地であり、固定化された関係やつながり、予想や動向は役に立たなくなった。言語と社会は液状化した（ハインリッヒ／石部 2016）のであり、21世紀の社会言語学には、こうしたポストモダン的生活へとその方法を適合させることが求められている。

　国民国家は、文化と言語において常に、その自画像をはるかに越えて多様であった。本号で20冊を数える『ことばと社会』に見られるように、日本も例外ではない。この多様性が大都市ほどよくあらわれている場所は他にはない。東京における現時点での外国人住民の数は、1873年当時の東京の人口である60万人とほぼ同じである。さらに、継続する観光ブームや、東京のような世界都市を故郷のように感じる精力的なグローバルエリートの出現もあいまって、日本の他の場所には存在しないような特有の社会言語学的状況が東京にはある。都市生活と文化は、ナショナリズム的想像とは常に異なるものであったが、今日では、社会言語学的状況とナショナリズム的想像との隔たりが急速に拡大している。日本において、東京はこの傾向の最先端にあり、だからこそ、日本の社会言語学が都市社会言語学研究に取り組むことが必要なのである。東京はたんに「多様」なのではなく、「超多様」となっている。別の言い方をすれば、「多様性が多様化しつつある」（Vertovec 2007）。たとえば、東京の在日朝鮮人は、もはや「エスニックな地区」に住む「下層階級」ではない。在日は、あらゆる場所に住み、あらゆる社会的空間に見出される。収入や職業、将来への希望、言語的レパートリーやアイデンティティは多岐にわたる。第三波社会言語学に取り組むことは、「多様性の海に正面から飛び込む」ことであり、人々がどのように日常生活を切り抜け、それが人々にとってどのような意味を持つかを目にすることである。これらのどれひとつとして、第一波の伝統である「分布の社会言語学」ではとらえることができない。

　第三波社会言語学は、（行政区域としての！）東京だという理由で、人々がある予見可能な発話方法をとる、という見方を出発点としない。東京人は、東京に特有の暗示的文脈と意味を創造する、相互につながり移動する能動的エージェントとみなされる。人々は「東京している」のである。「東京している」のは、言語についてだけではない。それは東京の生活様式の一部であり、学際的方法が都市社会言語学に最も適している理由でもある。東京のようなグローバル都市は、グローバル化した知識経済と文化経済によって特徴づけられている。そうした経済状況の特質は、標準化・規範化から唯一性・独自性への移行

である。現代の東京は、自身の唯一独特なライフスタイルを「企画展示」する人々であふれている。これは物質的か非物質的かにかかわらず、生活のあらゆる面においてあらわれている。東京では、（服装、友情、食料、食品、家具、建築など）、あらゆるところに非－標準化と非－規範化が見いだせる。さほど驚くことではないが、言語もそうである（例えば、新東京方言、標準日本語のくだけた使用、方言コスプレ、SNS等における「ガラパゴス現象」、コードスイッチング、外国なまり、第二言語話者バリエーション、多言語や混成言語による看板など）。東京でこうしたことを日々経験する人々は、それを生きる方法を学び、大概は東京生活を楽しんでいる。流動性やあいまいさ、非予見性を適切に評価しつつ、現代の東京のライフスタイルに随伴するこの種の言語生活についての研究方法を学ぶことが必要である。筆者は、東京のようなポストモダン空間は、言語的過程と言語的経験に関して最もすぐれた研究対象ではないかと考えている。その理由について述べつつ、本稿を閉じることとしたい。

4.　結論　社会言語学的過程と社会言語学的経験としての都市

　周縁化された集団に注目し、日本の多様性を認めることは、現在の日本の社会言語学の「主流」である。領域や時代に言語を固定する分布の社会言語学はもう機能していない。であれば、「日本の社会言語学で、次に来るものはなにか」という問いがうかびあがってくる。今日の日本社会は主として都市社会であり、東京が世界最大の都市だという事実は、ポストモダンの都市社会言語学に取り組む十分な理由を告げている。なすべきことは複雑であり、第二波と第三波のアプローチ（第二波の知見に基づかなければ第三波のアプローチはとれない）によるあたらしい多くの事例研究に取り組む以外、東京における都市社会言語学の研究を始める方法はない。

　東京はあいまいであり、そのあいまいさを受け入れるだけではなく、そのあいまいさに基づいた研究計画を立てなければならない。こうした文脈では、あたらしいタイプの話者や学習者、言語所有のさまざまな度合い、ポリランゲージングやトランスランゲージング、ランゲージクロッシングがひろく観察される。そうした状況では、「個別の話者」の方が「スピーチコミュニティ」というフレームワーク概念よりも重要となる。さまざまな話者集団はさらに多様化

し、結果として、社会言語学調査は、個別の「言語レパートリー」に注目せざるをえなくなる（Blommaert & Backus 2013）。この種の調査は日本の社会言語学ではまだ目立たないが、わずかながらも先駆的事例研究が存在する（Otsuji 2015など）。これらは、東京における都市社会言語学にどのように取り組むべきかという重要なモデルである。

　都市は多声的であり、増加する予見困難な個人によってつくりだされた「言語」の断片から構成されている。その総体において、これらの声は、各都市で異なる「響き」と化す。個人の経験は、個別の集団に結実する。過去150年間、東京は言語的同化によって特徴づけられてきたかもしれないが、その同化は決して完了することがなかった。その痕跡は、言語や態度に残されている。東京の過去が痕跡を残したのは、東京の多様性が東京に特有のさまざまな機能を果たしてきたからだ。結果として、移民から構成されるその他の大都市（ニューヨーク、パリ、カイロ、ドバイ）と同様、東京は今日、独自の響きを有している。過去の言語状況は東京にある種の構造をもたらしたが、だからといって指揮者や譜面があるわけではない。言い換えると、そこには「実態」も「動向」も存在しないのである。響きは日々あらたに作り出され、それゆえに、毎日少しずつ異なっている。しかし、まったく異なるわけでもない。個人は、過去に東京に住み、東京の言語的風景に痕跡を残した人々の経験を引き継いでいるのであり（カタス！）、過去の経験に基づかなければあたらしいものを作り上げることができないからだ。都市が社会言語学的過程および社会言語学的経験となるのは、これが理由である。これを研究することは、歴史的過程とその遺産という二つの側面と、それらが日々の経験と擦り合わされている現在とに焦点をあわせることである。現在の経験はそれまでの経験の上に積み重なり、結果として過去に一層の深みを与えるのだから。「東京の響き」を構築する言語的材料はなんなのか？　東京で「よそ者都会人」が知り合うに従ってそれがどのように用いられ変化したのか？　そして毎日お互いにどうやってうまくやっていくのか？　こうしたことを知る術は、現在の東京における都市言語生活に関して、第二波と第三波の研究をすすめる他にない。同時に、こうしたミクロ要素は、より大きな特定の東京の響き（サウンド）——実際には耳にすることは決してないが、なにかしらの「東京する」経験を持つ者すべてにとってなじみがある——の一部であることを忘れてはならないだろう。

■注

1　テンニースの主著は、日本語では『ゲマインシャフトとゲゼルシャフト』、或いは初訳時の標題『共同社会と利益社会』として知られているが、英語では *Community and Society* という標題で訳されている。
2　イーミック（emic）は文化固有的なカテゴリである。それに対して、エティック（etic）は普遍的なカテゴリを示す。これらは、phonemic（音韻）と phonetic（音声）という用語に基づき、ケネス・パイクによって考案された。

■参考文献

イ・ヨンスク（1996）『「国語」という思想──近代日本の言語意識』岩波書店。
北本朝展（日付なし）「宇宙から見た夜の地球」http://agora.ex.nii.ac.jp/~kitamoto/research/rs/world-lights.html.ja（2018年7月5日閲覧）。
工藤真由美／森幸一（編）(2015)『日系移民社会における言語接触のダイナミズム』大阪大学出版会。
国立国語研究所（1981）『大都市の言語生活』三省堂。
国立国語研究所（1983）『企業の中の敬語』三省堂。
国立国語研究所（2013）「首都圏の言語の実態と動向に関する研究」http://pj.ninjal.ac.jp/shutoken/（2018年7月17日閲覧）
国際日本語普及協会（1993）『日本に定住したインドシナ難民の母語の保持と喪失に関する調査研究：報告書』国際日本語普及協会。
真田信治（1994）『日本における社会言語学的研究文献リスト（1982-1986）』大阪大学文学部。
真田信治（1995）『日本における社会言語学的研究文献リスト（1987-1992）』大阪大学文学部。
真田信治（2000）『日本における社会言語学的研究文献リスト（1993-2000）』大阪大学文学部。
真田信治（2001）『標準語の成立事情──日本人の共通ことばはいかにして生まれたか』(PHP文庫)、PHP研究所。
真田信治（2006）『社会言語学の課題』くろしお出版。
真田信治／柴田武（1982）『日本における社会言語学の動向』個人出版。
菅野峰明／佐野充／谷内達（編）(2009)『首都圏Ⅰ（東京都・神奈川県・埼玉県・千葉県）』(日本の地誌5)、朝倉書店。
杉本つとむ（2014）『東京語の歴史』(講談社学術文庫)、講談社。
多言語化現象研究会（編）(2013)『多言語社会日本──その現状と課題』三元社。
田中章夫（1999）『日本語の位相と位相差』明治書院。
田中章夫（2001）『近代日本語の文法と表現』明治書院。
テンニース、フェルディナント（1927）『共同社会と利益社会』井森陸平（訳）、巌松堂書店。
東京都教育委員会（1986）『東京語言語地図』東京都教育委員会。
徳川宗賢（1994）「方言学から社会言語学へ」『阪大日本語研究』6、1〜28頁。
飛田良文（編）(2004)『国語論究11　言文一致運動』明治書院。

野村剛史（2013）『日本語のスタンダードの歴史──ミヤコ言葉から言文一致まで』岩波書店。

ハインリッヒ、パトリック／石部尚登（2016）「第三の波の社会言語学におけることばとアイデンティティ」、『ことばと社会』編集委員会（編）『ことばと社会』18号（特集：アイデンティティ研究の新展開）、4〜10頁。

平井昌夫（著）(1998 [1948])、安田敏朗（解説）『國語國字問題の歴史』三元社。

ましこ・ひでのり（1997）『イデオロギーとしての「日本」──「国語」「日本史」の知識社会学』三元社。

ましこ・ひでのり（2014）「日本の 社会言語学は なにを してきたのか。どこへ いこうと しているのか。──「戦後日本の社会言語学」小史」『社会言語学』第14号、1〜23頁。

宮島達夫（1995）「多言語社会への対応──大阪：1994年」『阪大日本語研究』7、1〜21頁。

安田敏朗（1999）『〈国語〉と〈方言〉のあいだ──言語構築の政治学』人文書院。

山下里香（2016）『在日パキスタン人児童の多言語使用──コードスイッチングとスタイルシフトの研究』ひつじ書房。

Backhaus, Peter (2007) *Linguistic Landscapes: A Comparative Study of Urban Multilingualism in Tokyo*, Clevedon: Multilingual Matters.

Blommaert, Jan (2010) *The Sociolinguistics of Globalization*, Cambridge: Cambridge University Press.

Blommaert, Jan (2013) *Ethnography, Superdiversity and Linguistic Landscapes: Chronicles of Complexity*, Bristol: Multilingual Matters.

Blommaert, Jan & Ad Backus (2013) "Superdiverse Repertoires and the Individual", Ingrid de Saint-Georges & Jean-Jacques Weber (eds.) *Multilingualism and Multimodality: Current Challenges for Educational Studies*, Rotterdam: Sense, pp.11-32.

Coulmas, Florian (2017) "Urbanisation and Linguistic Multitude", Dick Smakman & Patrick Heinrich (eds.) *Urban Sociolinguistics: The City as a Linguistic Process and Experience*, London: Routledge, pp.12-24.

Cresswell, Tim (2004) *Place: A Short Introduction*, Malden: Blackwell.

Cybriwsky, Roman (1991) *Tokyo: The Changing Profile of an Urban Giant*, London: Belhaven Press.

De Certeau, Michael (1988) *The Practice of Everyday Life*, Berkeley: University of California Press.

Deprez, Christine (2017) "The City as a Result of Experience: Paris and its Nearby Suburbs", Dick Smakman & Patrick Heinrich (eds.) *Urban Sociolinguistics: The City as a Linguistic Process and Experience*, London: Routledge, pp.148-161.

Eckert, Penelope (2003) "Elephants in the Room", *Journal of Sociolinguistics* 7(3), pp.392-431.

Eckert, Penelope (2012) "Three Waves of Variation Study: The Emergence of Meaning in the Study of Sociolinguistic Variation", *Annual Review of Anthropology* 41, pp.87-100.

Eckert, Penelope (2018) *Meaning and Linguistic Variation: The Third Wave in Sociolinguistics*, Cambridge: Cambridge University Press.

Garvin, Paul L. (1993) "A Conceptual Framework for the Study of Language Standardization",

International Journal of the Sociology of Language, 100/101, pp.37-54.

Heinrich, Patrick & Christian Galan (eds.) (2011) *Language Life in Japan: Transformations and Prospects*, London: Routledge.

Heinrich, Patrick & Christian Galan (eds.) (2018) *Being Young in Super-Aging Japan: Formative Events and Cultural Reactions*, London: Routledge.

Hugh, Patrick (1976) (ed.) *Japanese Industrialization and its Social Consequences*, Berkeley: University of California Press.

Inoue, Miyako (2006) *Vicarious Language: Gender and Linguistic Modernity in Japan*, Berkeley: University of California Press.

Labov, William (1972) *Sociolinguistic Patterns*, Philadelphia: University of Pennsylvania Press.

Maher, John C. & Kyoko Yashiro (1995) *Multilingual Japan*, Clevedon: Multilingual Matters.

Marshall, John U. (1989) *The Structure of Urban Systems*, Toronto: University of Toronto Press.

Okamoto, Shigeko & Janet S. Shibamoto-Smith (2016) *The Social Life of The Japanese Language: Cultural Discourse and Situated Practice*, Cambridge: Cambridge University Press.

Otsuji, Emi (2015) "Metrolingual Tokyo: C'est un Peu Difficile, mais it's very Fan desu yo", Ikuko Nakane, Emi Otsuji & William S. Armour (eds.), *Languages and Identities in a Transitional Japan: From Internationalization to Globalization*, London: Routledge, pp.101-120.

Pennycook, Alastair & Emi Otsuji (2015) *Metrolingualism: Language in the City*, London: Routledge.

Rabson, Steve (2012) *The Okinawan Diaspora in Japan: Crossing the Borders Within*, Honolulu: University of Hawai'i Press.

Seidensticker, Edward (2010) *Tokyo from Edo to Showa 1867-1989: The Emergence of the World's Greatest City*, Rutland: Tuttle.

Sennett, Richard (1969) *Classic Essays on the Culture of Cities*, New York: Appleton-Century-Crofts.

Simmel, Georg (1971 [1903]) *The Metropolis and Mental Life*, New York: Free Press.

Smakman, Dick & Patrick Heinrich (eds.) (2017) *Urban Sociolinguistics: The City as a Linguistic Process and Experience*, London: Routledge.

Vertovec, Steven (2007) "Super-diversity and its Implications", *Ethnic and Racial Studies* 30.6, pp.1024-1054.

Watson, Mark K. (2014) *Japan's Ainu Minority in Tokyo: Diasporic Indigeneity and Urban Politics*, London: Routledge.

●特集　東京 ことばと都市の統合的理解へ

あいまいな "Tokyo" とわたしたち：大都市圏／生活者／言語

ましこ・ひでのり

1.　はじめに：メガロポリス "Tokyo" という時／空

　大都市圏としての「東京」は、さまざまな指標から境界線がひかれることで、複数の空間として認識される。いずれにせよ、約3000万人と、世界一ともいわれる人口集中空間であり、加速するグローバル化のもと世界中からヒト／モノ／カネ／情報がすいよせられ、同時にはきだされつづける拠点のひとつだという点はあきらかだ。本節では、大都市圏「東京」における言語現象の多様性をみていくまえの準備として、少々空間論・時間論を展開してみたい。

　まず、「東京」という空間を法的な行政上の区域として理解するのは、文化現象を把握するうえで得策ではない。たとえば固有名詞「東京」は平然と行政区画を越境してきた。「東京都」からはみでて、「東京国際大学」（埼玉県川越市／坂戸市）、「東京ディズニーランド」（千葉県浦安市）、「東京綜合写真専門学校」（神奈川県横浜市）といったぐあいに。

　ウィキペディア「東京を中心とする地域の定義一覧」[1]にあたるだけでも、つぎのようなことがわかる。まず「経済的定義」として、「東京圏」（多極分散型国土形成促進法）、「東京都市圏」（都市雇用圏）といった、法制上複数の把握があり、「距離的定義」としても、「東京50キロ圏」（運輸政策審議会）、「東京70キロ圏」（国勢調査）という複数の水準がある。また、つづく記述には「国土交通省が作成している『首都圏整備に関する年次報告』（首都圏白書）では、

東京都、埼玉県、千葉県、神奈川県の1都3県を東京圏と定義している」とあるように、そもそも行政全体で地理的認識にユレをかかえていることはあきらかだ。しかも「1都3県」という行政区による機械的抽出については、「東京都心から海を隔てた東京都島嶼部や東京都心からかなり離れた千葉県の房総半島南部や埼玉県の秩父地方などが「東京圏」に含まれる一方で、東京都心からの距離が比較的近い茨城県南部は「東京圏」には含まれないことになる」（同上）との否定的見解があるように、内包（共通性）・外延（具体的対象）ともに、合理性をそなえていない。

　行政区画より恣意性がひくそうにみえる、客観的な物理的距離にもとづく「距離的定義」（＝同心円モデル）も、内実はあやしい。いずれにせよ、行政による経済地理学的データに依拠すれば客観性が担保できるわけではないのである[2]。

　それはともかく、すくなくとも昼夜間人口比率[3]が9わりをわりこむ埼玉・千葉、約9わりの神奈川の3県において、東京都へ通勤通学する住民たちには「埼玉都民」などといった意識がうまれており、鉄道網を中心に行政区分を越境した「東京圏」＝「首都圏」を拡張させたことはあきらかだ（田中 2010: 17）。

　そもそも、「本郷も かねやすまでは 江戸のうち」という川柳がつくられた18世紀当時の「江戸市中」意識から、首都「東京」への「遷都」後の空間的肥大傾向は、刻々と「非・東京」的空間が後退していくことで進行したことになる[4]。近年の、連続体としての都市実態をかんがえるなら、防衛気象衛星F18[5]によるグーグルマップの夜景画像[6]などが便利だろう。バブル経済崩壊やリーマンショックなどをふくめ、人口ボーナス期から人口オーナス期への転換もあり、肥大化が再来することはなさそうだが[7]。

　そして、当然ながら、他地域からの膨大な移住者はもちろん、職務・進学・観光等種々の理由から、短期・長期さまざまな滞在者を吸収し、また放出してきた大都市圏「東京」は、多様な言語文化を併呑し、同時に排出してきたことになる。刻々と新陳代謝をくりかえしているわけだ。

　たとえば鑓水兼貴は、1950～60年代には人口の社会増が、60年代後半からの第二次ベビーブームでは移住二世世代の出現により人口の自然増がくわわったと高度経済成長期と直後での相乗効果に着目している（鑓水 2014: 40-1）[8]。こういった構図の前史を、広義の「東京」そだちは、端的に象徴してくれている。たとえば飛田良文（1933年うまれ）は、講演「私のとらえたい東京語」（2011

年）でつぎのようにのべる（飛田 2014）。

> まずは，なぜ私が私なりの「東京語」の定義をするかということの論拠を示したいので，資料を紹介するかたちで進めてまいります。

> > 今日，東京に住んでいる人は，自分の使うことばは東京語であり，標準語であると思っている人が多い。私自身も東京人であり，東京語の使用者であると考えている。ただ，私は千葉県に生まれ小学校入学のときから東京都武蔵野市に住み今日に至った。（飛田 1993, 5p〔『東京語成立史の研究』からの引用〕）

> 私は太平洋戦争中には小学生で長野に疎開しましたが，長野のことばを学ぼうとは全く考えませんでした。子ども心にも，「自分のことばが正しい」という自信を持っておりました。

> > 20歳以上の都民のうち，地方出身者は55％，東京出身者は45％である。さらに東京出身者の構成は，東京人二世が26％，三世が7％，四世およびそれ以上が11％である。また，地方出身者が東京へ出てきたときの年齢は，10代が44％，20代が40％で，両世代で84％を占め，その大半が就職・結婚・就学のためであるという。（奥田道大 1963「東京人意識」『人間の科学』9, 飛田 1993, 6pより〔同上〕）

> こういうわけで，移住者を東京人と考えるか考えないかによって，あるいは東京出身であっても，一世代，二世代，三世代，四世代以上という見方があるため，いったいどこを東京人と考えるのかということを私は知りたく思ったわけでございます。
> そこで調査では，土着の純然たる東京弁――立川だったら立川弁，日野だったら日野弁，八王子だったら八王子弁の，三世代そこに住んでいる家族を調査対象として選びました。そして，東京人という意識について，次のようにまとめました。

> > また，太平洋戦争後は住宅事情から，逆に東京生まれの人が近辺の神奈川県や千葉県など周辺に移り住む人が増加している。これらの人々は，JRや私鉄の

> 沿線に住み，都心に通い，意識として東京人である。これは私が子どものころ長野に疎開して感じたのと同じように，東京および東京語に対する無意識の優位性・文化性を感じているからであろう。(飛田 1993, 6p〔同上〕)
>
> では，そういった優位性というものを，江戸が東京になったときの東京人は持っていたのかどうかということを知るために探し出したのが，次の用例であります。〔……〕(飛田 2014: 56)

　この言語研究者は、みずからの言語的社会化を客観的に認識しているだけでなく、首都として求心力をもつ「東京」であるがゆえにかかえる権力性・優位性を把握しようとし、かつそれを歴史的に客観視しようとつとめていることがわかる。そして、「東京人」という確立されたアイデンティティとして、「東京」をはなれても現地語に同化しようとしない意識が共有されていたと主張する。

　言語研究者ひとりが適切なサンプルである保証は、もちろんない。しかし「千葉県に生まれ小学校入学のときから東京都武蔵野市に住み今日に至った」とする人物が、「太平洋戦争中には小学生で長野に疎開しましたが，長野のことばを学ぼうとは全く考えませんでした」と回想している点は、非常に興味ぶかい。まだ宅地化がさほどすすんでいない武蔵野にそだった人間（1933 年千葉うまれ）なのに、1940 年代前半に小学生にしてすでに「東京人」的意識をもちあわせていたという事例とみなせるからだ。

　そして、この言語研究者が着目しているように、「東京人」といっても、二世・三世・四世と定着度に差があるし、「東京生まれ」が住宅事情から東京近郊に移住しつつも都心にかよい、意識として「東京人」であるという層がふえていくという構造は、前述した東京への人口流入による市域の肥大化という位相とはちがった膨張傾向といえる。住宅地をもとめて郊外に移住する層が急増することで職住分離がすすみ、千葉や神奈川などにくらしても「東京人」だという自己認識・自負をもつ人口がふえることで、「東京語」話者の人口増と居住区の拡大がすすんだからだ[9]。

　前述した鑓水も、つぎのようにのべている（鑓水 2014: 41）。

> 移住一世・二世は新しく造成された新興住宅地に集住することが多く、

古くからその土地に住む人々との交流が少ない。しかも移住者の人口のほうが〔……〕圧倒的に多いため、その土地の伝統方言の継承が困難になる。

　こうした首都圏移住者の言語使用に関しては、井上（1987）の埼玉県の高校生親子の研究や、井上（1989）の東京都の大学生の研究がある。首都圏における伝統方言形の急速な衰退や、新現象における東京とその周辺部とが連続性（ママ）などが明らかにされている。従来の「東京」という地域ではなく、広域の「首都圏」で使用される方言研究が必要となったといえる。

2.　「方法論的モノリンガリズム」＝共同幻想からの「卒業」の必要性

　ところで、前述した「東京語」の自叙伝的な要素をふくめた言語研究者によるふりかえりはともかくとして、事実としての「多言語」性を重視してきたとはいいがたい日本語研究者の平均的動向についても、批判的な検討を最小限しておく必要があるだろう。

　まず講演「私のとらえたい東京語」と同日・同一会場での報告のまとめとみられる、鑓水兼貴「「首都圏の言語」をめぐる概念と用語に関して」では、冒頭で報告の位置づけについてふれたうえで、「首都圏の言語」のかかえる主要な問題として「共通語」化をあげている。注意したいのは、鑓水のいう「首都圏の言語」の含意は、広義の日本語の一群だけが自明のように指示対象となっている点だ。広義の日本語とみなされない言語現象は事実上全部除外されているのである。

　もとより「現代日本語における「共通語」化は、国立国語研究所の設立（1948年）当初より長らく調査の主要なテーマであった」（鑓水 2014: 39）わけで、所属する研究者が、広義の日本語以外黙殺しようと当然という姿勢もわからなくはない。ともかく（「首都圏の言語」のなかに当然ふくまれるはずの「方言連続体」間での「可算性」問題はともかくとして）そこには「現代日本語における「共通語」化」という問題設定が当事者間で自明とされている現実、「『首都圏の言語』という問題設定から、広義の日本語以外は除外して当然だ」という姿勢が明確に確認できるだろう[10]。

　しかし、「東京」「首都圏」は実態として一貫して多言語空間であった。し

がって、これら研究者たちの態度は、アメリカ本土のWASP等が、「スペイン語」をはじめとした多言語空間がひろがっていることを黙殺しようとする姿勢と酷似してみえる。多言語性＝厄介な問題を直視したくないので、視野からはずすという心理としてである（あるいは、圧倒的多数をしめる「日本人」人口のまえに、「外国人」は焦点化するにあたいしない絶対的「少数者」として）。なぜなら、複数言語の共存・対立という現実さえ視野にあれば、「首都圏の言語」が「現代日本語における「共通語」化」という問題設定とセットになる、という自明性は確実に崩壊するのだから。

　このような言語研究者たちが自明視してきた視座に距離をおくなら、たとえば、「首都圏方言を東京方言が共通語化した方言ととらえてみたい」（久野2014: 19）といった限定された問題設定自体、その是非がとわれねばなるまい。もちろん問題設定自体に異論はないし、実際実証研究からみちびきだされた鮮明なモデル自体は意義ぶかい。しかし同時に、これら誠実な実証研究の姿勢も、「（事実上多様性を否定したにひとしい）首都圏の言語」という、きわめてナイーブな姿勢と大差ないようにもうつるが、いかがだろう。

　そもそも「標準語」は、言語研究者や教育者がイメージするような「理想」ではなくて、「社会的事実」（fait social）としての社会規範である（ましこ1997＝2001＝2003, 2章10節etc.）。しかも、住民全体が準拠する義務などない次元に位置する「理念」なのだ。したがって（第一言語・第二言語としてではなく）主体的に学習する人物にとっては「基準」であるが、生活者にとっては自己責任で距離をおいて当然の存在にすぎない。

　一方「共通語」というのは、集団にとっての「共有財」なわけだから、最低限「理解可能」という共有度が前提だが、同時に「はなせばわかる」「かけばわかる」までの習得の保証ができかねる存在でもある。一方、日本中で通じる（「はなせばわかる」etc.）といった次元でいうなら、関西を主要舞台としてきた芸人たちの東京進出によって全国ブランドと化した「関西弁」「キャラ方言としての関西語」等も、「共通語」とよんでいいことになる[11]。

　このように原点にたちかえれば、言語管理政策上の理想をつぎのように定義してみることができるだろう。

　　共通日本語の確立とは、第二言語話者はもちろん学習者もふくめた広義の
　　日本語話者がまったく問題なく理解可能な体系の確立／合意形成である。

すなわち、利用者の表出が「はなしてわかる」「かいてわかる」という意味で共有度の向上をいかに実現するかだ。もちろん「東京のことば」の一部は事実上共通語の基盤となってきた実体であり、現状では全国でほぼ問題なく通じる共通のことば＝準共通語と言ってもよい。

　さて、実証研究上の方法論的問題は、近現代に時空を限定した言語地理学的な問題にとどまらない。たとえば「江戸語」「東京語」「首都圏方言」といったカテゴリー間に実体的連続性があるのかさえ、詳細に検討すれば微妙にみえてくる（清水論文＝本号所収参照）。いわゆる「江戸っ子」たちの言語実態は「東京語」と称されたカテゴリーからは排除された現実だったからである。いわんや「東京語」と世代的な多様性として議論をまたない「首都圏方言」とでは、スピーチコミュニティーとしての連続性など前提とはできまい。そもそも江戸藩邸や旗本屋敷などでかわされていただろう共通語、さらに江戸の学問塾等でかわされた言語実態はあれど、維新期の人口急減（基本的には武家たちの帰郷と、それにともなう市場収縮による町人層の帰郷）でスピーチコミュニティーは実体を喪失したのだから。

　研究者が戦後一貫して探究してきた全国共通語の基盤たる東京圏の言語実態、あるいはその標準語化といった言語政策上の理念はともかく、「江戸期」「維新期以降」「戦後」という三波のおおきな変動期にあったことを冷静にみれば、江戸・東京をつらぬく連続性＝軸など不在なのではないか。各時代で流入する人口層がそれぞれまったく異質であるばかりでなく、時代の変革期において人口層の交代というべき激変が発生しているからである。それは「下町」だの「山の手」だのといった歴史的連続性をうんぬんしても詮ない次元で進行した変動のはずなのである。

　もうひとこと付言するなら、「首都圏方言」といった議論のとき、当然のようにふせられてきたのは、社会方言現象である。1970年代から陸続と英語圏の社会言語学のテキスト・研究書が輸入・翻訳をかさねてきたにもかかわらず、日本列島における社会方言は、まったくといっていいほど黙殺されてきた。「学生ことば」だの「女性語」だの「スラング」などは再三話題化してきたのに、階級方言などは完全に視野のそとにあった。欧米の研究動向をこのんで日本的現実に適用したがる伝統をもつのに、英米両国の階級方言・階層方言分析を散々紹介しつつ、その応用は徹底的に回避しつづけたのである（ましこ

2017b)。

　「首都圏方言」の議論に、たとえば山谷・寿町周辺の労働者へのフィールドワークは俎上にのぼらないのであろうか[12]。

3.　多言語空間としてのメガロポリス"Tokyo"再考

　いずれにせよ、以上のような社会言語学的かつ歴史地理学的俯瞰と、それにもとづいた実態調査の姿勢をふりかえったとき、それらが「卒業」すべき「モノリンガルな視座」にすぎないことはあきらかだろう。

　そもそも、1世紀以上にわたって、例外的少数とはいえない複数の民族集団が東京周辺にすいよせられ、集住地さえできた（三河島・川崎・鶴見[13]ほか）。内国植民地たる北海道・琉球列島からの移住はもちろん、朝鮮半島・台湾・中国大陸など東アジア諸地域からの留学生をふくむ移住層、さらには欧米諸地域からの短期から長期にわたる来日層などである[14]。戦後は一転して、商用や米軍関係者はもちろん、英語教育・宣教活動などの担当者として無視できない規模で欧米人が来日・滞在するようになった（居住期間の大半が数年前後ではあっても）。

　戦前の帝国時代から多民族化は不可避だったし、ひそやかな多言語化は開港場周辺の居留地等でしっかりすすんでいた（首都圏でいえば、築地居留地・横浜居留地）。第二次世界大戦後は、占領軍の常駐など[15]、英語圏出身者を中心に、さまざまな経路での関係性が強化された。一方、戦前はエリート教育の対象であった英語以外の異言語の学習はすすまなかった[16]。結果として日本列島には、自分がわの「土俵」となれば「日本語」を自明視し、「国際的」といった「アウェイ場面」となれば「英語」を自明視する、モノリンガリズムのきりかえ、という「独自」文化圏（ガラパゴス的文化）が展開することとなった。

　このような戦前・戦後の特殊な文脈のもとに、インドシナ難民や技能実習生にいたるまでアジアからの人口がすくなからず流入しつづけた[17]。90年代には南米から日系人が大量に定住し二世世代が誕生するなど、まさに地域の「隣人」は増加する一方だった（「都道府県データランキング：在留外国人（国別）」2013年6月末統計）[18]。「東京」を軸とする首都圏とは、以上のような経緯の産物としての多言語実態といえる[19]。わすれてはならないのは、戦後初期からコリア系

の民族学校がたえることはなかったことと[20]、中華学校の存続などである。もちろん、米軍基地内の学校や大都市のインターナショナルスクールなどが英語を軸とした言語的植民地を形成しつづけてきた[21]。

したがって「90年代以降多言語化が急速に進行した」といった通俗的解釈は歴史的視座をもたない知的視野狭窄の産物＝神話にすぎない[22]。そもそも中国人定住者は横浜中華街などでもわかるように、首都圏各地にずっと生活の根拠を維持してきたし、2010年代には日本国籍をとって外国人統計からはずれはじめたコリア系をしのぐ単独首位の座にすわっており、観光客より隣人としての意味がおおきいからだ。もちろん、近年の中国人等の首都圏における急増は無視できない。たとえば、東京・神奈川・埼玉・千葉は、中国人の在留数（1位／2位／4位／6位）も、10万人あたりの人数（1位／6位／3位／4位）も最上層に位置する（前掲「都道府県データランキング：在留外国人（国別）」）。特に、東京は突出しているし、東京にほどちかい川口芝園団地にも1980年代後半からニューカマー（高学歴の技術者等）が居住するようになり、2015年には、中国人世帯数が日本人世帯数をうわまわった[23]。

ほかにも2010年代中盤に日系ブラジル人をしのぐ渡日人口に達し首都圏への集中度もたかいフィリピン人・ベトナム人。おなじく首都圏（東京・埼玉・神奈川等）にくらす率がたかい東南アジア／南アジア出身のムスリムとか、着目すべき人口層（多言語実態）はすくなくない。たとえば、戦前のタタール系難民のために設立され再建されたモスク、東京ジャーミイ（Tokyo Camii、代々木上原）の金曜日の集団礼拝では信者の言語に対応し、日本語がもちいられることもあるとのこと。ただし、首都圏各地に点在するモスクで日本語が説教・儀式でもちいられることはほとんどなく、東京ジャーミイは例外的空間のようだ（紹介サイトは多言語表示）。ムスリムと結婚した日本人のケースなど各家庭等の私生活空間はともかく、モスク内ではアラビア語やトルコ語などイスラム圏各地の言語がもちいられているということだ。

「国際交流」＝「アウェイ」として「英語」を自明視するきりかえ＝「独自」な姿勢が支配的であったがゆえに、大衆にとって多言語性が不可視だった現実が世紀末以降露呈しただけである[24]。行政当局が把握できない「暗数」部分もあるが、コリア語・中国語も集住地や民族学校周辺でしか浮上しないため、しるひとぞしる現実にとどまりつづけたし[25]、米軍関係者をはじめとした英語圏の住民の言語的社会化の実態にさえ関心がなかったわけだ（ドイツ語圏・フ

ランス語圏出身者家族については一層無関心[26]）。「グローバル化したがゆえに浮上した多言語性」といった、言語研究者周辺でも依然としてくりかえされる神話からは、完全に「卒業」する必要がある。「社会言語学的素養をそなえた研究者でさえもモノリンガル幻想にまどろみ、基本的には多言語性について視野狭窄なまますごした」といったぐあいに[27]。

　また、わすれてはならないのは、いわゆる日本列島周辺にルーツをもつ言語マイノリティーもすくなからず実在している点だ。おもな集団だけでも、北海道から流入したアイヌ民族、琉球列島から流入した奄美諸島・沖縄島周辺・宮古八重山ほかにルーツをもつ住民、日本手話によってつながる聾者とその聴者家族をあげることができよう。

　もちろん、アイヌ民族や琉球列島にルーツをもつ層が首都圏でスピーチコミュニティーを形成しているとはいえまい[28]。しかし、北米において言語や宗教によって集団が分化したまま[29]である点が無視できないように、ルーツを介したネットワークは実在し、そこに言語が全然介在しないわけではない（象徴性は維持されている）。

　また、日本手話[30]は音声言語に定番の親族・地域ネットワークとは別種のコミュニティー再生産原理をかかえている[31]。首都圏の、ろう学校のOB／OG人脈も、方言差[32]をおびるかたちでコミュニティーを形成しているはずだ。たとえばフリースクール「龍の子学園」（NPO）、それをもとに教育特区として学校法人化した「明晴学園」は、日本手話と書記日本語によるバイリンガル教育を実践する幼稚部・小学部・中学部で構成されている（東京都品川区）。小学部在籍生を中心に特区から遠方の通学層は少数にとどまるだろう。既存の聾学校が寮生活で拠点化したのとはことなったかたちだ。

　東京都練馬区ととなりあう埼玉県朝霞市では「この条例において「日本手話」とは、手、指、体、顔の部位等の動きにより文法を表現し、日本語とは異なる文法体系を有する言語のことをいう」とふみこんだ規定をもつ「朝霞市日本手話言語条例」[33]を施行した（2016年4月1日）。中途失聴者・難聴者とはことなる日本手話使用者集団の存在がすけてみえる[34]。

　また「今年度、日本手話を使える全教員を含む7人を異動や配置換えさせ、教員10人が着任。10人の大半はろうの幼児教育の経験が乏しく、手話も日本語の単語と手の動きを一対一で対応させた「日本語対応手話」を使うため、保護者によると、日本手話でやり取りをしてきた園児と、新しい教員の間で意思

疎通が困難になった」という報道があった[35]。埼玉県立大宮ろう学園（さいたま市北区、伊藤えつ子校長）幼稚部でおきた騒動である。ここも、日本手話での教育をのぞむ保護者・生徒が複数生活する空間であることがうかがわれる。

耳鼻咽喉科医師らが熱心に人工内耳手術をすすめ、補聴器利用によって残存聴力を活用できる例がふえてきたため、聾児の保護者（聴者）は大半が日本手話による教育を忌避し、統合教育をのぞむ昨今（クァク 2017）、日本手話での教育をのぞむ保護者の分布状況やネットワークの調査は重要な意義をもつはずだ[36]。手話学や障害学などの進展に敏感な層が大都市圏、特に首都圏には、おおいだろうからである。ちなみに、平英司は、聴者の両親のもとにそだった、ろう児のあにをもつ男児が、音声日本語と日本手話で養育されたケースで、手指日本語／音声つき手指日本語のモードスイッチングをどのようにおこなっているか記述している（平 2015）。コーダのみならず、兄弟姉妹が日本手話をもちいるばあいのバイリンガル・トリリンガル化も視野にいれるべきということだ。

以上、「首都圏の言語」といった言語地理学的概念をもちだす以上、「首都圏方言」（広義の日本語の変種群）を自明の前提としてはならないことになる。従来から注目されてきた多言語性を再検討することはもちろん、どんどん可視化されつつある現実に対応し、たとえば、同一話者内での「コードスイッチング」（真田／生越／任 2005; 山下 2016）であるとか、異文化出身者間で構築される「メトロリンガリズム」（尾辻 2011, 2016）といった、多面的で多重性をかかえた複雑な現実をていねいに記述する必要がある。さらには、具体的なケースをモデル化するだけにとどめず、通底した構造をたばね一般化をすすめるかたちでの「中範囲の理論」（マートン 1961）として抽象度をあげていく必要もあるだろう。首都圏研究にとどまるものではないが、現象が続々発見される以上、課題山積だし、人材育成・確保自体が課題といえそうだ。

すでにのべたように、人口ボーナス期から人口オーナス期へと転換し、地方からの人口流入、郊外の新興住宅地を忌避する傾向など、社会移動による地理的膨張傾向もとまった首都圏ではある[37]。しかし、その域内での文化的新陳代謝＝ダイナミズムは、今後もはげしさをますことはあれ、おさまってはいかないとおもわれる（たとえば、域内に流入し中長期にわたって生活する「外国人」等のSNS利用実態、「白タク」利用などスマートフォン決済で日本経済か

ら分離した中国人観光客の情報行動、etc.)。

4. おわりに

　さて、これまでの議論を簡単にふりかえっておこう。

　まず、メガロポリス "Tokyo" は、言語現象にかぎらないが、対象化する際、時間／空間上の境界線問題がつねにつきまとう。特に、行政区画としての「東京都」はもちろん「23区」といった行政上の区分は、言語地理学的にナンセンスなのが現実である。それは、「埼玉都民」といった呼称が象徴するとおり、生活実態が広域におよび、昼間人口・夜間人口の乖離など、住民票の所在などにもとづく居住地概念自体が言語地理学的に不適当だからである。特に、幕藩体制解体期・新都東京成立期・関東大震災復興期・敗戦後の高度経済成長期という何波もの大規模な地理的移動と、郊外への首都圏の膨張という現実が、「標準語」の形成と「共通語」化というプロセスにさえ、いろくこ刻印をのこしている。伝統的な京阪地域と別個に急成長した大規模経済圏・文化空間の肥大化は、日本列島外からの人口流入・定住化とあいまって、何重もの変容と多様性をみせているのであり、格別の配慮が必要である。

　つぎに、日本列島外からの人口流入・定住化をふくめ、首都圏空間の言語的多様性は、存外複雑である。言語研究者のおおくが、戦後構築された単一民族幻想・単一言語幻想にまどわされて、多言語性を矮小化するか視野のそとにおいたまま推移したのである。その結果、全国共通語の基盤としての「東京語」、第一外国語として突出した「英米語」といった、モノリンガル・イメージが支配的で、研究の主流から多様性という実態は完全にはずされつづけた。首都圏空間も同様である。つまり、そもそも「方法論的モノリンガリズム」自体がナンセンスであり、首都圏空間研究にも不適切なのである。しかもそれは、「冷戦崩壊後のグローバル化」といった俗流現代史イメージ（「日系ブラジル人流入や中国人観光客急増などによって加速化したグローバル化」といった浅薄な社会観）の致命的破綻と同様、幕藩体制崩壊期以降、基本的に通底している不適切さなのだ。

　本稿では、「方法論的モノリンガリズム」を「卒業」すべき事由を、具体的領域としていくつか指摘した。朝鮮半島・中国大陸をルーツにもつ人口の集住

地と教育機関。キリスト教関係者や駐留軍関係など英語圏出身者にとどまらない居留地以来の実態。インドシナ難民をはじめとするアジア各地からの人口流入。そもそも多民族帝国として出発した近代日本がかかえる民族的少数者たちの動向。これらはもちろん、首都圏の言語的多様性に無縁ではないわけだ。いささか字数をさいた日本手話使用者の言語環境・教育環境もみのがせない。

　これら、さまざまな言語的多様性をふまえた、コードスイッチングやメトロリンガリズムなどが視野にはいれば、既存の研究姿勢はもちろん、問題群をとらえるわくぐみ自体が深刻な限界をかかえていることは、あきらかだろう。既存の議論が特定の研究経緯からかかえることとなった視野のせまさ、視座の偏在にはつねに敏感にならねばなるまい。これまでの蓄積を俯瞰・吟味し、認識の死角や焦点距離の誤認等、総合的なみなおしをおこなうべき段階にきているとおもわれる[38]。まず相互連携によるタコつぼ化卒業が急務である。そのためには、地理学・人類学・教育学・社会学・経済学など周辺諸領域からの人材・知見の協力が不可欠なのはもちろん、経済学・法学等、関連する社会科学の知見も適宜援用がもとめられよう。それは、市場経済が拡張傾向で研究予算・人材等が順調に補充されるといった時代が完全におわり、緊縮財政による予算獲得競争や「トリアージ」的取捨選択[39]が進行するなかだからこそである（ましこ 2014）。

謝辞：本稿執筆にあたって、森壮也／杉本篤史／岡典栄／中島武史ほかの各氏（順不同・敬称略）に貴重なご教示をいただいた。あつく御礼もうしあげる。ご指摘をいかしきれていないうらみはあろうが、ご寛恕いただきたい。

■注

1　2018/12/23閲覧（https://ja.wikipedia.org/wiki/東京を中心とする地域の定義一覧）。
2　たとえば、三井はるみ（2014）は、「「首都圏」の位置と範囲」という議論において「言語圏としての首都圏」を規定するうえで、「東京駅から約70キロ圏」と定義する。そこでは「鉄道アクセスのよい場所であれば，70キロ圏くらいまで，東京への通勤・通学圏となっていることがわかる」と断言している。
　　　三井のいう「東京駅から約70キロ圏」とは、総務省統計局の「1.5％通勤・通学圏」に対応するようだ。これは「大都市圏及び都市圏の「中心市」への15歳以上通勤・通学者数

の割合が当該市町村の常住人口の1.5%以上であり，かつ中心市と連接している市町村」を「周辺市町村」と位置づけ，あわせて「通勤・通学圏」とみなす統計上の操作にもとづいている（総務省，2005国勢調査「統計表で用いられる地域区分の解説」，http://www.stat.go.jp/data/kokusei/2005/users/kubun.html#pos4）。

だが，「15歳以上通勤・通学者数の割合が当該市町村の常住人口の1.5%以上」といった水準は通勤通学が一応可能な範囲にすぎず，言語的な共同体空間として疑問を感じる。そもそも通勤者が東京駅を中心として一様に出退勤をくりかえすはずもないし，同心円モデルは極端に抽象度がたかい。

同様の問題設定は、研究書である田中ゆかり『首都圏における言語動態の研究』でもみられ，そこでは「1.5%通勤通学圏を，日常的な言語接触が生じる都市圏」と位置づけている（田中2010: 6）。

金本良嗣／徳岡一幸が提起した「都市雇用圏（中心都市への通勤率10%以上を指標とする）」のばあい233の圏域が総人口の95%をカバーするといわれる（「中心市に周辺市町村の住民が通勤するなど，複数の隣接する市町村が一体となって，一つの経済圏を構成している」〔経済産業省「ローカル経済圏の「稼ぐ力」創出（事務局説明資料）〕」2014-10-15、http://www.meti.go.jp/committee/kenkyukai/sansei/kaseguchikara/pdf/006_03_00.pdf）。個人的には，こちらの方が，都市経済学的に妥当な基準におもえる（金本／徳岡 2002）。はたして、通勤率ヒトけた台まですくいとるべきなのだろうか。

3　「夜間（常住）人口100人あたりの昼間人口の割合」（横浜市「昼夜間人口比率」http://www.city.yokohama.lg.jp/kohoku/soumu/pdff/jinkou05.pdf）

4　「関東大震災まで東京の市街地の大きさ（市域）は江戸の市街地の大きさ（朱引内）とほぼ同一で」「関東大震災のもたらした結果の一つは東京の市街地の膨張である」「1932年（昭和7年）10月、人口が急増する東京市外の五郡八二ヵ町村が東京市に合併され、東京市の面積は一挙に6倍となった。1936年10月に千歳・砧の二村（現在の世田谷区の西部）が合併され、ここに今日の東京の区部に相当する区域が東京市となった」（越澤 2001: 132）。郊外＝肥大化する「東京」ではなく、23区周辺に焦点をしぼった狭義の「東京」の変貌過程についての濃密な記述として岡本（2017）。

この時間・空間的経緯への言語研究者の関心の詳細は、秋永（2007: 5-7）および鑓水（2014: 44）、世代的な居住空間論としては鑓水（2014: 45）など。

5　防衛気象衛星計画（Defense Meteorological Satellite Program: DMSP）による2009年10月うちあげ分。

6　北本朝展「宇宙から見た夜の地球：DMSP衛星による地球の夜景データ（1992年〜2013年：Google Maps版）」(http://agora.ex.nii.ac.jp/~kitamoto/research/rs/stable-lights.html.ja)

7　たとえば、近年わかい世代を中心に、通勤時間の長時間化をきらって居住地の都心回帰がはじまっており、郊外の住宅地の地価がさがる傾向が指摘されているなど。

8　鑓水が提示した「首都圏の人口増減の推移」（内閣府 2011、http://www5.cao.go.jp/j-j/cr/cr11/chr11040101.html）がしめす動向によれば、1970年代後半には社会増が激減し自然増もおちつきをみせる。首都圏が強力な求心力をはなった時代は終焉し、合計特殊出生率の急減傾向もあいまって、相乗効果は増加率をヒトけた台までおとすことになる。

9 ちなみに、「東京語」の付随現象としてあつかわれがちな湘南方面の言語実態だが、「首都圏方言の一部をなす神奈川方言」とか、「地元方言への淡白な態度」といった記述にあるように、「東京語」話者集団とは別の意味で地域語意識がうすいといえそうだ（田中 2015: 16）。したがって、「「首都圏方言」化が進む中、「神奈川方言」的な特徴がどのようなかたちで広域都市方言化していくのか、首都圏における言語変化の先導的地域を担ってきた地域が今後どのような位置を占めていくのか，などが考えられる」（同: 12）とあるが、実際、実態調査がどの程度具体化するかは微妙だろう。

10 こういった「方法論的モノリンガリズム」は、早野慎吾『首都圏の言語生態』、秋永一枝編『東京都のことば』、田中ゆかり『首都圏における言語動態の研究』などにも共通している（早野 1996; 秋永 2007; 田中 2010）。

11 実際、芸人による地域文化としてではなく、共通語的な位置づけから、梅棹忠夫らは「第二標準語」論を提起していた（梅棹 1954）。これは、全国ネットをとおすかたちで津々浦々に配信されることで近年あきらかに定着が確認できるようになった「関西弁」というブランド確立に、はるかに先行する議論である。また、いわゆる東京語と対抗的な勢力として準共通語的な地位にある現実を検証したものとして、吉村誠『お笑い芸人の言語学』（吉村 2017; ましこ 2017a）。

12 さらにいえば、たとえば、近年暴力団と一部競合する勢力とよばれる「半グレ」集団（溝口敦 2015）のうち、中国残留日本人二世・三世らで組織された「怒羅権（ドラゴン）」／「チャイニーズドラゴン」の構成員たちの言語実態は、危険すぎて対象化不能だろうか。接触自体が危険というよりも、警察組織によるとりしまりからのがれるために、事件化するような暴力をひかえ（ふりこめ詐欺 etc.）地下潜行しているので、活動実態や構成員自体が発見できなくなっているかもしれないが。

　　いや、そもそも朝鮮語を第二言語とする民族学校の生徒たちやOB・OGの言語生活を、言語学者たちはほとんど黙殺してきたはずだ（校内／校外での、言語のきりかえetc.）。日本語学校に在籍する就学生・留学生がニューカマーとしてパチンコ店や焼き肉店やコリアンパブでアルバイトするとき、店主たちと、どういったピジンがかわされ、またコードスイッチングが発生するかなどは、すぐれて社会言語学的対象だったはずだが。

13 実際には、これら集住地の中核はコリア系であることが大半だった。横浜市鶴見区・川崎市川崎区などには琉球系住民の集住地もある。これらエスニックマイノリティのうち、帝国日本当時の旧植民地出身者は、河川ぞい・海ぞいなど海抜がひくい地域に、比較的近接したかたちで定着をみることとなった。

14 ちなみに、中国大陸から日本列島への人口流入は近代が起源ではない。おそくとも近世初期の「海禁政策」以前にさかのぼる「唐人街」、琉球国久米村（＝現那覇市）に集住した中国系通事に確認できる。しかし諸藩の「唐人街」にしろ長崎の唐人屋敷にしろ、江戸近辺にはなかった。

　　同様に朝鮮系住民も、伊万里焼や薩摩焼などいわゆる朝鮮出兵時の陶工連行とその九州地方での土着化も近世初期にはじまるが、これらコリア系住民の末裔が京浜地域にでるのは近代になってからである。

15 たとえば言語研究者たちのほとんどが「わすれている」か、「わすれた」ふりをしてふれず

にきた言語現象として、第二次世界大戦後の占領軍将兵と占領下の女性たちのあいだでかわされたピジンイングリッシュ（Bamboo English）の一種「パングリッシュ」やピジン日本語がある。戦後の国立市民は、立川方面から女性たちが流入することをきらい、生活保守意識にねざした排外主義を露呈したことがしられている（「文教都市指定運動」1950～52年）。ホワイトカラー上層とかんがえられる当時の住民の大半も、言語的には帝都東京の典型的植民層だっただろう。

　首都圏住民のほとんどが米軍基地の存在を認識せずにいるのは、ジラード事件（1957年）などを期に50年代後半に米軍の地上部隊が沖縄島周辺へと一斉に移転・集中して可視化されなくなってひさしいからにすぎない。

16　戦後しばらくは、大学教養教育の「第二外国語（必修）」として欧米語と中国語が教授されたが、職務上利用するといった層は例外的少数にとどまった。また「大学設置基準の大綱化」（1991年）による教養部解体を冷戦構造崩壊・ソ連東欧解体などによる米国一極化などがあとおししたのか、大学での必修は急速に衰微した。

17　本年事件発生から70年をむかえる「済州島四・三事件」（1948年4月3日～1954年9月21日）で白色テロによる大虐殺をのがれようとした難民（右派などは、不法入国として断罪してきた）の流入さきは、大阪の猪飼野が有名だが、「済州島から村がまるごと引っ越してきた」ように感じられるとされた、もうひとつの地域として三河島がある。

　また、中国大陸からの引き揚げ難民が帰国途上にのこした乳幼児が、戦後帰国をはたした「残留日本人」。その家族として、来日した中国人二世・三世の存在もみのがせまい。かれら家族の第一言語は、まさに中国語なのだから。

　ほかにも、1980年代にはじまるインドシナ難民うけいれ（「大和定住促進センター」）にともなう多文化地域となったのが、東京に隣接する横浜市泉区にある「神奈川県営いちょう団地」である。じもと小学校は約半数が日本列島外のアジア各地にルーツをもっている。日本語の授業をレベルにあわせて4～5グループにわけねばならないとか、保護者が日本語を駆使できないとか、団地のゴミ分別をよびかける看板が8言語であるとか、多言語性はあきらかである。

　ちなみに、「いちょう団地」をめぐる状況については、少々ふるいデータになるが、清水／「すたんどばいみー」（2009）など。現地で二世世代と家族をサポートする団体としてはNPO法人・教育支援グループ「Ed.ベンチャー」があり、当事者団体として「すたんどばいみー」がある（http://edventure.jp/, http://edventure.jp/standbyme）。

18　日系ブラジル人／ペルー人など中南米出身者は東海地域周辺や群馬県に集住し首都圏にはすくないとみられているが、人口比ではそうでも、居住者数では決してすくなくない。たとえば、東京のばあい南米国籍者数は全国順位で人口12位・居住者比22位と上位といえないが、神奈川・埼玉は居住者比だと14位・15位ながら、居住者数なら4位・6位と上位だ（「都道府県データランキング：在留外国人（地域別）」2017年6月末統計、https://uub.jp/pdr/j/alienl_6.html, https://uub.jp/pdr/j/alienl_7.html）。基本的には大都市圏にはたらきぐちがおおいことの帰結だろうが、日系南米人の還流現象は、経済規模と単純に相関がつよいとはいえないわけだ。やはり、「沖縄南米タウン」とよばれている横浜市鶴見区の仲通商店街など、エスニックマイノリティー間の親族・地縁ネットワークが介在していると

みるべきだろう。そこでは言語景観上ポルトガル語やスペイン語がめだつだけでなく実際にとびかっているわけだから、観光客むけの多言語化ではない。なお、「都道府県データランキング」は民間の統計マニアの作成データベースサイト『都道府県市町村　データと雑学で遊ぼう』(https://uub.jp/) のサブカテゴリーのひとつで、信頼度に疑問があれば典拠サイトである【在留外国人統計（旧登録外国人統計）統計表】(http://www.moj.go.jp/housei/toukei/toukei_ichiran_touroku.html) のエクセル表にあたられたい。

19　もちろん、こういった多言語実態がひとつ東京圏にとどまるものでないことは、真田信治／庄司博史編『事典　日本の多言語社会』などだけみても、一目瞭然だが（真田／庄司 2005）。

20　本年2018年は、「阪神教育事件」などと称される民族学校閉鎖令に反発した在日コリアンの蜂起と非常事態宣言のもとGHQによっておきた弾圧事件（1948年4月14日〜26日）から、70年にあたる。弾圧をしのいだ在日コリアンは朝鮮学校等を継承しつづけてきたのである。

21　阪神淡路大震災以降、問題として浮上した災害時の定住・新来外国人や観光客等、社会的弱者への情報保障問題（「やさしい日本語」etc.）で逆説的に浮上しないのは、米軍関係者や外交官等が、日本国内で情報弱者でない現実だ。それは、東日本大震災時に、日本人より周到に避難勧告等が在日アメリカ人たちに周知されていたという構造が象徴的にあらわしている。要するに、現代日本において英語話者集団はむしろ情報強者でさえある。英語話者たちによる情報ネットワークは、日本語話者に依存する必要のない「植民地」状況の象徴なのだ。おなじ欧米系言語ではあっても、しかも世界では人口規模・分布面積両面で巨大言語圏を形成しているスペイン語ネットワークが、現代日本では典型的少数言語にすぎないのと対照的であることを確認しておこう。

　　ちなみに、同様に英語圏との位置づけが可能であっても、たとえばインド系インターナショナルスクール（江東区・江戸川区・横浜市）などは、当然ことなった教育文化にそった学校空間となる。

22　したがって、中国観光客などの大量来日にあおられる業界動向につきうごかされたのか、たとえば近年流行しているとおもわれる「言語景観」論にそって調査データをふやすことで、「首都圏の言語実態」がより鮮明になるだろうといった楽観論（たとえば田中ほか 2012）にはたてない。

23　https://ja.wikipedia.org/wiki/芝園町_(川口市)、2018/08/03閲覧。

24　たとえば、政府・自治体による訪日外国人旅行誘致キャンペーンなどで、いろめきたつ旅行業界・観光地周辺を報ずるメディア動向にまどわされてはなるまい。「大量来日」は「言語景観」などはかえるだろうが、一時的滞在客は生活人口の「フロー」ではあっても「ストック」ではないし、言語動態に影響をあたえるような量ではないからである。そもそも、決して観光大国とはいえない日本列島を直視すべきである。国際観光客到着数（海外旅行者受入数）で日本は16位、世界観光都市ランキングで東京13位、大阪33位、京都72位といった位置が近年の実態なのだから。

25　中国語による民族学校は、台湾系が東京・横浜に1校ずつ、大陸系が横浜に1校。コリア語による民族学校は、朝鮮系が東京10校、神奈川5校、千葉・埼玉に1校ずつ（ほかに高等教育機関として東京に朝鮮大学校）、韓国系が東京に1校。英語によるインターナショナル

スクールが大都市圏で人口比に対応して大体分散しているのに対して、首都圏と関西圏にかたよりがある両者（チャイナ・コリア）は、無視できない存在といえよう。

一方、旧来の集住地とことなる、比較的あたらしい地域としては、コリア系による歌舞伎町や21世紀にはいって急展開した新大久保周辺、新華僑による池袋のチャイナタウン化をあげる必要があるだろう。

いずれにせよ、多言語空間"Tokyo"の動向を解析するためには、「周辺」（行政区域での域外だけでなく民族的周縁）もみのがせない空間・集団となる。

26　たとえば、横浜の貿易商たちによって開設された「東京横浜独逸学園」は、戦前もふくめた何度かの移転をへて現在は横浜市都筑区にあるが、授業はドイツ語（スイスドイツ語もふくむ）だけでおこなわれている。

27　たとえば「多言語社会がやってきた」といった表題の啓発書（河原／山本 2004）等。

28　たとえば、東京や川崎・鶴見などの沖縄県人会においてウチナーグチ等だけで会議がなされたりすることはないとおもわれる（行事あいさつや機関誌等の一部に非標準語が意識的にもちいられることはあるが）。県人会自体が琉球列島各地にルーツを散在させる混成組織だからだ。つまり非日常的な会話教室や作文教室等はありえても、実用的・象徴的な意味をおびて会議・実務が運営されることはないとおもわれる。北海道アイヌ語等についても同様である。

29　議論をかりにヨーロッパ系に限定しても、宗教等「るつぼ」からはほどとおい現状がある。

30　日本手話の「語彙」にあたる手指の運動を日本語の語順にならべ、日本手話には不在の「助詞」等で接合し音声日本語と同時並行させたものが「日本語対応手話」とか「手指日本語」とよばれるシステムといえよう。日本手話は、モダリティ（ここでは、聴覚／視覚／触覚のどれに依拠する言語形式か）という次元で日本語と異質であるだけでなく、語彙・語順もことなり、表情など非手指要素をふくめ、まったく別種の言語体系である（もちろん、書記日本語などによる干渉はある）。したがって、現実のコミュニケーション空間で「日本語対応手話（手指日本語）」とのあいだでコードスイッチングやコードミキシング等が発生することはしばしばであっても、両者のあいだに連続体（スペクトラム）が形成されているとはいえないだろう。松岡和美は「日本では「手指日本語（日本語対応手話）」により近い混成手話」の使用者が圧倒的に多いため、ネイティブサイナーが母語とする日本手話の研究が進んでこなかった実情」があったとする（松岡 2015: 11）。

森壮也は、ニカラグァのサンディニスタ革命（1979年）後、ろう児むけ公教育施設で発生した生徒・教師間の「コミュニケーション」実態を紹介している。そこでは、ろう児童は教師の「手指スペイン語」にあわせているつもりなのに、教師はそれをニカラグァ手話だと錯覚し、不完全ではあれ、まねているつもり（主観的には「ピジン・ニカラグァ手話」）という、悲喜劇としかいいようのない錯覚同士の共同幻想が共存していたようだ。森は、同形の構図が日本の公立ろう学校でもおきているとする（森 2017: 496）。

日本手話・手指日本語双方の断絶については木村（2009, 2011）、非手指要素をふくめた日本手話の基本構造については岡／赤堀（2011）、ろう学校での日本手話のとりあつかわれかたの経緯・問題点については、金澤（2012［＝2006初版］）、クァク（2017）参照。手話研究の方法論的課題もふくめた概論として（松岡 2015）。

31 俗に「90%ルール」とよばれる「経験則」がかたられてきた（実態であり「規則」ではない以上、本来「ロー（Law）」などと称するべき和製英語とおもわれるが）。①聾者の両親の9わり前後が聴者。②おおくが聾者同士でカップルを形成するにもかかわらず次世代は9わり前後が聴者（Children of deaf adults: CODA）として誕生。一般的な意味での少数言語＝継承語は当然家族間での言語体系の継承が前提とされるだろう。しかし、教育社会学的記述をするなら、デフ・ファミリーのもとそだたなかった大半の聾児は、ろう学校でネイティブ・サイナー（非血族）の手話をまねることで小学部時代に言語的社会化をすませ、日本手話を第一言語としていくのである。聾者のもとにそだった聴者（CODA）がいきるバイリンガルな生育過程については、澁谷（2009a）参照。

32 ただし、ここでいう「方言」差は、音声言語における親族ネットワークほかのスピーチコミュニティーなど言語地理学的現実（地縁）ではない（メカニズムは注29参照）。ろう教育の学習者・インフルエンサーの移動・集住など、血族とは基本的に自律的な言語ネットワークの産物だ（たとえば日台韓、米仏などは手話がにており、米英では別言語etc.）。たとえば「なまえ」をしめす日本手話は、日本列島は「拇印」イメージ／「なふだ」イメージ／ほかに大別されるが、東西に二分されるとまとめるのにはムリがある（岡／赤堀 2011: 105）。

33 http://www.city.asaka.lg.jp/uploaded/attachment/29886.pdf

34 実際、ほかの自治体の条例とことなり、はっきりと「日本手話」とうたった制定経緯には、（市内にろう学校がないにもかかわらず）じもと聴覚障害者協会関係者などが言語権等を充分意識した協議をおこなったうえで結実したことがわかる（戸田 2016）。

　　全日本ろうあ連盟は、日本語対応手話（手指日本語）と日本手話をふくめ、当事者の言語表現一切合切優劣をつけず差別しないために「ひとつの言語」と称するのだという公式見解をとっている。日本語対応手話（手指日本語）と日本手話とを別種だとする見解は、実態に反した本質主義であり（「手話の流ちょうさ」の多様性しか存在しないのだ、という認識らしい）、「ろう者や手話通訳者など手話を使う人たちを言葉でもって分断することは間違い」と断言している（全日本ろうあ連盟 2018）。しかし、このような連盟の公式見解は言語学的根拠が皆無であり（すくなくとも、日本語対応手話（手指日本語）は日本語と事実上同一であってモダリティとして音声日本語とちがってみえるだけだから）、また、「聞こえない・聞こえにくい人達が、音声言語（日本語）にアクセスする権利を保障することです。そして聞こえない・聞こえにくい人達が聞こえる人達に歩み寄る」（同上）など、残存聴力を自明視した聴者化至上主義というほかない（残存聴力を音声日本語理解につかえない水準なら、事実上音声日本語にアクセスすることは不可能だし、そもそも「聞こえる人達に歩み寄る」といった発想自体が同化主義以外のなにものでもない）。朝霞市以外の首都圏の自治体の条例が「日本手話」をうたっていないことは、連盟のロビイングが依然支配的であること（聴者議員らの誤解を維持させている）を象徴している。

35 「手話の教育方針めぐり、ろう学校に波紋　保護者ら困惑」『朝日新聞』2018年3月27日

36 なお、日本手話学会が『手話学研究』第18巻（2009年）において、「特集・手話研究の倫理」を軸に議論があつめられているが（https://www.jstage.jst.go.jp/browse/jasl/18/0/_contents/-char/ja）、さしあたって聴者が日本手話コミュニティーに調査にはいるばあいに

は、亀井（2009）が最初にふまえるべき公準となりそうである。しかし、日本手話学会自体が「手話と日本語の二つを公用語」としていながら、「実際には学会内での手話と日本語の扱いは同等ではなく、情報へのアクセスという点においては、手話話者が不利な立場に置かれている」（澁谷 2009b）とされるなど、研究者集団自体が日本手話主導では運営できずにいたようである。ろう者／聴者間でフィールドワークの調査結果をどう記録・共有し、さらに研究者集団内外からのアクセスをバリアフリー化していくか自体が課題のようである。なお前述した松岡（2015）には「手話研究を行うために」とする最終章がおかれており、研究倫理・方法論をふくめた調査法の解説がある。

37　依然として過疎化を促進し人口重心を大都市圏にひきよせつづけているという点、いいかえれば人口減少傾向下の相対的動態として「中心」として突出している首都圏だが、すでにのべたように、通勤時間を短縮したいとかんがえる若年層を中心に都心回帰傾向がつよまると同時に、利便性を重視して老後を市街地でくらそうとするなど、郊外化が今後再燃する可能性はたかくない。もちろん、テレワークによる在宅勤務が急増等、あらたな就業形態が一般的になれば、人口動態が再逆流するなど人口集中がおわるかもしれないが。

38　言語の多様性への探究を主軸としているはずの社会言語学周辺の問題関心が、非常にかたよってきた現実（たとえば、英米圏の社会方言等の実証データ・モデルをさかんに「輸入」しながら、現代日本の現実には一向に適用しようとしない、異様なさま etc.）については、ましこ（2017b）参照。

39　「トリアージ（〈フランス〉・〈英〉triage）《「選別」「優先割当」の意》大災害によって多数の負傷者が発生した際に、現場で傷の程度を判定し、治療や搬送の優先順位を決めること。また、その役目。重傷者を優先的に処置し、現場の人材・機材を最大限に活用するために行われる。順位は、負傷者の総数、応急処置能力、医療機関の収容能力、搬送能力などを考慮し、状況に応じてそのつど判定される。」（小学館デジタル大辞泉）。あるいは「夜間救急では、まず看護師などが容態を聞き、緊急度を検討。緊急度の高い子から診察する」（母子衛生研究会『妊娠・子育て用語辞典』）とあるように、基本的には医療現場での「救急救命」の際の術語。ここでは、「危機言語」の記述等のばあい、その緊急性・記述可能性などの観点から、調査者・記述文法等作成者などの人材をふくめた諸資源の配分の際の「優先順位」をさだめざるをえない現実をさす。

■参考文献

秋永一枝（編）（2007）『東京都のことば』明治書院。
梅棹忠夫（1954）「第二標準語論」『言語生活』33号、筑摩書房、21～28頁。
岡典栄／赤堀仁美（2011）『文法が基礎からわかる日本手話のしくみ』大修館書店。
岡本哲志（2017）『江戸→TOKYO なりたちの教科書――一冊でつかむ東京の都市形成史』淡交社。
尾辻恵美（2011）「メトロリンガリズムと日本語教育――言語文化の境界線と言語能力」『リテラシーズ』9、くろしお出版、21～29頁。
尾辻恵美（2016）「メトロリンガリズムとアイデンティティ――複数同時活動と場のレパートリーの視点から」、『ことばと社会』編集委員会（編）『ことばと社会』18号（特集：アイデン

ティティ研究の新展開)、三元社、11〜34頁。

金澤貴之（2012）「聾教育という空間」、ましこ・ひでのり（編著）『ことば／権力／差別――言語権からみた情報弱者の解放』三元社、217〜234頁〔初版2006〕。

金澤貴之（2013）『手話の社会学――教育現場への手話導入における当事者性を巡って』生活書院。

金本良嗣／徳岡一幸（2002）「日本の都市圏設定基準」『応用地域学研究』第7号、応用地域学会、1〜15頁。

亀井伸孝（2009）「文化人類学的な視点から検討する手話研究者の素養」『手話学研究』第18巻、19〜22頁。(https://www.jstage.jst.go.jp/article/jasl/18/0/18_19/_pdf/-char/ja)

河原俊昭／山本忠行（編）（2004）『多言語社会がやってきた――世界の言語政策Q&A』くろしお出版。

木村晴美（2009）『ろう者の世界――続・日本手話とろう文化』生活書院。

木村晴美（2011）『日本手話と日本語対応手話（手指日本語）――間にある「深い谷」』生活書院。

クァク・ジョンナン（2017）『日本手話とろう教育――日本語能力主義をこえて』生活書院。

久野マリ子（2014）「首都圏方言の形成と共通語化」、三井はるみ（編）『首都圏の言語の実態と動向に関する研究 成果報告書：国立国語研究所共同研究報告13-02　首都圏言語研究の視野』、19〜38頁。(http://pj.ninjal.ac.jp/shutoken/pdf/5-2_1302_02.pdf)

越澤明（2001）『東京都市計画物語』筑摩書房。

真田信治／庄司博史（編）（2005）『事典　日本の多言語社会』岩波書店。

真田信治／生越直樹／任榮哲（編）（2005）『在日コリアンの言語相』和泉書院。

澁谷智子（2009a）『コーダの世界――手話の文化と声の文化』医学書院。

澁谷智子（2009b）「研究倫理をめぐる複数のカルチャー」『手話学研究』第18巻、5〜9頁。(https://www.jstage.jst.go.jp/article/jasl/18/0/18_5/_pdf/-char/ja, 2018/12/23閲覧)

清水睦美／「すたんどばいみー」（編著）（2009）『いちょう団地発！　外国人の子どもたちの挑戦』岩波書店。

全日本ろうあ連盟（2018）「「立法と調査」掲載「日本語と日本手話　―相克の歴史と共生に向けて―」に対して当連盟の反論レポート（2018/03/23）」(https://www.jfd.or.jp/2018/03/23/pid17437、2018/12/23閲覧)

平英司（2015）「モードスイッチにおける言語構造の切り替え――バイリンガル聴児Kのケーススタディーを通して」『手話学研究』第24巻、31〜49頁。(https://www.jstage.jst.go.jp/article/jasl/24/0/24_31/_pdf/-char/ja)

田中ゆかり（2010）『首都圏における言語動態の研究』笠間書院。

田中ゆかり（編）（2015）『神奈川県のことば』明治書院。

田中ゆかり ほか（2012）「街のなりたちと言語景観――東京・秋葉原を事例として」『言語研究』142、155〜170頁。(http://pj.ninjal.ac.jp/shutoken/pdf/5-2_1302_17.pdf, pp.241-256)

戸口康之（2016）「日本語手話条例を実現させて」、森壮也／佐々木倫子（編）『手話を言語と言うのなら』ひつじ書房、37〜46頁。

早野慎吾（1996）『首都圏の言語生態』おうふう。

飛田良文（2014）「【講演】私のとらえたい東京語」、三井はるみ（編）『首都圏の言語の実態と動向に関する研究 成果報告書：国立国語研究所共同研究報告13-02　首都圏言語研究の視野』、

55〜72頁。(http://pj.ninjal.ac.jp/shutoken/pdf/5-2_1302_04.pdf)
マートン、ロバート・K.（1961）『社会理論と社会構造』森東吾ほか（訳）、みすず書房。
ましこ・ひでのり（1997＝2001＝2003）『イデオロギーとしての「日本」――「国語」「日本史」の知識社会学』三元社。
ましこ・ひでのり（2014）「「言語」と「方言」――本質主義と調査倫理をめぐる方法論的整理」、下地理則／パトリック・ハインリッヒ（編）『琉球諸語の保持を目指して――消滅危機言語をめぐる議論と取り組み』ココ出版、22〜75頁。
ましこ・ひでのり（2017a）「「もと関西系テレビマン」による社会言語学的テレビ史――吉村誠著『お笑い芸人の言語学―テレビから読み解く「ことば」の空間―』（ナカニシヤ出版、2017年）」（書評）、『社会言語学』17号、「社会言語学」刊行会、161〜174頁。
ましこ・ひでのり（2017b）「日本の 社会言語学は なにをしてきたのか。どこへ いこうとしているのか。――「戦後日本の社会言語学」小史」、かどや・ひでのり／ましこ・ひでのり（編著）『行動する社会言語学――ことば／権力／差別Ⅱ』三元社、13〜46頁。
松岡和美（2015）『日本手話で学ぶ手話言語学の基礎』くろしお出版。
溝口敦（2015）『危険ドラッグ――半グレの闇稼業』角川書店。
三井はるみ（2014）「非標準形からみた東京首都圏若年層の言語の地域差」、三井はるみ（編）『首都圏の言語の実態と動向に関する研究 成果報告書：国立国語研究所共同研究報告13-02 首都圏言語研究の視野』、1〜18頁。(http://pj.ninjal.ac.jp/shutoken/pdf/5-2_1302_01.pdf)
森壮也（2017）「手話・ろう文化」、バイオメカニズム学会『手の百科事典』朝倉書店、495〜500頁。
山下里香（2016）『在日パキスタン人児童の多言語使用――コードスイッチングとスタイルシフトの研究』ひつじ書房。
鑓水兼貴（2014）「「首都圏の言語」をめぐる概念と用語に関して」、三井はるみ（編）『首都圏の言語の実態と動向に関する研究 成果報告書：国立国語研究所共同研究報告13-02 首都圏言語研究の視野』、39〜54頁。(http://pj.ninjal.ac.jp/shutoken/pdf/5-2_1302_03.pdf)
吉村誠（2017）『お笑い芸人の言語学――テレビから読み解く「ことば」の空間』ナカニシヤ出版。

●特集　東京 ことばと都市の統合的理解へ

東京弁、東京方言、東京語

清水　康行

　東京で話されている言語は、大阪や瀬戸内での言語がそうであるように、日本語の一変異として、東京という《地域》の方言だと捉えることができ、その限りでは、他の諸方言との間で《優劣》の議論が入る余地は無い（というのは余りにナイーブな捉え方ではあるが）。

　一方で、東京が日本の政治的・経済的な中心となったことと関わり、その言語は、公的・私的な地域間交流における「共通語」と見做され、「標準語」と同一視されさえする[1]ようになる。そうすると、この言語は、他の地域の言語とは一線を画す機能性と規範性を持つ《優位》な存在となってくる。

　そうした東京で話される言語を指すのに、「東京弁」「東京方言」「東京語」などといった語が思い浮かぼう。それらの語は、互いに多少のニュアンスの差異を示しつつ、一般社会や学術論文の中で、用いられている。それらの使用実態を確認することで、上掲の《優位》性など、東京の言語に付随する性質を指摘することも可能かも知れない。

　「標準語」との関わりでいえば、19世紀末から20世紀にかけて盛んとなった「標準語」論の中で、「東京語」が、その候補と目されるが、そうした中で、「教育ある人々」とか「下等社会」とかいう、東京の中の《社会階層》差に注目した言説が、しばしば見られる。一方、20世紀後半以降に展開される全国規模での諸「方言」の《記述的》調査研究では、前代のような社会階層差を正面から打ち出すことは無くなるが、調査対象者の選択に、意識的・無意識的なバイ

アスがかかっているのは見逃せない。また、それらの調査研究が、東京の言語に対して、どのような態度で臨んだのかも、振り返る必要があるかも知れない。

本稿は、そうした観点から、東京の言語が、どのように語られているかを検証することを通して、東京の言語が持つ特異な性格を浮かび上がらせようとするものである。

1. 東京という地域で行なわれている言語の呼び名

まずは、これら「東京弁」「東京方言」「東京語」といった表現が、実際に、どのくらい使われているか、一般での使用例と、学術論文でのそれとを、観察してみることとしよう。

1.1 一般での使用例

試みに、国立国語研究所『現代日本語書き言葉均衡コーパス（通常版）BCCWJ-NT』[2]（以下、BCCWJ）で、これらの語を検索してみると、「東京弁」が最多で、22件がヒットし、「東京語」は8件、「東京方言」は、意外に少なく、2件となる。

これらの語の間の意味合い・使用法の異同を、同じくBCCWJを用い、東京以外の諸地域名を含めた「〜弁」「〜方言」「〜語」の検索結果も参照しながら、確かめてみる。

①「〜弁」

地域名に続く「〜弁」は、BCCWJ全体で、619件ヒットする。「〜弁」が「〜方言」より盛んに用いられるのは、先述の「東京弁」と「東京方言」との関係と同様である。

最多は「関西弁」204件、「大阪弁」125件が続く。「東京弁」22件は、かなり水を開けられているものの、第3位となる。

地域の名称は、「佐世保弁」から「東北弁」まで、広狭さまざまである。「河内弁」など、旧国名で呼ばれる例があるのも、特徴的である。「日本弁」が無いのと同様、現代国家名レベルでの使用は見られない。なお、日本以外の地域

でも、「上海弁」「ナポリ弁」「ペリゴール弁」「ヨークシャー弁」という例がある。

　ジャンル別では、白書・法律用語に例が見られない以外は、ほぼ万遍なく使われている。書籍と並び、ブログやネット掲示板に多いのが特徴的である。

　また、「〜弁」の前後に付く語を見ると、東京・江戸に関して、「生粋の東京弁」「生粋の江戸弁」という例があるのが注目される。一方、東京以外では、「名古屋弁丸出し」「津軽弁丸出し」さらには「ナポリ弁丸出し」といった、「東京弁」には付かない「〜丸出し」の例があり、同様に、「東北弁訛り」「関西弁のなまり」など、「〜訛り」の例も見える。「東京弁コンプレックス」という例があるのも併せ考えると、「東京弁」にも、他の地域変異に比べて、それなりの《優位》性が感ぜられるといえよう。

② 「〜方言」
　この語の使用例は、BCCWJ全体でも余り多くなく、88件のヒットに止まる（最多は「京都方言」17件）。地域は、広狭あり、「メッカ方言」「華北方言」といった海外の地域名を冠する使用例は、「〜弁」よりも多く見られる。中には、「アルザス方言」「ブルターニュ方言」など、本誌読者であれば、敏感に反応しそうな例もある。「アラビア語エジプト方言」「アイルランド方言」という微妙な例を除けば、「〜弁」と同様、国家名が付く例は見られない。

　ジャンル別では、「〜弁」と様変わり、書籍に比べ、ブログ等での使用例が僅少となる。「〜弁」よりも文章語的傾向が強いと言えるだろう。

　前後に付く語にも、特徴的な表現は、指摘しがたい[3]。

③ 「〜語」
　BCCWJ上では、固有名詞＋語で、13,638件ものヒット[4]があるが、このうち、「日本語」6,259件をはじめ、大部分が、現代国家名に続く例、或いは、「バスク語」「タガログ語」などの言語名（「言語名」或いは「〜語」とは何ぞや、という問題には、ここでは踏み込まない）となる。

　日本国内の地域名を冠する「〜語」の例は、直前で踏み込まないとした問題に直結する「琉球語」16件、「沖縄語」5件、「与那国語」1件[5]、「ケセン語」9件[6]の他では、既出の「東京語」8件に加え、「江戸語」12件、「京都語」4件、「関西語」2件が見られるのみである。

　「〜弁」「〜方言」が主に日本国内の諸地域名に冠せられ、国家名には続か

ないのに対し、「〜語」は、その逆となる点で、対照をなす。その中で、「東京語」という語は、「江戸語」「京都語」「関西語」と並び、例外的な使用といえる。

なお、「東京」に加え、この「京都」「関西」と「沖縄」の4地域名のみが、「〜弁」「〜方言」「〜語」の全ての用例を持つ。

1.2　学術文献での使用例

ところが、これらの語の日本語学（国語学）関係の学術文献での使用は、上で見たのとはかなり異なる様相を呈する。

今度は、国立国語研究所『日本語研究・日本語教育文献データベース』[7]（以下、日語研DB）を用いて、1950年代以降の著書・論文類に、各語が、どの程度、使われているかを検索すると、「東京弁」39件、「東京方言」93件、「東京語」282件がヒットする。

①「東京弁」

一般での使用状況とは対照的に、学術文献では、「東京弁」を表題やキーワードに用いた例は、他の2語よりも、かなり少ない。しかも、39件中、ほぼ半数の20件は、秋永一枝の著書・論文中か、それらへの書評類で用いられたものである。

秋永には、書名に「東京弁」を冠した編著書も数点あり、その中で、彼女は、自身が研究対象とする「東京弁の使い手」に、以下のような条件を全て満たすことを求めている[8]。

[1] 御一新から敗戦までに言語形成期を終った人。
[2] 東京旧市内（東京旧15区内）で言語形成期を過ごした人。
[3] 両親または保育者も、江戸黒（墨）引内か東京旧市内で生育の人。

これは、正に「生粋」の「東京弁」を求めようとする姿勢の表明であり、それぞれは、また、東京での言語の様相を考える上で、避けられない問題を提示している。

[1] には、1928年生まれの彼女よりも年長者という含意もあり、同時に、「敗戦」後、東京は変容してしまったという認識がある。江戸・東京は、安政の

大地震（1855年）・関東大震災（1923年）・東京大空襲（1945年）という、一夜にして万余の人命が失われ、都市機能が壊滅的な打撃を受ける大災禍を、百年足らずの間に三度も経験した、世界でも希有な地域であり、維新直後や敗戦後など、前年比で10％以上の人口増減を、何度か繰り返している[9]。そのたびに、住民構成も生活様式も、大きな変容を蒙っており、どの時期の言語相を切り取るかにより、他の地域に増して、その姿は異なって来ざるを得ないだろう。

　［2］は、明確な地域的限定である。「東京」というだけでは漠然とするエリアを研究するのに、たとえば「東京都」という行政単位に基づく限定を与える態度[10]もあろうし、もっと広く「首都圏」を対象とするプロジェクト[11]もある。秋永は、敗戦後の23区よりも狭い、旧15区内に絞り込んでいる[12]。多摩地区や伊豆諸島の言葉を「東京弁」と呼ぶのに抵抗を覚える向きは少なくなかろうが、旧15区の縛りは、それより遥かに厳しい[13]。

　［3］も、東京に限らず、住民の流出入の激しい都市部にあっては、厳しい制約となろう[14]。

　ちなみに、日語研DBで、他の「〜弁」を幾つか検索すると、「関東弁」3件、「関西弁」60件、「大阪弁」90件、「東北弁」15件、「仙台弁」5件、「鹿児島弁」18件、「琉球弁」0件、「沖縄弁」1件となり、「関西弁」「大阪弁」が「東京弁」を凌駕している。

②「東京方言」

　日語研DBでの「東京方言」ヒット数は93件で、「東京弁」例数の2倍強となる。前項で見た他地域でも、「関東方言」28件、「関西方言」88件、「大阪方言」92件、「東北方言」110件、「仙台方言」25件、「鹿児島方言」72件、「琉球方言」305件、「沖縄方言」91件となり、いずれも「〜弁」より多くなる（中で、「大阪弁」と「大阪方言」とが僅差なのは特異）。

　「〜方言」という言い方は、方言学の世界で、日本語の中の地域的な言語変異を表す一般的な称呼、いわば《ニュートラル》な術語として、広く用いられてきた／いるものである[15]。

③「東京語」

　本節の最初に数値を示した通り、日本語学（国語学）の研究者は、「東京語」を最も好んで用いており、日語研DBでのヒット件数282は、「東京方言」の

3倍余、「東京弁」の7倍強にもなる。これまでも対照例として出した他地域での使用例、「関東語」1件、「関西語」10件、「大阪語」39件、「東北語」0件、「仙台語」0件、「鹿児島語」2件と比しても、その偏愛ぶりは際立っている(ただし、「琉球語」は187件、「沖縄語」も98件と少なくない。やはり、前節で避けて通った「〜語」とは何ぞや、という問題に直結するものとなる)。

これら「東京語」の使用例中には、「東京弁」「東京方言」と大差ない意味で用いられていると思われるものもあるが、後二者に見られない用法として、「近代東京語」「明治中期東京語」「19世紀東京語」のように、歴史的観点からの名付けが行なわれる事例が目立つ。そこには、東京という《地域》だけでなく、東京が政治・文化の中心となった《時代》の言語という意味合いが込められてくる。

実は、「東京語」以外にも、日語研DBで、多くヒットする「〜語」があり、それは「江戸語」274件である。こちらも、「近世江戸語」「後期江戸語」など、歴史と関わる名付けが目立つ。やはり、単なる《地域》の言語ではなく、江戸という《時代》を代表する言語という意味合いを持たされているのであろう。加えて、「江戸語東京語」という、同じ《地域》の連続しつつ異なる《時代》の言語名を繋げた用法も、少なからず行なわれている。《時代》と結びついた「江戸語」「東京語」の多用は、この言語の特権性の証といえるだろう[16]。

(なお、「江戸語」と張り合う語に「上方語」があり、日語研DBに122件が見られ、こちらも、「近世上方語」「後期上方語」といった時代を示す名称を持つ。江戸時代の「上方」は、《時代》の一方の中心であった[17]。)

2.　「標準語」論議の中の「東京語」

「東京語」という用語は、近代の「標準語」に関わる議論の中で、盛んに登場する。「標準語」という語を一般に知らしめた[18]上田万年「標準語に就きて」(上田1895b)では、以下のように述べ、「東京語」を「標準語」の最有力候補としつつ、なお「彫琢を要す」としている。(以下、引用に際しては、適宜、句読点を補い、漢字・仮名字体を現行字体に改める。)

◎願はくは予をして新に発達すべき日本の標準語につき、一言せしめたま

> へ。予は此点に就ては、現今の東京語が他日其名誉を享有すべき資格を
> 供ふる者なりと確信す。ただし〔……〕決して現在名誉を享有すべきも
> のといはず。そは一国の標準語となるには、今少し彫琢を要すべければ
> なり。(上田 1895c, 1897［再版］: 62f.)

《東京語＝標準語》と断言している例もある。下掲は、「標準語」普及に大きな影響を与えた国定国語読本（第二期）の編纂趣意書中に見える文言である。

> ◎口語ハ略東京語ヲ以テ標準語トセリ。(文部省 1910: 15)

2.1　「教育ある人」の「東京語」

　そうした《東京語～標準語》論の中では、しばしば、東京内の社会階層による言語変異に注目する言説がなされる。
　上田（1895b）でも、上掲引用の省略部分で、

> ◎東京語といへば或る一部の人は、直ちに東京の「ベランメー」言葉の様
> に思ふべけれども、決してさにあらず。予の云ふ東京語とは、教育ある
> 東京人の話すことばと云ふ義なり。

と述べ、「教育ある東京人の話すことば」が「東京語」であるとしている。
　国定読本の編纂趣意書でも、第一期・第二期それぞれ、以下のように言う。

> ◎文章ハ口語ヲ多クシ、用語ハ主トシテ東京ノ中流社会ニ行ハルルモノヲ
> 取リ、カクテ国語ノ標準ヲ知ラシメ、其統一ヲ図ル（文部省 1904: 51）

> ◎口語ハ略東京語ヲ以テ標準語トセリ。但シ、東京語ノ訛音・卑語ト認ム
> ルモノハ、固ヨリ之ヲ採ラズ。(文部省 1910: 15)

「標準語」選定を目標にした国語調査委員会[19]による、事実上の最終報告となった『口語法』（国語調査委員会 1916)[20]では、冒頭の「例言」中に、

> ◎現今我ガ国ニ於ケル口語ハ、地方ニヨリ頗ル区々ニシテ一致セズ。本書ハ主トシテ今日東京ニ於テ専ラ教育アル人々ノ間ニ行ハル、口語ヲ標準トシテ案定シ、其ノ他ノ地方ニ於ケル口語ノ法則トイヘドモ広ク用ヰラル、モノハ或程度マデ之ヲ斟酌シタリ。(国語調査委員会 1916: 1, 例言)

と、「東京」という地域の中での「教育アル人々」という社会階層が用いる口語を「標準」とする考えが端的に示される。

その解説書である『口語法別記』(国語調査委員会 1917)の「端書」は、もっと露骨である(ただし、ここでは、「東京方言」「東京言葉」という語が用いられ、「東京語」は見えない)。

> ◎我が国にわ、文語にわ、一つに定まつたものがあるが、口語わ、全国どこも方言であつて〔……〕国々、皆方言をつかう。そこで、全国同じに通ずる口語を立て、規則を定めねばならぬ。扨、口語の目当とするものを、何と定めようか、辺鄙の方言わ、採ることわ出来ぬから、東京方言か京都方言かにせねばならぬ。東京わ、今わ、皇居もあり、政府もある所で、全国中の者が、追々、東京言葉を真似てつかうようになつて来て居るから、東京言葉を日本国中の口語の目当とするがあたりまえのことゝ思う。しかしながら、東京言葉と云つても、賤しい者にわ、訛が多いから、それわ採られぬ。そこで、東京の教育ある人の言葉を目当と立て、そうして、其外でも、全国中に広く行われて居るものをも酌み取つて、規則をきめた。(国語調査委員会 1917: 2f., 端書)

ここでいう「教育ある人」が、実際に、どのような階層の、どのような割合の人々を指すか、確実には決め難いが、当時の中等教育機関への進学率などは、それを推察する指標とはなろう。全国単位の粗い数値になるが、国語調査委員会が活動中であった1910年時点での中学校への進学率は、約10%である[21]。高等教育機関へ進む者の数は、更に1桁少なくなる[22]。

なお、『口語法別記』中で、「東京方言」について、時折、気になる記述が見られる。以下は、助詞「しか」に関する解説の一部である。

> ◎「しか」〔……〕東京限りの方言かと思つて、旧案には挙げなかつたが、

特別委員会で、立てることゝなつたのである。(国語調査委員会 1917: 318)

『口語法』の「緒言」によれば、同書は、主査委員である大槻文彦が「起草」し、「起草委員会及ビ本委員会」の「審議」を経た後、上田万年らの委員・補助委員が「特別委員」として「整理」して成ったものである[23]。上掲は、その辺の事情を踏まえての、「旧案」起草者で、『別記』著者である大槻による補足説明となる。

同趣の「東京方言かと思つて」起草案には挙げなかったという趣旨の記述は、「たつて」「たつても」(p.327)、「だつて」(p.390) にも、見られる。大槻は、東京の言葉でも、「東京限りの方言」と判断した場合は「標準」語法とはせず、「広く行われて居るもの」のみを認めていこうという姿勢を持っていたといえよう。

2.2 東京府下での「教育アルモノ」や「下等社会」のことば

『口語法別記』は、国語調査委員会が展開した方言調査や文献調査を踏まえたものだが、同委が1903〜04年に実施した全国口語法調査の際、各府県に対し、殊更に「教育ある人」や「賤しい者」といった社会階層差に関わる報告を求めたかどうかは、確かではない。少なくとも、委嘱に際して添付した「注意書」には、そうした内容の注文は、見られない[24]。

各府県から提出された報告 (国語調査委員会 1906a) は、精粗様々で、全ての質問に「県下一般」として簡単な回答しか示していない府県もあれば、各郡町村の異同を詳述したり、複数の中学校等での調査結果を掲げたりする府県もある[25]。

東京府は、各地の郡視学や小学校長を動員し、郡・村による違いに言及する等、それなりに詳細な報告を上げている。

その中には、以下のように、社会階層による語法の違いに注目した例が見られる。

◎未来ニハ中以上及教育アルモノハ／起きよオ〔起きよう〕〔……〕／児童等及下等社会ハ「起きベエ」ノ如シ (西多摩郡、p.30)

こうした特定の社会階層に注目した記述は、他にも、「教育アルモノ及中等

以上ノ人」(西多摩郡、p.15)、「多少文字アル人」(北多摩郡西府村、p.70)、「上流ノ人」「普通ノ人民」(北多摩郡多摩村、同頁)、「中以上及教育アルモノ」(西多摩郡、p.109)、「教育アルモノ」「児童及下等社会」(西多摩郡、p.132)、「教育アルモノ」(西多摩郡、p.313)、「教育アルモノ、特ニ口語ニ注意スル家庭ノ婦女」「男子児童等」(西多摩郡、p.378)、「教育アルモノカ、又ハ、上流ノ人」(西多摩郡、p.597)、「下等社会ト児童」「中以上ト教育アルモノ」(西多摩郡、p.668)、「中以上」「一般」(西多摩郡、p.718)など、幾つも見られる。

　東京府下（多摩地区、特に西多摩郡に集中）からの報告の中に、このような記述、特に「教育アルモノ」という表現が、再三、使用されているのは、興味深い[26]。

　なお、社会階層差に関わる記述は、他府県の報告中にも見えるが、より散発的である[27]。

　以下は、その中で、「東京語」との関わりを述べた記述ともなっている。当時、東京の言語を意味する語として、「東京語」が用いられていたことを示す例となろう。

　　◎近来東京語ノ影響ヲ受ケテ、教育アル社会ニハ「花です」「綺麗です」「そーですなー」ナド、言葉ノ末ニ用キルモノアレドモ、固有ノモノニ非ズ（愛知県、付記、p.1）[28]

　ただし、折角こうした報告が寄せられたのに対し、国語調査委員会の態度は、意外に冷淡である。これらの報告に基づいた『口語法分布図』(国語調査委1906b) を作製するに当たっての「方針」中に、以下のような記述が見える。

　　◎一地方ニ於テ、社会、職業、教育ノ相違或ハ崇敬ノ程度等ニ依リテ、異例ヲ存スルモノハ、場合ニヨリテ、其大体ヲ表ハシ、或ハ全ク図中ヨリ省キタリ。(国語調査委員会 1906a: 1、「口語法分布図製図方針」)

2.3　「用いぬがよい」語法の排除

　さて、『口語法別記』には、幾つかの語法を「用いぬがよい」とする例が見られる。さらに、その中には、「言葉が下品に聞こえる」からだと説明してい

る箇所もある。これらは、前掲の同書「端書」にいう「賤しい者にわ、訛が多いから、それわ採られぬ」として、排除された具体例となろうか[29]。

◎「書けば」落ちれば」受ければ」来れば」すれば」などを、「かきゃあ」おちりゃあ」うけりゃあ」くりゃあ」すりゃあ」など〱も云うが、言葉が下品に聞こえるから、用いぬがよい。形容詞の「善ければ」嬉しければ」〔……〕などを、「けりゃあ」れりゃあ」せりゃあ」などと云うも同じである。(p.98)

◎第二活用形に、過去の助動詞の「た」を付ける時、「なさつた」くださつた」となるわ、常のラ行五段活用の動詞と同じである、然るに、これを「なすつた」(なすつて)くだすつた」(くだすつて)とも云うことがあるが、用いぬがよい。(pp.149f.)

◎「いらつしやつた」(ママ)を「いらしつた」(いらしつて)など〱も云うが、用いぬがよい。(p.151)

◎「日が長くて退屈する」嬉しくてたまらない」〔……〕を、「長くッて」嬉しくッて」とも云うが、用いぬがよかろう。(p.165)

◎「書かなくて」来なくて」〔……〕などを「書かなくッて」「来なくッて」などとも云うが、下品に聞こえるから、用いぬがよい。(p.249)

ただし、上掲中、「下品」とされる二件に関し、口語法調査時の東京府の報告中に、「受けりゃあ」(北多摩郡多摩村、p.70)、「聞かなくッて」(豊多摩郡・南足立郡、p.646)の例が見えるが、前節でのような「下等」云々の記述は付されていない。

同報告には、「なすって」「くだすって」(南足立郡・西多摩郡、p.328)、「好くッて」「重くッて」(府下一般、p.703)の例もあり、こちらにも「下等」云々の言及は無い。なお、「入らッしゃッ(て)(た)」については「教育アルモノ、特ニ口語ニ注意スル家庭ノ婦女ニ限ル男子児童等ハ用キズ」(西多摩郡、p.378)という報告がある。

2.4 「賤しい者」の「訛」なのか?

前節で示した「用ゐぬがよい」とされた語法が、20世紀初めの、東京中流の生まれ・育ちの女性作家たちが書いた小説中に登場する女性たちの台詞に、しばしば見られることを、かなり以前に指摘したことがある[30]。

本稿では、その補足として、国立国語研究所『日本語歴史コーパス』[31]を用い、1887〜1909年に刊行された雑誌記事中、著者の性別が確認できるものを対象に、幾つかの語形の例数を比較してみる。著者の生育地は未確認なので、その点では目の粗い調査となっている。

著者性別	種別	なさって／た	なすって／た	下さって／た	下すって／た	なさって／た	なすって／た	下さって／た	下すって／た
女	会話	9	22	5	1	29%	71%	83%	17%
女	地	16	42	23	28	28%	72%	45%	55%
男	会話	14	107	1	29	12%	88%	3%	97%
男	地	3	2	1	2	60%	40%	33%	67%
合計		42	173	30	60	20%	80%	33%	67%

著者性別	種別	形容詞くて	形容詞くって	動詞なくて	動詞なくって	形容詞くて	形容詞くって	動詞なくて	動詞なくって
女	会話	51	24	5	3	68%	32%	63%	38%
女	地	211	37	17	5	85%	15%	77%	23%
男	会話	199	67	46	22	75%	25%	68%	32%
男	地	443	35	49	4	93%	7%	92%	8%
合計		904	163	117	34	85%	15%	77%	23%

国立国語研究所『日本語歴史コーパス』をもとに筆者作成

ここでも、やはり、『国語法別記』が「用ゐぬがよい」とした語形が、ある程度以上、使われていたことが確認できる。特に「なすって／た」は、著者の性別に関わりなく、台詞(「会話」)中では(女性著者では地の文でも)、「なさって／た」より、遥かに多く用いられている。むしろ、当時は《当たり前》の言い方であったと考えられる。「下品」と決めつけられた「動詞なくって」

でも、特に台詞中では、「動詞なくて」の半数程度の使用例が見られる。

　それらを国語調査委員会が殊更に排除したことは、そこで目指された「標準語」のあり方を考える上で、示唆的である[32]。

　前項の引用で、『別記』は、「なさって／た」が「常のラ行五段活用の動詞と同じ」だと説明した上で、「然るに」と「なすって／た」を論難している。より体系的に《整った》語形を優先しようとする姿勢は、他の「用ゐぬがよい」語形の排除でも共通している。それらの使い手が「賤しい者」であるか否か、「中流」かどうかは、語の「彫琢」に当たっては、実は余り関心が及んでいなかったのかも知れない。

3.　「方言」調査での被調査者の選抜基準

　20世紀後半以降、本格的に展開される日本の「方言」研究では、東京を含む諸地域の言語の諸相、それらの地域的な差異を、詳細に記述していった。その中で、前代の「標準語」論が問題としたような社会階層による言語差に注目した研究は（多少の実践はあるものの）必ずしも盛んではない。これは、社会階層による言語の差異である「社会方言」を重視する欧米の社会言語学的な研究と見事な対照をなす。

3.1　国立国語研究所の大規模方言調査での被調査者

　国立国語研究所は、ほぼ四半世紀ごとに、全国規模の方言調査を実施している。それらが、どのような人物を被調査者としたか、また、東京の方言をどう扱ったか、を見てみよう。

①『日本言語地図』のための調査

　1957～65年、返還前の沖縄を含めた2,400の調査地点で、調査項目285について、面接調査を行ない、その結果を300面の言語地図に纏めた『日本言語地図』（全6巻、1966～74年：略称 LAJ）は、国立国語研究所が行なった全国方言調査プロジェクト中、最初にして最大規模のものである。

　各調査地点の「被調査者（話者）は、男の老人1名」である。原則として、

「1903年以前」に生まれ、「言語形成期をずっと調査地点で生育」し、「それ以後も、よそ〔……〕での生活が、兵歴など一切を含めて36か月を越えない」男性とされる[33]。

「職業・学歴・階層などについては、特に基準を立てなかった」が、結果として、職業的には「農業に関係を持つ」者が「全体の63％を占め」、学歴では「小学校（高等小学校を含む）卒業者」が多くなった。

学歴に関する付表によれば、2,400名中、474名が4年（1906年以前の義務教育年限）、577名が6年（1907年以降の義務教育年限）、867名が8年（高等小学校卒業相当）となる。9年以上（中学校以上）の学歴保持者は255名、全体の11％弱に過ぎない。先述した通り、彼らが小学校を卒業した時期に相当する1910年時点での中学校への進学率は10％程度なので、この年代としては、平均的な分布となろう。

「学歴・階層の特に高い人は望ましくない」とされており、「居住経歴の条件で、たとえば大学卒業者の大部分ははずれる」とも予想し、実際にそうなっている。結果として、前章の「標準語」で求められた「教育ある人々」は、むしろ排除され、あえていえば、「賤しい者」の「訛」の方を求めようとした被調査者選びであったとなろう。

こうした土地生え抜きで、他地域在住歴の少ない、高齢男性は、NORM(S) (Non-mobile Older Rural Male(s) (Speakers)) と呼ばれ、欧米でも、伝統的な方言研究での調査対象者とされていた。LAJ解説中でも「これらの人々が、現代日本語の母胎となった各地方の言語を、現在もっとも純粋に伝えている」と明言する通り、彼等NORMは、研究者から、《純粋な方言》の持ち主、「生粋」の話し手として、期待された存在であった。

なお、被調査者を男性に限った[34]理由として、「性別を一定」して「資料の質」を「統一」しておくこと、「女は、結婚のため、生育地を離れる場合が多い」ことと並んで、「男は比較的社会的訓練を受けているのに対して、女は外来者の応接になれない人が多いのではないかと考えたためである」と、平然と述べている。半世紀の隔たりに驚く記述ではある。

② 『方言文法全国地図』のための調査

1979〜82年、全国807地点で、267項目について、面接調査した結果を、全350面の地図に纏めた『方言文法全国地図』（全6巻、1989〜2006年：略称

GAJ）でも、調査対象者は、土地生え抜きの高年層の男性話者を選んでいる[35]。

　職業では、農林業が最多だが、その「割合は約36％にすぎない」[36]。一方、「教員、公務員、特別公務員の数が目立」つことは、LAJには「見られない特色」であるとされている[37]。学歴への言及は無いが、これらの職種から、ある程度以上の学歴を有する者が含まれていると考えられる。

　GAJでは、「文法事象の調査は語彙の場合よりも高い言語内省能力が要求される」という理由で、「あまり高齢者は望ましくない」としている[38]。同様の理由で、被調査者の職業・学歴に、ある程度のバイアスがかかったことが想像される。

③「全国方言分布調査」

　2010～15年、全国554地点で行なわれた「全国方言分布調査」（略称FPJD）でも、「話者の条件は、原則として、70歳以上、長期にわたる移動がないもの」[39]とし、相変わらず、NORMを原則としている。

　もっとも、FPJDは、LAJ、GAJなどの先行成果と「比較するデータ」を得て、「方言分布の実時間経年比較」を行なうことを狙っており、この話者の条件設定も、「過去の調査から大きく外れないよう」にした結果ではある。

　現代社会では、仮にNORMであっても、他地域の言語・話者との接触は避けられず、《純粋な方言》は保ち得ないことは、当の研究者も、承知の上ではあろう。ただ、そのことと、NORM《的》話者像を設定することが、被験者の属する社会階層選択に対するバイアスとなることに自覚的であることとは、別の事柄ではある。

④『日本言語地図』（LAJ）等における「東京」の扱い

　LAJでは、全調査地点の被調査者の氏名と生年・職業・学歴等の属性を明示している[40]。

　被調査者数では、全2,400人中、東京都在住者は34人（1.4％）、うち区部は7人（0.3％）に過ぎず、当該地域の人口比率から見て、かなり低い割合となっている[41]。都下の市・郡部11人、島嶼部16人と比しても、区部の割合の低さは際立つ。

　職業では、東京都全体で、「農業」が最多の56％（兼業含む）、「林業」「漁業」を加えた第一次産業従事者は71％となり、1960年の国勢調査での30.1％・

32.6％より、かなり多い[42]。区部に限ると、各区分の該当者が1～2人となってしまい、余り意味のある数値とならないが、7人中、「商業」2人、「勤め人」1人と、顕著な傾向は見せない。学歴でも、9年以上は、都全体で4人（11.7％）、区部1人（14.3％）と、目立って高くはならない。

GAJでも、全調査地点の被調査者の氏名と生年・職業等の属性を明示している[43]。ただし、学歴に関するデータは含まれていない。

被調査者数では、全901人中、東京都在住者は13人（1.4％）、うち区部は2人（0.2％）で、LAJ同様、かなり低い割合である[44]。市・郡部は4人、島嶼部は7人となる。

職業では、（LAJと区分法が異なるが）「農林業」が最多の46％（兼業含む：13人を分母とする）、「漁業」を加えた第一次産業従事者は54％となり、全体での57％と大差ない。他に「公務員」31％（全体では15％）が目立つが、教員・会社員等を加えた第三次産業従事者（「その他」はカウントしない）は54％に止まり、全体の67％に及ばない。

FPJDでは、各調査地点の属性データは公開していない[45]。554の調査地点中、東京都分は11地点（2.0％。うち区部は3地点）であり、やはり、東京の人口比率の割には、少ない数値となっている。

総じて、LAJ等での東京都分の被験者（調査地点）の選択は、これらの調査プロジェクトにおける、東京、特に区部の言語への相対的な関心の低さを示していると言えよう。他の都市部の扱いも含め、これらの調査が求める《方言》像の偏りが窺える。

LAJでは、「調査地点の選定」について、「全地域に満遍なく地点をばらまく」のと「言語的・社会的に特色ある地点を選ぶ」という二様の「基準」を示している[46]。GAJの調査地点選定では、「全国一様の地点密度」を目指す一方で、「いちじるしく特色のある方言」を持つ地域を加えるようにしている[47]。両調査とも、東京、特に区部を「特色ある」地域と認めなかったということか（対照的に、島嶼部には、両調査とも、一定数の調査地点を置く）。

なお、LAJは、「調査の目的」の筆頭に「現代日本標準語の基盤とその成立過程」を掲げ、かつ、標準語が「東京のことばを中心として成立しつつある」という認識を示し[48]、GAJでも、「研究の目的」の一つに「東京のことばを基盤として成立している現代日本共通語」の「成立の経緯」を明らかにすることを挙げている[49]。その割には、既述の通り、両調査とも、肝心の「東京のこと

ば」の扱いは小さく、これらは《国家プロジェクト》向けの言い訳に聞こえなくもない。

3.2 「首都圏方言」研究の被調査者

　2000年代以降、「方言」研究の新たなトレンドとして、「首都圏方言」が提唱され、研究実績が重ねられつつある。首都圏に注目した方言研究は、前世紀のうちからあり、日語研DBでも、1985年以降、論文名等に「首都圏」を含む論考が、幾つかヒットするが、はっきり「首都圏方言」と銘打った論文は、田中（2003）が最も早い。2010〜14年に展開された「首都圏の言語の実態と動向に関する研究」は、数々の成果を得るプロジェクトとなった[50]。

　その成果報告書である三井（2014）の「はじめに」で、プロジェクトリーダーの三井は、

> ◎首都圏、とりわけその中核地域である東京のことばは、「現代日本語」と密接に結びついた中央語としての位置づけをもつ。そのためこの地域の言語は、方言研究のみならず、近代語研究、都市言語研究、言語動態研究といった、多様なアプローチによる研究が行われてきた。(p.i)

とした上で、このプロジェクトが、「主として地域言語研究の立場」から、「あらためて言語の現状をつぶさに具体的にとらえ、今後この地域の言語に切り込んでいくために有効な観点を洗い出す」ことを目的としたと語っている。

　上掲引用で、「首都圏」の「中核地域」である「東京」の言語は、「「現代日本語」と密接に結びついた中央語」と位置付けられており、この言語の特権的な地位を再確認している。ただ、それと、このプロジェクトが展開しようとした「地域言語研究の立場」とが、どう切り結んだのかは、明確に示されてはいない。

　なお、この引用部分では、この言語は、「東京のことば」、或いは、「この地域の言語」と呼ばれ、「東京弁」「東京方言」「東京語」といった称呼は、避けられている。当論の後半を見ても、他の者による報告を引用・紹介する以外では、これらの語は使われていない。

　本報告書に載った他の論考でも、書名に「東京語」を冠する大著・飛田

(1992) を持つ飛田良文が、屈託なく「東京語」の「優位性」を語る[51]以外は、「東京語」は言挙げされず、「中央語」の影は薄い。

　さて、このプロジェクトの中核的研究成果の一つである「首都圏大学生の言語使用と言語意識の地域差に関する研究」[52]は、2012年に「首都圏の大学生に対して」実施されたものである。「調査対象」は、「東京都と埼玉県に立地する」8大学の約700名の大学生である。

　この調査の行なわれた2012年当時の大学への進学率は、全国では約53%、東京都に限ると約66%となる[53]。同世代者の半数が含まれる《平均的》な若者集団ともいえるし、半数はその機会を持たない特異な層だともいえよう。作為的に選ばれた特定の社会集団であることは、疑いない。研究者と被験者は、この社会階層的なバイアスに、どれだけ自覚的に臨んでいるのか、この調査からは十分に窺えない[54]。

　なお、この調査での被験者は、大学生であることに加え、（年齢・性別は開示されていないものの）「若年層」で、女性を多く含み、かつ、調査時の居住地ではなく「生育地」を地点情報としている[55]点で、前節で取り上げた諸調査での被験者とは、著しい対照を成す。「首都圏」プロジェクトと同じ時期に、同じ国立国語研究所を研究拠点として、NORMを対象とした方言調査＝FPJDが展開されていることも考えると、「首都圏大学生」調査、或いはFPJDとの双方が、NORMを被験者としない／する地域言語調査の意味・意義について、なお慎重な検討がなされるべきだったであろう。

3.3　多言語話者の存在

　いうまでもなく、現在の日本、とりわけ東京は、多言語状況が顕在化している。少し古くなるが、前項で紹介した「首都圏大学生」への調査が行なわれた2012年段階での統計値で見ると、各都道府県在留外国人の全人口に対する割合は、全国で1.6%、最大の東京都では3.0%となる[56]。都内の23区別に見れば、新宿区は10%を超え、港区・荒川区・台東区・豊島区・千代田区が5%を上回っている[57]。外国人の国籍も多岐にわたり、当然、彼らの用いる言語数も相当なものとなる。

　「首都圏方言」プロジェクトが、この地域の「言語の現状をつぶさに具体的にとらえ」ようとするならば、こうした多言語状況を視野に入れるべきであろ

うに、その『成果報告書』には、学会誌既掲載論文を転載した、秋葉原の言語景観を調査した論考[58]が、1点、あるのみである。「首都圏大学生」への調査の際に、調査が行なわれた大学の教室にも一定数は居たであろう外国人学生たちは、どのように処遇されたのだろうか。

　これまで見てきた通り、東京という《地域》で用いられている言語を指す「東京弁」「東京方言」「東京語」といった表現の間には、様々な差異が観察される。
　その中で、「東京語」は、他の二者よりも、東京の言語が持つ《特権性》《優位性》と結びつく性格を有している。一般に、「〜弁」「〜方言」が国家名には続かず、もっと限定された地域に結び付き、「〜語」はその逆となる点で対照をなすが、「東京語」は、その例外となる。学術文献での使用においては、東京という《時代》の言語という意味合いも持つ。
　さらに、19世紀末から20世紀早期の「標準語」問題の議論の中に登場する「東京語」は、「中流」「教育ある人」といった特定の《社会階層》が用いる言語として定義された。ただし、それが、実際の東京での「社会方言」を掬い上げていたのかは疑問である。
　一方、20世紀後半の全国的な「方言」研究では、「東京方言」は特別な位置は与えられていない。ただし、《地域》言語の《ニュートラル》な記述を旨とする方言研究にあっても、被調査者の《社会階層》には自ずからのバイアスが加わっていることは見逃せない。
　21世紀になって、「東京方言」から「首都圏方言」へと拡大した研究が展開されつつあるが、関心は、専ら所与の日本語の地域的な差異に集中しており、首都圏、就中、東京における社会階層や《多言語》への目配りは至って淡白である。
　東京における階層社会・多言語社会の現状を見つめつつ、改めて「東京語」の持つ《特権性》《優位性》を積極的に問い直す姿勢が望まれよう。

■注

1 一例として、日本版Wikipediaの「お笑い芸人」のテンプレートには「方言」が立てられているが（「学者」等には無い）、東京出身者の当該欄には、しばしば「標準語」（例：伊集院光、品川祐、山田邦子）との情報が示される。もっとも、これは徹底している表現ではなく、「東京方言」（石橋貴明）、「東京弁」（萩本欽一）、「江戸弁」（ビートたけし）、「共通語」（柳原可奈子）などもみられる。「なし（共通語）」（大竹一樹）という表現もあり、「東京には方言が無い」という意識の反映例として、面白い。

2 同コーパスには、複数の検索ツールがあるが、本稿では、「中納言」による検索結果を示す。短単位検索で、「弁」「方言」「語」をキーに、直前に品詞・中分類「名詞－固有名詞」の共起条件を加えて検索し、不適切な結果を除外した後、集計した。https://chunagon.ninjal.ac.jp/bccwj-nt/search

3 「方言」の前要素の「名詞－固有名詞」の共起条件を外すと、「方言丸出し」や「汚い方言」等、マイナスの語感を持つ例が拾えてくる。

4 前注の要領で検索したので、「英語」「仏語」等の例は含まれない。「英語」だけでも8,000件以上あるので、これらを加えれば、さらに大量となる。

5 たとえば、世界の諸言語カタログ*Ethnologue*では、奄美・琉球諸島の諸言語を、Japaneseとは別のLanguagesとして立項している。https://www.ethnologue.com/country/JP/languages

6 東北の気仙地方（岩手県と宮城県の一部）で行なわれている言語。山浦玄嗣が、独自の正書法を定め、文法書・辞書・聖書などを編んでいる。山浦（1986）参照。

7 簡易検索により、各語が「論文著者名」「論文名」「図書編著者名」「誌名・書名」「キーワード・章タイトル」のいずれかに含まれているかを検索し、不適切例を除外。https://bibdb.ninjal.ac.jp/bunken/

8 秋永（1995, 1999, 2004）。引用は、秋永（1999: 132）より。秋永（2004: 658）、でも、同様の規定を示す。

9 「東京都の統計」中の「参考表4　人口の推移（東京都、全国）（明治5〜平成29年）」に拠る。対前年比では、1945年（52.0％減）、1878年（20.4％増）、1946年（19.9％増）、1947年（19.5％増）、1894年（18.6％増）の順。http://www.toukei.metro.tokyo.jp/jugoki/2017/ju17q10000.htm

10 東京都教育委員会（1986）や、その後継となる久野（2018）などがそれに当たり、そこでは、23区以外の多摩地区や島嶼部も、調査対象となっている。

11 三井はるみ等「首都圏の言語の実態と動向に関する研究」。http://pj.ninjal.ac.jp/shutoken/

12 行政区画としての旧15区は、東京市設置（1889年）より早い1878年に始まり、その地域は、江戸町奉行の支配範囲であった「墨引内」と、かなり重なる。1932年、周辺の地域を新20区として加え、計35区に、その面積は約7倍となった。1947年、この35区を整理統合し、現在の23区となる。

13 秋永と筆者は、23区でいえば共に墨田区出身だが、秋永は旧15区時代の本所区の産、筆者は秋永出生時には市外であった南葛飾郡（後の新20区の向島区、筆者出生時は既に墨田

区）の出となる。偶々、両者が一緒の席で、別の人から「清水さん、江戸っ子なんですってね」と言われて、「いやあ、向島ですから、在の者です」と応じると、間髪を入れず、秋永が「そうですとも」と合いの手を入れたのは、鮮烈な思い出である。もっとも、御本人は「「とも」なんて言わない」と反駁していたが（國學院大學日本文化研究所 1996: 310）。秋永先生が故人となった今では、懐かしくも一方的な回顧譚ではある。

14　秋永の調査対象者の多くが東京在住だったと思われる1920年の第1回国勢調査によれば、府県別の人口中の自市町村出生者の割合は、東京府は40.9%で、北海道34.6%に次いで低い。他に50％を切るのは大阪府・福岡県のみである。ただし、別掲の六大都市の表で、東京市の自市内出生者割合を計算すると42.5％となり、府全体での割合や、大阪市37.2％・神戸市30.5％・横浜市37.6％よりも高くなる。総務省統計局e-Stat（https://www.e-stat.go.jp/）所掲「大正9年国勢調査」に基づく。

15　その《ニュートラル》性が持つ陥穽、「国語」との緊張関係については、安田（1999）、ましこ（2002, 2014［新装版］）などに、優れた批判的考察があり、おそらく、本号の他の論考でも述べられるであろうから、これも、本稿では踏み込まない。

16　江戸語に関連しては、より《時代》性が前面に出た「江戸時代語」という例がある。「平安時代語」などと並び、明らかに歴史性を帯びた名称である。なお、他の研究分野では「東京時代」という名称を用いることもあるが、日語研DBの範囲では、「東京時代語」という使用例は見られない。

17　少し多めに使用例のある「大阪語」にも、「近代大阪語」「明治期大阪語」という時代に絡めた命名が見られる。しかし、これらは、いずれも、金澤裕之の著作、或いは、それへの書評での例となる。

18　「標準語」という語は、上田（1895b）の冒頭で「予の茲にいふ標準語とは、英語の「スタンダード、ラングエーヂ」、独乙語の「ゲマインスプラーヘ」の事にして」という通り、standard language または Gemeinsprache（後者は寧ろ「共通語」）の翻訳語として作られたものである。この語は、上田より早く、岡倉（1890）に見え、上田自身も、上田（1895a：1894年11月に演説）の中で用いている。

19　国語調査委員会は、1902年の活動開始直後に示した「国語調査委員会決議事項」で、「方言ヲ調査シテ標準語ヲ選定スルコト」を「向後調査スベキ主要ナル事業」の一つとしている。同委は、そのために、世界でも早い全国規模の方言調査報告となる国語調査委員会（1906a, b）に結実する活動を、積極的に展開していく。同委に関しては、文化庁（2006: 104-140, 清水執筆）を参照されたい。

20　国語調査委員会は、1913年、行政整理のため、あっけなく廃止されてしまう。解散後に刊行された『口語法』では、「例言」冒頭で「口語法ハ元音ノ部語ノ部文ノ部ヨリ成ル。本書ハ其ノ語ノ部ニシテ現今ノ口語ニ於ケル法則ヲ叙述シタルモノナリ」と、「音ノ部」「文ノ部」の刊行計画があったことを語るが、これらが刊行されることは無かった。

21　1909・10年度分の文部省年報に載る統計表に基づき、1910年度の中学校入学者数総数35,872名を1909年度の尋常小学校卒業男子総数348,134名で除すと、10.3％となる。文部省（1912 下巻: 175）、および、文部省（1911 下巻: 36）参照。なお、東京府分で、同様の計算をすると、3倍以上の33.1％となる。東京育ちの者の進学率が他地域より高かったこ

とは間違いなかろうが、この高数値は、他府県出身者が東京にある中学校に進学することにより押し上げたものと思われる（全国の私立中学の約半数が東京に集中していることが傍証となろう）。文部省（1912下巻：168-169）参照。

22　文部省（1912下巻：173）によれば、1909年度に中学校を卒業した15,884名中、1910年度に高等学校生徒となっている者は1,213名、専門学校生徒は2,100名で、その合計3,313を15,884で除すと、20.9%となる。該当年齢人口比では1～2%程度であろう。

23　国語調査委員会（1916：1）、緒言。

24　国語調査委員会（1906a：1）。当該調査は、国語調査委員会自身による実地調査ではなく、各府県への文書委嘱により行なわれ、実際の調査は、各府県が担当し、国語調査委員会に結果を報告している。なお、西尾ほか（2000）では、国語調査委が委嘱時に示した「調査方針」（「注意書」のこと）に「どういった階級・世代・性別の回答者を選ぶか」等の記載がないことから、「調査法や回答者の選定は、国語調査委員会からの指示ではなく、各府県および各調査機関ごとの方針の下に行われたと考えるのが妥当であろう」とし、調査機関ごとの「回答のされ方」を分析している（引用は、西尾ほか2000: 318による）。

25　国語調査委員会（1906a：1f.）では、府県からの報告書中の「不備ノ点」を列挙し、「不統一ニシテ不確実不完備」な結果となったことを嘆じている。なお、同書、p.1によると、当該調査は、1903年9月に各府県へ委嘱、翌04年4月までには府県からの報告提出が完了、という短期間で実施された。しかも、音韻に関する調査も、同一日程で、並行して行なわれている（国語調査委員会1905: 1参照）。

26　国語調査委員会（1906a）巻末の「各府県口語法調査区域一覧」には、各府県の「市・郡」ごとの「調査者」が示されており、東京府では、各郡に「郡視学」「各村小学教員等」などと見えるが、西多摩郡の分は、その情報を欠いている。社会階層への言及がこの郡に集中している理由も、不明である。

27　「俗間」「読書仲間」（島根県、p.93）、「中等以上」「下等」（埼玉県、p.133）、「上品」「下品」（島根県、p.365）、「中流以下」（愛知県、p.337）、「上流社会」「中流社会」「下流社会」（香川県、p.479）、「下等社会及少年輩」（愛知県、p.529）、「中流以下」「中流以上」（埼玉県、付記、p.1）、「教育アル人士」（愛知県、付記、p.2）などが散見される。ただし、宮崎県は例外で、多くの条で、「士族」と「町人百姓」（東臼杵郡／西臼杵郡）、「旧藩士」と「在」（東臼杵郡）の差異について、具体的に述べている。

28　第37条（断定辞）に関する第一師範学校（名古屋市）からの付記。報告本文では「「花です」〔……〕等ハ用キズ」（p.741）とある。なお、西尾ほか（2000）は、名古屋市の「5つの調査機関〔……〕では、回答のされ方にそれぞれの特徴があった」（p.319）と指摘し、具体的な比較分析を行なっている（当該付記への言及は無い）。また、『口語法別記』が、「～です」について、「江戸でわ〔……〕身分のある者わ、男女共に、用いなかつた〔……〕明治の初に、田舎の武士が〔……〕女芸者などの言葉で聞いて、江戸の普通の言葉と思つて、真似始め〔……〕それであるから、余り馨ばしくない語でわあるが、今でわ、身分のある人々まで用いられて、もはや止められぬ」（p.297f.）と評価しているのは、よく知られていよう。

29　『口語法別記』中の「用いぬがよい」という注意を、「訛」の排除の表明と捉える指摘は、早

く、古田（1989: 55, 104）でなされている。

30　清水（1991）。当時は、『明治文学全集81・82　明治女流文学集（一）・（二）』（筑摩書房、1966・65年）所収本文を対象に、該当例を目視で探し、抽出していた。

31　同コーパス中で、明治・大正期の雑誌記事としては、『明六雑誌』（1874、75年）、『国民乃友』（1887、88年）、『太陽』（1895、1901、09、17、25年）、『女学雑誌』（1894、95年）、『女学世界』（1909年）、『婦人倶楽部』（1925年）が公開されており、本稿では、うち1887〜1909年の期間を対象に、検索した。https://chunagon.ninjal.ac.jp/chj/search

32　早く、森岡（1991: 77）は、『口語法』について「全国的規模で方言を調査して、人工的に標準とすべき語の取捨選択をする方法を採っている。〔……〕上田万年が提案した通り人工的に標準とすべき語を決定」したと述べている。

33　国立国語研究所（1966: 24ff.）で、「被調査者の条件」が詳細に解説されている。なお、生年・性・居住経歴それぞれで、「条件」外の話者を選ばざるを得なかった地点があったことも報告されている。

34　国立国語研究所（1966: 24）によれば、実際の調査では、「どうしても適当な被調査者が得られなかったため」、2,400地点中8地点で、女性を被調査者としている。

35　国立国語研究所（1989: 21f.）。なお、同一地点で、複数の話者を調査した事例が幾つかあり、総被調査者数は901人となる。

36　ただし、GAJ調査での「割合」は、「複数の職歴」を持つ場合に複数回カウントし、その各業種の延べ数を全体の延べ数で除した数値である。一方、先掲LAJの方は、各業種の延べ数を総被調査者数で除した数値になっており、これと同様の計算法で算出すると、GAJ被調査者中の農林業職歴者は50％となる（LAJでの農業・林業の合計は69％）。なお、GAJ・LAJとも「職歴」に関する数値なので単純な比較はできないが、GAJ調査が行なわれていた1980年に実施された国勢調査結果での全就業者中の第一次産業従事者の割合、男性9.2％、男女総数10.9％、また、LAJ調査中の1960年の国勢調査時での第一次産業従事者の割合、男性25.9％、男女総数32.7％と比べると、両調査とも、農林業従事者の割合は、当時としては高くに偏ったものとなっている。国勢調査に関する数値は、e-Stat中の「産業（旧大分類）、男女別15歳以上就業者数－全国（大正9年〜平成12年）」所掲データによる。

37　国立国語研究所（1989: 21）での数値に基づき、「教員・公務員・特別公務員」の合計数での「割合」を、全被調査者数比で求めると、36％となる。LAJとGAJでは職業の分類法が異なるが、これらの業種は、LAJでは「勤（官庁、会社）」に含まれると思われ、その割合は7％に止まるので、確かに、GAJでは、教員・公務員らの割合が著しく増加したといえる。

38　国立国語研究所（1989: 20）。

39　http://www2.ninjal.ac.jp/hogen/dp/fpjd/fpjd_index.htmlでの解説。当該調査の成果は、同サイトで公表されている。

40　国立国語研究所（1966: 47-102）。

41　LAJ調査期間中の1960年に実施された国勢調査によれば、当時の全人口（沖縄を含む）中、東京都在住者の割合は10.3％（区部のみでは8.6％）になる。被験者層に相当する65歳以上人口では、5.9％に下がるが、やはりLAJ被調査者の割合より遥かに高い。なお、LAJでは、

	全般に、大都市を擁する府県の被調査者比率は低く、解説が掲げる「人口10万人あたりの調査地点数」によれば、全体では2.5になる数値が、大阪府が最低の0.3で、東京都0.4、神奈川県0.7、愛知県1.1、福岡県1.1と続く（国立国語研究所 1966: 18-19）。
42	注34参照。
43	国立国語研究所（1989: 53-75）。
44	GAJ調査期間中の1980年の国勢調査では、当時の全人口中、東京都在住者の割合は9.9%となる。GAJでも、「人口地点密度が著しく小さいのは東京都・神奈川県・大阪府・埼玉県・千葉県・福岡県などの大都市をかかえた都府県である」（国立国語研究所 1989: 20）。
45	なお、FPJD解説サイトでは、「必要とされる場合」は、氏名・利用目的等を明記の上、「メールで連絡」する旨、述べている。
46	国立国語研究所（1966: 22）。
47	国立国語研究所（1989: 19）。
48	国立国語研究所（1966: 1）。
49	国立国語研究所（1989: 3）。
50	http://pj.ninjal.ac.jp/shutoken/ には、同プロジェクトの研究概要や主要業績が掲げられている。
51	飛田（2014）。
52	http://pj.ninjal.ac.jp/shutoken/1_summary.html
53	e-Stat中の「学校基本調査／2012年度／卒業後の状況調査／高等学校」データに基づき算出した、高校卒業生の（現役での）大学進学率となる。
54	当該調査の概要説明となる鑓水（2014: 284）では、この調査が、「首都圏若年層の言語の地理的調査」としては「高学歴に偏っており，同世代の全体を代表していないという問題」を認めつつも、「現在の日本の大学進学率は5割強と高く、大学生という社会的属性が少数派であるとはいえない」と述べた上で、「学術的な質問がしやすい点は，むしろ大学生であることの利点といえる。分析においても、調査対象の属性がある程度統一されることで解釈がしやすくなる面もある」と、大学生を被験者とすることの「利点」を強調している。
55	「大学生」の年齢は多様であり得るが、本調査では「若年層」と決めてかかっている。被調査者の性別に関しては、調査当時、大学進学者数は、男性より女性の方が多いので、特に選別をしなければ、相当程度に女性が含まれるはずである。また、鑓水（2014: 283）では、「大学内での言語接触の影響」に「注意は必要」としつつも、大学生の年齢が「言語形成期」以降であること等から、「生育地情報を用いて分布を調べる」ことの「意味」を認めている。
56	いずれの数値も、e-Stat所収に拠った。
57	「東京都の統計」サイトに拠る。ちなみに、2018年10月現在、在留外国人の全人口に対する割合は、東京都全体で4.0%、23区では、新宿区12.4%が最多、豊島区10.3%が続き、以下、荒川区・港区・台東区・北区・中野区・江東区・江戸川区が5%を超えている。http://www.toukei.metro.tokyo.jp
58	田中ゆかり他（2014）。

■参考文献

秋永一枝（1995）『東京弁は生きていた』ひつじ書房。
秋永一枝（1999）『東京弁アクセントの変容』笠間書院。
秋永一枝（編）（2004）『東京弁辞典』東京堂出版。
上田万年（1895a）「国語研究に就きて」『太陽』1-1。→上田（1895c）
上田万年（1895b）「標準語に就きて」『帝国文学』1-1。→上田（1895c）
上田万年（1895c, 1897［再版］）『国語のため』冨山房。
上田万年（著）、安田敏朗（校注）（2011）『国語のため』平凡社（上田 1895c 等を収録）。
岡倉由三郎（1890）『日本語学一班』明治義会。
久野マリ子（編）（2018）『新 東京都言語地図 音韻』國學院大學。
國學院大學日本文化研究所（編）（1996）『東京語のゆくえ——江戸語から東京語、東京語からスタンダード日本語へ』東京堂出版。
国語調査委員会（1905）『音韻調査報告書』文部省。復刻（1986）、国書刊行会。
国語調査委員会（1906a）『口語法調査報告書』文部省。復刻（1986）、国書刊行会。
国語調査委員会（1906b）『口語法分布図』文部省。復刻（1986）、国書刊行会。
国語調査委員会（1916）『口語法』文部省。復刻（1980）、勉誠社。
国語調査委員会（大槻文彦）（1917）『口語法別記』文部省。復刻（1980）、勉誠社。
国立国語研究所（1966）『日本言語地図解説—方法—（同・第1集付録A）』、同所。
国立国語研究所（1989）『方言文法全国地図解説1 付 資料一覧（同・第1集別冊）』同所。
清水康行（1991）「20世紀初めの小説台詞における女性のことば——東京中流の女性のことばと標準語」『国文学解釈と鑑賞』、56〜7頁。
田中ゆかり（2003）「首都圏方言における形容詞活用形のアクセントの複雑さが意味するもの——「気づき」「変わりやすさ」の観点から」『語文』116、119〜95頁。
田中ゆかり／早川洋平／冨田悠／林直樹（2014）「街のなりたちと言語景観——東京・秋葉原を事例として」、三井はるみ（編）『首都圏の言語の実態と動向に関する研究 成果報告書：国立国語研究所共同研究報告13-02　首都圏言語研究の視野』、241-256頁。『言語研究』142（2012）より転載。
東京都教育委員会（1986）『東京都言語地図』同会。
西尾純二／西尾玲見／吉田雅子（2000）「『口語法調査報告書』の調査機関別回答傾向」、変異理論研究会（編）『徳川宗賢先生追悼論文集　20世紀フィールド言語学の軌跡』、317〜331頁。
飛田良文（1992）『東京語成立史の研究』東京堂出版。
飛田良文（2014）「私のとらえたい東京語」、三井はるみ（編）『首都圏の言語の実態と動向に関する研究 成果報告書：国立国語研究所共同研究報告13-02　首都圏言語研究の視野』、55〜72頁。
古田東朔（編著）（1989）『日本の言語文化』放送大学教育振興会。
文化庁（編）（2006）『国語施策百年史』ぎょうせい。
ましこ・ひでのり（2002、2014［新装版］）『ことばの政治社会学』三元社。
三井はるみ（編）『首都圏の言語の実態と動向に関する研究 成果報告書：国立国語研究所共同研究

報告13-02　首都圏言語研究の視野』。
森岡健二（編著）（1991）『近代語の成立―文体編―』、明治書院。
文部省（1904）『国定教科書編纂趣意書』[第一期分]、同省。
文部省（1910）『修正国定教科書編纂趣意書』[第二期分] 第1編、同省。
文部省（1911）『帝国文部省第三十七年報』[1909年度分] 上・下巻、同省。
文部省（1912）『帝国文部省第三十八年報』[1910年度分] 上・下巻、同省。
安田敏朗（1999）『〈国語〉と〈方言〉のあいだ――言語構築の政治学』人文書院。
山浦玄嗣（1986）『ケセン語入門』共和印刷企画センター。
鑓水兼貴（2014）「首都圏若年層の言語的地域差を把握するための方法と実践」、三井はるみ（編）
　　『首都圏の言語の実態と動向に関する研究 成果報告書：国立国語研究所共同研究報告13-02
　　首都圏言語研究の視野』、279〜305頁。『国立国語研究所論集』6（2013）より転載。

〈コメント〉
「東京」のことばと都市の統合的把握のために

名和 克郎

1.　はじめに

　本特集は、当初パトリック・ハインリッヒにより提案され、ましこ・ひでのりが第二の編集担当となる形で企画された。その後ハインリッヒのヴェネツィア大学への移動とその後の多忙のため編集担当を増員する必要が生じたが、そこで学問的には（社会・文化・言語）人類学、地域的にはネパールが本来の専門である筆者が選ばれたのは、編集委員会での「東京出身者に入って欲しい」というましこの要望による。

　「まえがき」でも述べたように、本特集は紆余曲折の末、何らかの意味において序論的色彩を持つ論考によって構成されることとなった。それらの前にさらに長文の「序論」を付すのでは、文字通り屋上屋を架すことになるであろう。それよりは、各論考で展開された議論を相互に結び付け、本特集で表立っては扱われていない論点をも指摘しつつ、批判的に要約整理する「コメント」があった方がよいのではないか。以下の文章は、このような経緯で執筆されたものである。筆者の経験及び専門的知識の限界を前提とした文章であり、体系的な文献探索やデータの提示を伴うものではないが、コメントとして最低限の作業は行えたのではないかと思う。なお以下では、本特集の論文原稿締切後に刊行された『日本語学』2018年8月号の特集「都市とことば」に掲載された論考の幾つかにも、若干ではあるが触れることとしたい[1]。

2. 都市、時間性、権力性

「東京の響き」をめぐって

　冒頭のパトリック・ハインリッヒの論文は、東京の言語に関する今後あるべき研究の方向性を、喚起的なトーンで述べたものである。特定の言語変種を話す下位集団の存在を単純に想定する類の研究のみでは都市の言語状況の動態的な展開は到底捉えられないこと、話者自身の言語意識、及びそれがそもそもどのような範疇に基づいたものであるかという点への理解を前提として、文脈の中で能動的に行為し表現する様々な話者により生み出される意味に注目すべきこと、といった彼の議論の中核部分については、そうした方向性をいかに具体化し得るかが課題として残るとしても、原則論としては大いに賛成するものである。

　以上を前提として、三点コメントしたい。第一点は、「東京」なるものを持ち出す根拠についてである。ハインリッヒは冒頭で、「東京らしさ」を、特定の地理的な領域で共有される言語の諸特徴によってではなく、相互行為の特定のやり方に関する「知識あるいは認識」と規定する。こうした知識や認識の共有には濃淡があるが、「東京」において言語を用いる者は、コミュニケーション行為を積み重ねる中でそれに関わり、それなりに身につけていくようになるものとされている。結論に現れる「東京の響き」は明らかに音楽的な隠喩であり、東京的な日本語変種自体ではなく、語用論的な側面も含めた「知識あるいは認識」の集積全体を指す筈である。だがここで、どのようにしてそのような全体が見いだされ、なぜ、いかにしてそれが「東京」という固有名詞に結び付けられなければならないか、という問いが、改めて浮上することになる。

　恐らくここで思い出すべきことは、都市社会言語学の「第一の波」の主要な牽引者であったウィリアム・ラボヴが、ニューヨークを一つの言語共同体（或いは発話共同体、speech community）として論じたことの意義である。ラボヴの研究は、その初期のニューヨークの研究（Labov 2006）[2]において既に、「相関と分布の社会言語学」という一般的な初期社会言語学像との微妙なずれを見せている。例えば彼は、数世代連続してニューヨークに住む昔からの住人に調査対象を限定するような方言学的な手法を棄却している。そもそもそうした

人々は、ニューヨークでは少数者であるからだ。ラボヴは同書の中で何度か、様々な属性や言語的背景を持った個々人のイディオレクトにまで降りて分析を行っているが、そこに見いだされたのは、コミュニティはもとより個人の水準においてすら、それ自体として分析することが到底不可能なほどの変異であった。その上で彼は、こうしたほとんど扱いきれないかに見える多様性にもかかわらず、それを超えて存在する（疑似）統計的にしか示せない幾つかの音韻上の傾向性を見いだし、それを分析することで、個々のイディオレクト或いはコミュニティ単位の言語変種の分析からは見えてこない、ニューヨークの英語全体が持つある種の体系性を提示したのだった。統計的な不備から説明変数の設定の問題に至るその後の膨大な批判にも拘わらず、彼の研究が現在でも重要性を持つとしたら、個人ごと、さらには同一人物であっても時により文脈によって異なった発音で英語を話しているのに、ニューヨークで話されている英語について、どういう人はどういう風に話す、或いは自分はこのような文脈ではこのような話し方をしなければならない、といった「知識」と「認識」の大まかな共有と、その中での個々の実践とが、ニューヨークという「一つの言語共同体」を形作っている、という洞察にあるのではなかろうか[3]。

　以上をふまえてラボヴとハインリッヒの議論を並べて見ると、両者の意外な近さに気づく。ラボヴの議論の中に、文脈によって異なった発音を、時に無意識に、時に意識的に行い、自らを構築しようとする能動的なエージェントとしての諸個人を読み込むことも可能だからだ。両者の明らかな違いの一つは、ラボヴにおいては、様々に異なった言語的背景を持ったコミュニティに住んでいる人々への視線はあるものの、議論があくまでも英語という言語の内部に留まっているのに対して、ハインリッヒの議論が多言語性をはじめから前提としている点にある。他方ハインリッヒは、論文中でラボヴが行ったような具体的な作業を行うことを禁欲しており、また実際、ラボヴがニューヨークに見いだした明確な体系性が、「東京」（それをどのように枠付けるにせよ）において同様に見いだされるかは疑わしい。だが、そうであるなら、ハインリッヒが「東京」という枠組を持ち出す必然性は、ラボヴが「ニューヨーク」を持ち出す必然性ほどには強くない、ということにならないだろうか。

　「東京」という枠組自体の必要性という問題は、ハインリッヒ自身が、「東京」という括りには定義上収まりきらない「ネットワーク」の重要性を強調しているだけに、簡単には回避出来ないように思われる。実際例えば、同じ東京

圏に住む南アジア系の人々であっても、西葛西に住み、数年後には別のメトロポリスに移動するであろうIT産業に従事するインド人技術者と、「インド料理店」のコックとして日本にやってきたネパール人やその家族では[4]、「東京」なるものへの関わり自体が大いに異なっている筈である。そうであるなら、両者が「ある種の経験」を共有する度合いは、決して高くないのではないだろうか。とりわけ前者の場合、メディアに媒介された様々なコミュニケーションの発達に伴い、そもそも「東京話者」となり「東京する」ことよりは[5]、バンガロールやシリコンバレーやシンガポールと結びついた言語使用が、実は東京滞在中の言語経験としても圧倒的に重要であり、東京は大部分かつてマルク・オジェ（Augé 1995）が非＝場所と呼んだものとして経験される、といった可能性すら考えられる。ネットワークやエージェンシー、多様な関係性の交錯により生成し変容する社会言語学的な過程と経験を重視するハインリッヒの議論は、そもそも「東京の響き」といった、メタレベルでの実体性を前提とした、ややロマンティックで本質主義的にも聞こえる表現と、うまく接合しないのではないだろうか。ハインリッヒ自身の論理を用いて言えば、「東京の響き」の存在を前もって措定することなく、人々自身にとって「東京」が、いかなるものとして想像され、どの程度の重要性を持つとされているのかに関する検討を行うことこそが、必要だと思われるのである。

第二点は歴史性ないしタイムスケールに関する問題である。ハインリッヒは、一方で150年間にわたる東京の言語状況の変遷を視野に入れつつ、他方で現在の東京を「ポストモダン都市」と規定して議論を展開する。では、東京はいつ頃から「ポストモダン都市」として分析可能になったのだろうか。「固定化された関係やつながり、予想や動向」は、いつ頃から役に立たなくなったのだろうか。ハインリッヒにとっての20年前の池袋や新宿や渋谷は、どの程度「ポストモダン」なものだったのだろうか。逆に言えば、東京の言語使用が示す様々な特質の各々の部分は、どの程度の過去にまで遡るのだろうか。個人が、常に変化するそれぞれの文脈において、自らの言語的レパートリーの中から何かを用いて社会的役割や関係を構築し、それによって何かを行う、というハインリッヒの図式は、普遍的に当てはまる枠組として考えられているのだろうか、それともポストモダンな状況に特徴的なものなのだろうか、あるいは、端的に都市的なものなのだろうか。この点の検討は、「分布の社会言語学」の過去における妥当性の評価にも直結しよう。

第三点は、イーミックなカテゴリーに注目し、各々の話者を能動的なエージェントとして捉える観点が極めて重要であることは論を待たないが、それのみでは、「東京」の言語状況を十全に捉えることは不可能なのではないか、という点である。例えば、1980年代以降の北米の言語人類学において、用語的には一見古くさく見えもするであろう「言語イデオロギー」を巡る問題が主要な焦点の一つとなってきたのは、「話者自身が知っている話者自身のこと」と、話者自身の行う実際のコミュニケーション行為との間には必然的にズレが生じざるを得ないという洞察に基づいてのことである[6]。加えて、会話における話者自身の能動性についての検討は、同時に、各々の発話者のエージェンシーを制約する様々な水準の諸条件に対する検討を要請する筈である。

　この点に関してとりわけ気になるのは、「国語問題」への言及にもかかわらず、ハインリッヒの論文中で、権力性を巡る問題意識が明確な形では展開されないことである。彼は、グローバル経済下の東京に「非－標準化と非－規範化」の強い方向性を見いだし、それを一種ポストモダン的な解放として描いているが、当然「非－標準化」「非－規範化」自体、標準化と規範化の動きに対して生じたものであり、仮にも「ポストモダン」の語を用いるのであれば、単純に抑圧的でない種類の権力作用の浸透も含めて、こうした力学を十全に考慮することは必須であろう。そもそもグローバル化した知識経済・文化経済状況の特徴を、「標準化・規範化から唯一性・独自性への移行」の一言で片付けることに、筆者は賛同出来ない。一つには、そこで現れる「唯一性・独自性」なるものが、既に容易にグローバル或いはローカルに理解や流通が可能な形に飼い慣らされ、型にはめられた「唯一性・独自性」に過ぎない可能性を、あまりにも過小評価しているように思えるからである。

　この点について、「東京弁」「東京方言」「東京語」といった表現によって、何がどのように論じられてきたかを追った清水論文は、議論の重要な手掛かりを与えてくれる。明治期の「標準語」と「東京語」を巡る、例えば当時の国語調査委員会の議論が、社会階層の問題にしばしば触れつつも、そこで実際に排除された表現が必ずしも社会階層を反映するものではなく、むしろ語系の体系性を考慮したものであった可能性の指摘に代表されるように、言語イデオロギーを巡る問題としても展開可能な論点をも多く含む清水の論文は、結論として、具体的な用例にまで溯りつつ「東京における階層社会・多言語社会の現状を見つめつつ、改めて「東京語」の持つ《特権性》《優位性》を積極的に問い

直す姿勢」の必要性を強調するものである。この点の重要性が、ポストモダンやグローバル化の進展なるものによって減じているようには、筆者には思えない。そもそも、ラボヴらによって描かれてきた英語発話コミュニティとしてのニューヨークや、大阪大都市圏の重層的な言語状況（中井 2018）との比較において、東京の言語状況に特有の要素として真っ先に挙げるべきなにごとかがあるとしたら、日本語における「標準語」との強い関係性ではないだろうか。現在においても、この点の考慮なしに「東京の響き」を十分に聞き取ることは出来ない、と筆者は考える。ナショナリズム的想像と社会言語学的状況の間の隔たりは急速に拡大しているかも知れないが、それはナショナリズム的想像が雲散霧消したことを意味しない。むしろ、「超多様」となった「東京」の社会言語学的状況を動態的に捉えるためには、そうした展開にも拘わらず生き続けている、言語に対するナショナリズムと結びついた想像や実践との、常に変容しつつある緊張関係の把握が、不可欠な筈である。

　以上三点にわたり、ハインリッヒ論文についてコメントした。彼の論文は、「東京」の言語をめぐる研究の新たな展開可能性を浮かびあがらせるべく書かれたものであり、そこで示された議論の重要性については、本論の末尾で再び触れることになる。また新たな研究の展開の方向性を大づかみに提起する論文に対して、些細な批判によってそうした可能性自体を潰してしまうことの愚も承知している。それでも筆者があえて本節を書いたのは、今後ハインリッヒの豊かな着想を個別具体的な研究に落としていく際に必要となる筈の議論の幾つかを、ここで予備的に提起しておくのも無駄ではなかろうと考えたからである。

3.　戦後大規模団地での言語社会化

流動性、階層性、潜在的多様性

　本特集の各論文は、「東京」内部の言語的社会的多様性を踏まえた東京の言語状況の把握の必要性を指摘している。とりわけましこは、社会方言と多言語性の問題を軸に、「方法論的モノリンガリズム」から「卒業」する必要性を強調する。ここから議論は「社会方言」と多言語性の問題へと分岐し、両者の重なりあう、興味深いがしばしば調査困難な領域にも言及されている。ただ、社

会方言の典型として挙げられる「山谷・寿町周辺の労働者」のことばについて言えば、まずは従来の方言学的手法によっても相当程度把握可能な筈であり、実際ましこと清水が指摘するのは、欧米の社会言語学とは対照的な、こうした領域での研究の少なさである。他方、中井精一は、特集「都市とことば」冒頭の論考の中で、従来の研究蓄積をも踏まえ、都市の言語を捉える観点として、実際には各々のスピーチコミュニティはそれほど大規模でなく、「人の暮らしと人の顔の見えるサイズのコミュニティを研究の対象」とすべきこと、及び都市と農村の関係を踏まえて、周辺部まで含めたエリアを対象とすべきことを説いており、そうした研究がもたらす具体的な成果もまた明らかにされている（中井 2018: 6）。

だが、社会階層性は明らかに見られるもののそれと言語の結び付きが明らかでなく、多言語状況がそれほど顕在化していないかも知れず、また周辺部との関係も希薄であるような、典型的な都市空間もまた存在する。それが団地、とりわけ、周辺の住民との関係性が薄く、社会階層上の均質性が高く、居住者の出入りの激しい、賃貸住宅からなる大規模高層団地である。

冒頭で述べたように、筆者は「東京出身者」という微妙な資格で本特集担当の一翼を担うことになったのだが、実は生まれてこの方、日本国内では東京の団地以外を住所としたことのない人間である。そこでここでは、筆者自身の言語社会化過程を振り返ることから、大規模団地における言語社会化について、若干の考察を試みたい。その際、都市一般、及び東京のことばと社会に関する議論において考慮すべきだと思われるが、本特集で必ずしも十全に論じられてこなかった諸要因に、できる限り触れることとしたい。3.1では、1970年代から80年代前半の都区内の大規模団地という、戦後日本の都市住居の一つのプロトタイプですらあったであろう環境における言語的社会化、3.2では、異なった「東京のことば」を第一言語とする両親の下での言語社会化が焦点となる。素人の自分語りには付き合えないという向きは、3.3に飛んでいただきたい。

3.1 同級生、学校、メディア

筆者は、幼稚園年長組になった時に新築間もない東京都板橋区の高島平団地（1972年築）に引っ越し、高校三年生の時まで住んでいた。集合住宅としての

高島平団地は高島平二丁目と三丁目の大部分を占めるが、二丁目は全て高層の賃貸住宅、三丁目は高層、中層、低層と様々なタイプの団地からなる分譲住宅からなっていた。筆者が住んでいた二丁目の団地は、少数の1DKと3DKの棟を除く大半が2DKの間取りで、同世代の両親と子供からなる核家族が居住世帯の多くを占め、家賃という制約から経済階層的な均質性の高い空間だったと思われる。二丁目と三丁目、さらには一戸建て住宅からなる四丁目等からの生徒も通う団地内唯一の「マンモス校」だった筆者の通う中学が、中学一年から二年に上がる時に分校された際、成績上位の数十名の生徒の大半が、三丁目以西の生徒のみが通う隣の中学に行ってしまったことは、二丁目と三丁目以西との階層的な差異の存在を感じさせる事件だった。ただし、こうした差異と言語を結び付けるような出来事の記憶は何もない。

　小学生の頃、習い事に行く友人はいたが学習塾に通う同級生はまだ少なく（六年生の時、私のクラスから私立中学に進学したのは確か三人だけで、私自身中学受験を選択肢として考えたことは全くなかった）、学校が終わった後は男子同士で（少なくとも小学校三年生以降、放課後女子と一緒に遊ぶことは少なかった）友達の家に集まったり、今考えると迷惑な話だが団地の廊下や階段、エレベーターホールを駆け回ったり、或いは公園が空いていれば野球をしたり（私は明らかにお荷物でしかなかったが、ありがたいことに毎度誘って貰えていた）と、主に同じクラスの友達と遊んでいた（他の学年との関係はほとんどなかった）。つまり、放課後の大半を、塾や習い事ではなく、同級生とのコミュニケーションの中で過ごしたのである。生まれては消えていった自分達の中でだけ通じる独特の表現や言い回しの幾つかは、各々の友人達の独特の口調＝イディオレクトの記憶——そこには、個々の友人の両親の話していた言葉が部分的に反映していただろう——と共に、今も記憶の中に留まっている。

　巨大団地の賃貸住宅は流動性の高い社会空間であり、そのことはそこで成長しつつある子供に大きな影響を与えた筈である。それは例えば、親しい友人がある日突然転校してしまう可能性の高さに現れる。筆者自身にとっても、幼稚園年長の時からよくお互いの家に遊びに行き、一緒に昆虫採集に行っていた同じ団地に住んでいた友人が、一年生の途中で大阪に帰ってしまったのをはじめ、引っ越しによる突然の別れはそれなりに多かった。また、高島平のような巨大団地の場合、学齢期児童・生徒の大量の流入によりたびたび分校が行われ、親しい友人同士が別々の学校に離ればなれになることもあった（筆者の場合小学

校四年生と中学校二年生に上がる時の二度)。なお、学期途中で同性の転入生が同じクラスに来た記憶は小学校中学校共になく、東京の団地への転入による言語的再調整に直接繋がるような出来事の記憶はない。

　以上のことは筆者が社会化する過程に明確な影響を及ぼしている筈だが、それが言語社会化に対してもたらす影響は微妙である。一年生の時に大阪に帰ってしまった友人が、どのような言葉を話していたか、筆者は残念ながら記憶していないが、彼以降関西のことばで日常話していた友人はいなかったと思う。日常の対人コミュニケーションの中で、日本語内部の「方言」差に由来する言語的差異を感得出来るのは、多くの場合友人の母親が話す言葉を通してであった。例えば、何人かの友人の母親は、確かに関西のことばを、家族内、例えば息子や娘に対する発話のみならず、ご近所との会話でも用いていた。ただし当時の筆者には、それが関西のことばであるらしいことは判っても、大阪の言葉なのか京都のことばなのかといったことすら区別出来なかった。東京以外の地域のことばはむしろ、メディアを通して間接的に与えられるものだった。大阪のことばは、音声としては例えば横山やすしの、文字としては漫画『ドカベン』の岩鬼正美(ただし、彼自身は神奈川県民で、育ててくれたおてつだいさんのことばを継承したという設定)のセリフとして書かれたことばだったし、福岡のことばは、武田鉄矢演じるドラマ「三年B組金八先生」の坂本金八のことばだった。因みに、ハインリッヒ論文でも注目されている「カタス」という語は、地域的な表現ではなく、正式の場では使われず、日常的に使う人もいれば使わない人もいる一種の省略語形として、例えば「ホカス」といった語と類似の位置を占める、というのが私自身の感覚である(これはまた、個人の言語意識のあてにならなさの一つの証左でもあろう)。他方、「カタス」と類似の分布傾向を示すという「べ(ー)」という語尾(鑪水／三井 2014: 82)は、滝口順平演じるアニメ「ヤッターマン」のドクロベーの口調に、ほとんど直結していた。他方、東北のことばについては、中学校時代、毎週月曜日の朝礼での校長先生のお話を通して聞くことが出来た。先生は、漢字仮名交じりで単純に文字化すれば「方言」的な要素はほとんど全く見いだされないであろう講話を、明らかに東北地方の音韻(これ以上の詳細な理解は当時の筆者には不可能であった)で、時にご自身の子供時代の体験にも触れつつ、毎週話されたのだった。

　小学生の頃、友人達を羨ましく思ったことの一つに、友人の多くが、夏休みや冬休みに里帰りする「いなか」を持っていたことがあった。筆者自身も父方

母方の祖父母の家を訪ねる機会は頻繁にあったものの、父方母方とも祖父母が東京在住であったため、特急電車や飛行機を乗り継がないと行けない「いなか」の存在は、輝いて見えた。当時意識していた訳ではないが、そうした「いなか」の存在は、一緒に遊んでいた友人達の言語的背景が、実は極めて多様であったことの証左でもある。

他方、中学生になると、部活動による先輩後輩の間でのあるべきことば遣いや、校内には一人もいなかった筈なのに、どのようなものかをいつの間にか知っていた「不良」的なレジスターなど、同じ学校に通う生徒達の間で大まかに共有されることばのレパートリーは増えていったが、これがどの程度メディアの影響で、どの程度友人達との会話の中で形成されたものかも微妙である。

日本語という枠を超えた多言語状況について、当時一緒に遊んだ友人の中には日本語以外のアジアの言語を話せたり聞けたりした人もいたのかも知れないが、筆者自身はそうしたことを友人関係の中で意識することはなかった。筆者が唯一今も鮮明に記憶しているのは、確か中学2年生の時に、アメリカでの生活を終えて転校してきた同級生に、担当の英語の先生（複数の著書もあるヴェテランの先生だった）が、"There is …" "There are …" の構文の文章を読ませたところ、彼女はthereとbe動詞の間を切って"there... is"といった形で読むことがそもそも出来ず、先生も読まされた同級生も困惑し、授業が止まってしまったことである。

3.2　両親のことば

前節で、互いに似たようなことばで話していた友人達の一人一人がそれぞれ異なる言語的背景を持っていたらしきこと、しかし通常それは、母親のことばといった例外を除き、あまり顕在化しなかったことに触れた。そこで次に、自分が育った家庭の言語とその背景についても、若干述べておきたい。

父の第一言語は明らかに東京の下町のことばである。父方の祖父は上野駅近くで曾祖父がやっていた店を継ぎ、父とその兄弟姉妹はみなそこ（旧下谷区上車坂）で育った。祖父は私がまだ小学生の頃に亡くなったが、「ひも」を「シボ」としかいわない下町ことばモノリンガルに近い話者であり、とりわけ一度倒れた後は、私自身十分にことばを理解出来なかったことを覚えている。ただし、上野駅のすぐ近くで帰省客を主要な顧客の一部とする商売をしていた関係

で、聴き取れることばの幅は相当に広かった筈である。祖母も下町出身だが、祖父のようにコミュニケーション時に難しさを感じることはなかった。祖母自身が、晩年叔父が場所と業種を変えて引き継いだ店で、高校生の相手をしていたからかもしれない。父方の祖父は、清水も引く秋永一枝（1999: 132）の厳しい定義に基づく「東京弁の使い手」に当てはまる。父が当てはまるか否かは言語形成期の期間をどう取るかによるが、父の兄は確実に「東京弁の使い手」となる。

　母方の祖父の祖先は今の町田市にある宿場町の名主だったそうだが、分家した曾祖父が旧牛込区に住み、祖父はそこで育った。曾祖父が町田の出身であるため、祖父は秋永の定義による「東京弁」話者ではないが、基本的には東京の山の手ことばの中で生まれ育ち、世代は違うが野村剛史（2013: 147-181, 2018）の言う「教育ある人々」の一員となった。ただ、突然落語「千早振る」の解説を、吉原の花魁が言及される噺であるにも拘わらず、まだ子供だった母達にはじめ、祖母が嫌な顔をしていた、といった話も伝わっており、とりわけ一高、東大時代には、例えば落語等を通じて下町のことばにも触れていたと思われる。一方母方の祖母は軍人の娘で、自身は台湾で生まれ、彼女自身の言葉で言えば「内地」及び「外地」の軍の主要な駐屯地のある都市を数年毎に移動しつつ育った。曾祖父も曾祖母もどう広く定義したとしても東京出身ではないが、最終的には杉並区の戦前からの住宅地の一角に居を構えた。母方の祖父と祖母のことばは、筆者にとって、上品であるが所謂「ざあます」ことばのような気負いのない、典型的な山の手のことば、という印象のものであったが、特に祖母が、駐屯地のある都市を移動しながら、語彙のみならず音韻やアクセントの点でもそうしたことばの話者となったことは、それ自体興味深いことに思える。なお、母は、祖父の仕事の都合から関西圏で幼少期を過ごし、友人達とは土地の言葉で話していたため、関西のいくつかのことばに通じている。筆者は子供の頃何かで出てきた「わや」という語が判らず、母に意味を教えてもらった記憶がある。

　以上大まかにまとめると、筆者は下町のことばを第一言語とする父と、山の手のことばを第一言語とする母のもとで育ったことになる。では筆者自身のことばについてはどうだろうか。筆者は長年、「七」「質屋」「敷く」といった語の第一音節が「ヒ」なのか「シ」なのか不分明なことから、自分は「ヒ」と「シ」の区別が出来ず、その程度には下町ことばの影響を受けているのだと思

い込んできた。しかし今回関係の文献などを細々と読みつつよくよく考えて見ると、書かれた文章の読み上げのような場面で「ヒ」と「シ」を混同することはまずないので、問題は「ヒ」と「シ」の弁別自体にあるのではないことに気付いた。問題は第一に、上記のような特定の語に限って、「ヒ」なのか「シ」かが不分明であり、実際時によって、例えば「シチ」とも「ヒチ」とも発音していること、第二に、「人殺し」を「シトゴロシ」と発音することは恐らくほとんどないが、誰かが「シトゴロシ」と叫んだとしても、何の違和感もなく「人殺し」と自動的に理解するだろう程度に、「ヒ」と「シ」の聴覚情報についてより広い範囲で認知的な修正が行われていることにあるようだ。しかも「ヒ」と「シ」のどちらかがはっきりしない語の大部分は、学校では「ヒ」とされるべきものであるのだから、筆者のことばは、典型的な下町のそれとはかなりずれていることになる (cf. 久野 2018: 29)。筆者が父から下町の語彙や発音を十分に継承していると言えないことは、祖父のことばを十分に聞き取ることが出来なかったことからも明らかだろう。

　母の言葉についてはどうだろうか。母や母方の祖父、祖母の話す言葉は、ある種の丁寧さや個人的な癖を除けば、ジェンダーの問題を措くとほとんど無徴なものに思えていたのだが、確か高校生位の頃に母が大伯母達と話しているのを聞いて、愕然とした。普段に比べて明らかに数段丁寧なことば使いで、しかも自然かつ当たり前によどみなく会話を続け、昔話を楽しんでいる母を見て、「学校で習う敬語もまともに使いこなせない自分に、このようなことばを話すことは一生出来ない」と強く思ったのである。「オミアシ」などという言葉を現実の発話の流れの中で聞いたのは、恐らくこの時が初めてである。

　以上の通り、筆者は、父の第一言語である下町のことばも、母の第一言語である山の手のある階層にそれなりに共有されていたとおぼしきことばも、十分には継承していない。加えて、幾つかの音韻や、場に合わせた敬語やレジスターの繰り合わせに自信が持てなかったために、筆者には、ましこも引用している飛田良文のような、「「自分のことばが正しい」という自信」(飛田 2014: 56) はなかったし、今もない。「東京語調査」で問題にされた「坂」のアクセントや「新宿」の発音 (竹田 2014: 96-97) のみならず、名和という自分の姓のアクセントが「な」にあるのか「わ」にあるのかすら、日々揺れ動いているのだから。逆に言うと、「ことばは親から子へ、子から孫へと継承される」という飛田の仮説 (竹田 2014: 86) は、少なくとも筆者については、十分には成り

立っていない。他方、そうしたぶれや自信のなさにも拘わらず、小中学生の頃にこうした問題の存在を実感したのは、形式性の高い場で何かを話したり読んだりしなければいけない時にほぼ限定されており、友人との関係の中で、筆者の話し方について何か問題が顕在化した記憶はない。一つには、明確に異なったことばを日常話す人々の集団と日常的に接する状況がなかったからでもあるだろうが。

　子供の頃の筆者にとって、ことばの「正しさ」の基準は、むしろ学校で教育された「国語」にあったように思う。中学生の時、ある会で壇上で演説した人が「来ない」というところで「きない」と言ったのを、「間違った」と強く思ったのが、何故か今も鮮明に記憶に残っている。同じ人が「今度の日曜日」という意味で「こんだのにちようび」と言ったことに対しては、そう発音するところもあるんだな、と思っただけなのだから、ことばの「正しさ」に関する筆者の意識は、「〇行〇〇活用」などという「国語」の知識に、相当程度影響を受けたものだったのだろう。

3.3　小結

　以上、若干のエピソードも含めて、住宅都市整備公団（当時）の賃貸の大規模団地で少年期を送った筆者のまわりにみられた社会言語学的状況について、雑駁にではあるが振り返ってみた。筆者が育った1970年代前半から80年代前半の高島平二丁目は、階層的に均質性の高い空間であった。他方、塾や習い事の拘束がまだそれほど多くなかったこともあって、少なくとも小学生の間は、同級生同士が放課後毎日のように一緒に遊び、友達の母親（その一部は、東京で通常話されているのとは明らかに異なることばを日常使う）とも話す、という状況があった。ただ、こうしたことが、筆者らの言語社会化にどのように影響したかはそれほどはっきりしない。当時高島平二丁目（賃貸）、三丁目（分譲）、四丁目以西（一戸建）の言語使用を比較する詳細な社会言語学的調査が行われていれば何事かが判ったかも知れないが、高島平団地の人口高齢化が注目されて久しい現在、それを再構成することは困難だろう。他方、この団地における言語使用の歴史は1972年に始まっており、下町及び山の手の、戦前から特定の社会階層との強い関係性を持ってきた地域の言語使用と比較すれば、様々な差異を見いだすことも出来ただろうが、その差異を説明するのは、如何

なる要因と結び付けるにせよ、団地自体の新しさの故に、困難であっただろう。筆者のまわりで生じていた現象の結果だけを見れば、それぞれ相当程度に異なる言語的背景を持ち、多くは一つあるいは二つの「いなか」との繋がりを持っていた子供達のことばは、様々な個人ごと、文脈ごとの差異を含みつつも、おおまかに言えば「首都圏方言」と言い得る範囲内に、ほぼ収束していったと言ってよさそうである。他方、日本語を超える多言語状況が顕在化することはほとんどなかった。

　以上のことから、この時期の高島平団地で育った子供をめぐる言語状況は、一見するとましこ論文の主張とは異なり、「首都圏方言」という枠組を再強化するものであるかに見える。しかし、さらに考えるべき問題が少なくとも二つある。一つは学校における「正しさ」の教育の影響という問題系であり、もう一つは、各々の話者がそれぞれ異なった言語的レパートリーを持っているという大状況への評価である。前者は、前節で触れた権力性をめぐる問題に直結する。後者について言えば、特定の文脈でのみ用いる表現、聞けば理解出来るしいざとなったら話せるけれども通常話さない表現、聞けば理解出来るが自分では十分には話せない表現と広げていくと、その総体が通常「首都圏方言」という枠で論じられている範囲には到底収まりきらないことは、友人の大半が「いなか」を持っていたことからも明らかであろう[7]。飛田のように親子間での言語継承を強調するのなら、なおさらである。筆者の個人的な興味は、そうした状況の中で、例えば所謂母音の無声化の程度や、母音や子音の調音点の微妙なずれなど、カナでは書き表せない微細な差異が、どのように調整されていたのかという点にあるのだが、この点について具体的に追うことも、最早ほぼ不可能になってしまった[8]。

　都市のことばについて考える際、個々の話者の体系的なイディオレクトを前提としてその要素を引き出すタイプの手法が持つ限界は、既に述べたように、ラボヴによって早々に指摘されていた。個々人は、それぞれが通常話していることばよりも広い範囲のことばを話すことが出来るし、さらに広い範囲のことばを聞くことが出来る。ただし、その話し方は個人単位ですらゆれを含み、また同じ言語音でも個人によって聞こえ方は異なる。ラボヴが行ったように、そうした差異の向こうに、それにも関わらず共有される体系性が見いだしうるかについて議論はあろう。だが、言語人類学者や社会言語学者が過去半世紀にわたり明らかにしてきたのは、どのような発話も、発話者自身について様々な

水準で様々なことを聞き手に伝えてしまうし、話者自身がそれを完全にコントロールすることは出来ない、ということであった[9]。こうした点からしても、ことばの潜在的な多様性を議論に組みこんでいない都市のことばの研究は、実際の言語使用の実態とも、そうした差異を超えて存在する傾向性とも遠い、抽象的な構築物に止まるのではないだろうか。

4. 多言語状況の中の小さな軋み

　筆者はもう30年以上東京都練馬区の光が丘団地に住んでいるが、高島平に住んでいた頃と比べて言語状況の点で大きく変わったと思える点の一つが、多言語状況の顕在化である。光が丘から本郷三丁目までのほぼ毎日の通勤を、日本語以外の言語との接触なくして行うことは、現在端的に言って不可能なのである。まず、駅の多言語標示や、電車や、帰りに買い物に立ち寄るスーパーマーケット内での多言語による録音されたアナウンスがある。こうした固定化されたメッセージを除いたとしても、日本語以外の言語に触れずに朝夕の通勤を終えることはまずあり得ない。西新宿五丁目から東新宿にかけてはホテル等が散在しているせいか、スーツケースを持った外国人と思しき人々が、様々な言語で話しながら乗り降りする。英語やフランス語、ドイツ語など西ヨーロッパ系の諸言語、また中国語の普通話や韓国語以外に、恐らくスラブ系と思しき言語や、南方系の中国語の何れかと思しきもの、また東南アジアや中東のものと思しき言語が聞こえることも多い。加えて、韓国朝鮮語と日本語のコードスイッチングで話す親子と会う時間帯もある。ネパール語の発話が聞こえることも多くなった。ラッシュを避けてのんびり出勤すると、日本手話によると思しき会話が車内で行われているのを目にすることもある。かくして多言語性は日常の一部になっているのだが、それと筆者自身の日々の言語使用との関係は、たまに英語やネパール語で道案内をすることを除くと、あまりはっきりしない。例えば駅の看板やアナウンスの多言語化は、むしろ日本語を話さない人々との実際のコミュニケーションの機会を減らしているのではないか、とすら時に思える。

　本特集の全ての論文は、多言語性を一つの焦点としている。だが残念なことに、具体的な分析に踏み込んだものはない。そこで本節では、ごく小さな事例

を紹介しつつ、多言語状況がもたらしている軋みの一端を、提示してみたい。

　日本各地の都市に、ネパール人が経営するインド料理屋、ネパール料理屋が大量に見られるようになって久しい。近年では、査証上問題のないネパール人が、東京のコンビニエンスストアに勤める姿を見ることも珍しくなくなった。ここで取り上げたいのは、私が比較的よく行くコンビニエンスストアで見たネパール人の名札のカタカナ表記である。まず第一に確認すべきは、名札には明らかにネパール人の名前が書かれていることである。この点は、ほぼ30年前の同じ地区の某居酒屋で、アジア系外国人と思しき人達がひらがなで日本の姓を書いた「たむら」などという名札を付けて働いていたのとは、大きな違いではある。コンビニのネパール人の名札には、大まかに言って姓にあたる部分が書かれている場合も、名にあたる部分が書かれている場合もあったが、これは、同姓あるいは同名の人が出る可能性が高いのと、姓名双方を書くとかなりのスペースをとるためにとられた処置だと思われる。

　問題はここからである。筆者はある時、明らかにネパール人である（本人にいちいち確かめた訳ではないが、ちょっと面倒な作業について小声で同僚に尋ねるときネパール語を使っていた）店員の名札に、「ガラテイ」「キリスナ」といった、素直に読むとネパール人の名前にはとても出てきそうもない文字列が書かれているのに気がついた。これはどういうことだろうか。当人に確かめた訳ではないが、ほぼ確実と思われる筆者の推論を以下に記す。

　まず「ガラテイ」は、デーヴァナーガリー文字（現行憲法上ネパール政府の公用語は、デーヴァナーガリー文字で書かれたネパール語である）で書けば恐らく घर्ती、通常のローマ字転写ではGhartiであり、実際の発音を元に仮名書きすれば「ガルティ」となる。「テイ」の部分は、tiの音にほぼ一対一対応するカタカナがないため、「ティ」と書くべき所で、最後のィが通常のイになってしまったということだろう。だが、ghar（ghは、文字上はgの有気音だが、ネパール語では通常gとghは音素として区別されない）が「ガラ」となったのはどういうことだろうか。この点を理解するには、カタカナとデーヴァナーガリー文字双方の論理を理解しておく必要がある。デーヴァナーガリー文字は、各子音を示す文字の基本形は短母音aを潜在的に含んでおり（サンスクリットでは全て発音されるが、現代語の場合、実際どの場面で母音aが発音されるかは言語によって異なる）、子音のみの場合には、母音aを発音しないことを示す為に、符合が付けられるか、短縮形が用いられる。実際、上でrと転写した

のは、文字 र の短縮形である。では、なぜgharが「ガル」でなく「ガラ」となったのか。日本語のかなやカナは、基本的に母音＋子音が一文字で表されており、子音のみを示す文字はンを除き存在しない。そのため、子音連続は、文字の上では［子音＋母音］＋［子音＋母音］という二文字で示さざるを得ない。ここで問題は、日本語の場合子音連続の最初の子音を表す際に使われるのが、最も多くはウ段、場合によってはイ段（例：テキスト）或いはオ段（例：「ドリル」）のカナだということである。対して、デーヴァナーガリー文字では、上述のように子音は潜在的に短母音aを伴う。以上より、ネパール語のデーヴァナーガリー文字表記に習熟した者が、rの音をカナ一文字で表そうとする時、日本語カナ表記による外来語表記のデファクト・スタンダードになれた人なら躊躇なく「ガル」とするところで、「ガラ」とするのは、一つの自然な選択であると考えられる。

　それでは「キリスナ」はどうだろうか。これはほぼ確実にデーヴァナーガリー文字では कृष्ण、ローマ字転写ではkṛṣṇaであり、通常カナでは「クリシュナ」と書かれる。まずṣṇaであるが、文字としてはṣとṇの両者とも反舌音を示す。ネパール語では、デーヴァナーガリー文字 ष、श、स （ローマ字転写ではそれぞれṣa、śa、sa）が本来指示する三つの摩擦音（反舌音、口蓋音、歯茎音）は音韻上区別されないのだが、この場合反舌音ṇの前にṣがあるので現実にはṣも反舌音で発音される可能性もある。いずれにせよ、カナで書けば「ス」になるであろうsと、「シュ」に近い筈のśやṣとが音韻上区別されないのであれば、「シュナ」となるべきところが「スナ」となっていることに不可解な点はない（「シナ」等、他の可能性も勿論あったわけだが）。では「キリ」についてはどうだろうか。ṛは本来単独の流音で、サンスクリットの言語体系では母音とされるが、ネパール語では通常子音＋母音で[ri]と発音される。そこで問題は、krという子音連続をどう書くかという点になる。ここでは、先ほどの「ガラ」の場合と異なり、「カリ」という選択肢は採られなかった。文字上kṛは「子音＋母音」なのでṛとは遠い音価を持つ母音アを示唆する文字は使いにくかったということがあるのかも知れない。問題は、krの連続を示すのに近年通常用いられると思われる「クリ」ではなく「キリ」が使われていることである。ただ、現代の日本語において「テクスト」と「テキスト」の表記が混在し、また「キリスト」という表記が用いられ続けていることを考えれば、「クリシュナ」ではなく「キリシュナ」或いは「キリスナ」と書かれて驚くの

は、実は「クリシュナ」という表記に既に慣れている者だけなのかもしれない（とはいえ「クリシュナ」という項目は例えば『広辞苑』にも収録されている）。

　以上は些末で周縁的な現象をくだくだと記述しただけに見えるかも知れないが、コンビニエンスストアのネパール人店員達が、現代日本の小中学校で日本語の読み書きを学んだ人であれば、本人が想定しているのとは大幅に異なる形でしか発音出来ない形で自分の名前を書いた名札を付け、そのことに恐らく気付かずに働いている、という事実は残る。また同様の問題は、日本で活躍するネパール人の名刺や、店の看板にも見ることができる。ここで敢えてこの例を出したのは、研究者が日本語という枠組から幾らアプローチしても、それのみではその内実を十全に理解することは出来ないからである。正書法なき日本語 (cf. 今野 2013) におけるカナ書きに関するデファクト・スタンダードの把握のみならず、デーヴァナーガリー文字の持つ固有の体系性と、ネパール語の音韻体系に関する知識の双方が、たったこれだけのことを理解するのにすら、最低限必要なのである。多言語状況が前提となった状況では、日本語で行われている筈のことを理解するためにすら、時に日本語や日本の文字体系の論理の外に出る必要がある所以である。

5.　おわりに

　ここまで、一応の東京出身者という微妙な資格で、この特集の論考、及びそこで提起された論点に関して、コメントしてきた。まず、ハインリッヒの啓発的な論考を補完すべく、「東京」及び都市一般の単位の設定および設定された単位に何を見いだすか、現在「東京」の言語状況に見られる諸特徴を、どのようなタイムスケールでどのようなものとして捉えたらよいか、及び、発話者のエージェンシーを制約する諸要素、とりわけ東京の言語状況に対する「標準語」の権力性をいかに扱いうるか、の三つの問題を提起した。次いで、流動性が高い典型的に現代の都市的な空間であり、親から子への言語継承といった枠組の適用が難しい上に、社会階層性は見られるものの言語との相関ははっきりしない、東京都区内の大規模高層団地における言語社会化に関して、筆者自身の経験を振り返る形で、幾つかの論点を抽出した。最後に、本特集が強調する多言語性の問題について、コンビニ従業員の名札を例にとって、現実に生じて

いる小さな軋みと、文字体系の論理の違いや日本語における正書法の不在といったその背景について簡単に論じた。これらは、もとより日本や日本語、東京や都市論を専門としない筆者により、特集の各論文の議論や膨大な先行研究の蓄積を前提として初めて意味を持ちうる、文字通りのコメントとして書かれたものである。

　これはハインリッヒと筆者の研究者としての資質や専門の違いに起因するのだろうが、筆者自身は、「東京の響き」を聞き取るという大目標よりは、個別具体的な軋みが変容しつつ反復し、反響し、他の軋みと絡みあいつつ展開していく過程を追い、その中で必要に応じて「東京」との関係をも考察するような、個々の具体的な研究の方に興味がある。だが、そうした研究を行うためには、それなりの方法論的手続きを用いることによって擬似的にではあれ描き出される「実体」や「動向」を、時に参照せざるを得ないだろう。この点は、「「実態」も「動向」も存在しない」と喝破するハインリッヒが、実際には、彼が批判する「分布の社会言語学」の成果を利用しつつ具体的な議論を展開していることからもわかる。「個別の話者」の方が「スピーチコミュニティ」というフレームワーク概念よりも重要だ、という議論も、「スピーチコミュニティ」を単一言語変種が共有される領域と規定すればもっともな話だが、ニューヨークを一つのスピーチ・コミュニティと捉えたラボヴのように、様々な個人集団レベルでの変異を含みつつも、言語に関する何事か（ラボヴが最初に見いだしたのは音韻の領域における傾向性だったが、常にこの領域のみが重要である必然性はなかろう）が明確に共有されている領域としてそれを規定するならば、過去の人々の経験との連続性を強調するハインリッヒ自身の論理に即したとしても、「個別の話者」のみを優先すべき理由はないように思われる（なお、speech community及びlanguage communityという用語は、個々の論者の用法を確認しないと、とんでもない誤解の元になりうることを、蛇足ながら付記する）。ここで、本特集が全体として指摘してきたように、東京は様々な水準で多言語社会であり、東京で現実に用いられている全ての言語変種に十全に対応出来る研究者などあり得ないのだから、今後行われるべきは、様々な形での生産的な研究協力だということになろう。私見では、ハインリッヒの論考の最大の眼目は、こうした新たな研究の方向性を、読者に一つのヴィジョンとして提示したことにある。別個の立場からの研究をただ並置するのではなく、それらを方法論的検討なしにご都合主義的に組み合わせるのでもなく、また自己の

立場を自明の前提とした批判の応酬に終始するのでもなく、それぞれの立場や方法論の違いを前提としつつも、実際に進行しつつある言語的社会的状況に寄り添うことで「東京の響き」の断片を聞き取り、それを各々の方法論へとフィードバックする類の批判的な研究協力によって、「東京」のことばと社会のより統合的な新たな理解へと進むこと。本特集の諸論考、とりわけハインリッヒの論考は、そうしたプロジェクトへと読者を誘うものとして読むことが出来る。筆者自身は、一読者としてそうした新たな研究展開を心待ちにしつつ、自分の研究に戻ることとしたい。

■注

1 ただし、本特集の論考の中に、特集「都市とことば」の諸論考によって論旨の変更が必要となるような議論は、管見の限り特にないように思われる。それ故、既に本特集の他の論考で指摘されているものと重複する論点について、本稿で改めて指摘することはしない。他方、雑誌『日本語学』の特集としての「都市とことば」の議論が日本語中心になることは、少なくとも形式的には、当然だと言える。

2 初版は1966年。今回参照したのは、初版出版の40年後に著者自身が様々なコメントを書き足した第二版である。

3 ラボヴは、2006年に書き足した部分で、この研究を一つの契機として成立していった「社会言語学のセントラル・ドグマ」を、「共同体が個人に優先する。あるいは、別の言い方をすれば、諸個人の言語は、それらの個々人が成員となっている共同体の知識なくしては理解不能である（Labov 2006: 5）とまとめている。ここで注意すべきは、「共同体」の側に見いだされるのが、特定の言語変種として具体的に書き尽くせる類のものではなく、ある抽象的なシステムだということである。

4 後者については、例えばKharel（2016）、田中（2017）を参照。

5 ハインリッヒが、これらの表現において日本語使用を自明の前提としていないことは極めて重要だが、多様な相互行為に「東京」の語をかぶせる根拠は、ましこ論文の標題の表現を借りれば「あいまい」であり、さらなる議論を招来していよう。

6 言語人類学及び「言語イデオロギー」については、さしあたり名和（2018）及び本号所載の渡邊日日による書評を参照されたい。

7 言うまでもなく、この点は昭和の団地に限らず極めて広範囲に見られる現象である。例えば下町の住人が下町のことばだけを理解するのであれば、社会階層に基づいたことば遣いの違いに加え、関西のことばを話す商人や、想像上の田舎ことば（昭和の大名人の一人によるこの点への言及として、桂 1992: 256）を話す「権助」が登場する江戸落語は、そもそも娯楽として成立不可能である。

8　時代は全く異なるし、無論筆者にその成否を論じる能力は全くないが、野村剛史による、江戸期スタンダードから当時のニュータウンであった山の手での言語形成へといたる過程の再構成（2013, 2018）は、筆者にとって大変示唆的だった。ただ残念なことに、恐らくは決定的な資料的制約のために、アクセントの差異や無声母音化といった、現実のコミュニケーション過程に実質的な影響を与えたであろう問題は、論じられていない。

9　この点の理論的根拠をおそらく最も厳密に述べたものとして、シルヴァスティン（2009）を参照。なお、筆者はここ15年程、担当する言語人類学の授業で、NHKのアナウンサーが用いるのとほぼ同じアクセントでありながら所謂母音の無声化が伴っていない音源や、文字面だけを見ると地方色のない漢字仮名交じりで書かれた文を、その作者と同じ地方の出身者が自分達のことばで音読した音源などを、学生に書き取ってもらい、それをもとに議論する、ということを行って来た。授業の一つの焦点はトランスクリプションの相対性にあったが、もう一つ、ここで述べた論点を実際に確認するという側面もあった。例えば、話者の属性をかなり正確に想像する学生がいる一方で、無声化自体に気付かない学生もいれば、無声化に気付いてもそれが何に対応し得るかを経験上知らない留学生もいる。

■参考文献

秋永一枝（1999）『東京弁アクセントの変容』笠間書院。

桂文楽（1992［1957］）『芸談 あばらかべっそん』ちくま文庫。

久野マリ子（2018）「首都のことば――新東京都言語地図から」『日本語学』37-9、24〜34頁。

今野真二（2013）『正書法のない日本語』岩波書店。

シルヴァスティン、マイケル（2009）『記号の思想 現代言語人類学の一軌跡――シルヴァスティン論文集』小山亘（編）、榎本剛士／古山宣洋／小山亘／永井那和（共訳）、三元社。

竹田晃子（2014）「飛田良文「東京語調査」の概要――山手線・青梅線・総武線を中心に」、三井はるみ（編）『首都圏の言語の実態と動向に関する研究 成果報告書：国立国語研究所共同研究報告 13-02　首都圏言語研究の視野』、84〜110頁。

田中雅子（2017）「在日ネパール人親子の葛藤――子どもの教育をめぐって」、『ことばと社会』編集委員会（編）『ことばと社会』19号、234〜243頁。

飛田良文（2014）「【講演】私のとらえたい東京語」、三井はるみ（編）『首都圏の言語の実態と動向に関する研究 成果報告書：国立国語研究所共同研究報告 13-02　首都圏言語研究の視野』、55〜72頁。

中井精一（2018）「都市のことばとはなにか――都市言語研究の視点とその方法」、『日本語学』37-9、2〜13頁。

名和克郎（2018）「言語人類学」、桑山敬己／綾部真雄（編）『詳説 文化人類学 基本と最新のトピックを深く学ぶ』ミネルヴァ書房、17〜30頁。

野村剛史（2013）『日本語スタンダードの歴史――ミヤコ言葉から言文一致まで』岩波書店。

野村剛史（2018）「東京山の手の形成と標準語」『日本語学』37-9、14〜22頁。

鑓水兼貴／三井はるみ（2014）「首都圏若年層における非標準形使用意識の地理的分布」、三井はるみ（編）『首都圏の言語の実態と動向に関する研究 成果報告書：国立国語研究所共同研究

報告13-02 首都圏言語研究の視野』、73〜83頁。

Augé, Marc (translated by John Howe) (1995) *Non-Places*, London and New York: Verso.

Kharel, Dipesh (2016) "From *Lahures* to Global Cooks: Network Migration from the Western Hills of Nepal to Japan", *Social Science Japan Journal* 19 (2), pp.173-192.

Labov, William (2006 [1966]) *The Social Stratification of English in New York City* (second edition), Cambridge: Cambridge University Press.

《ことばと社会と建築》

われわれを自由にする「壁」

パトリック・ハインリッヒ
［訳：吉田達彦］

建物の語る言語

　改めて言うまでもないが、「ことばと建築」というテーマについて最初に考えたのは私ではない。一例を挙げよう。エドウィン・ラッチェンス（Edwin Lutyens, 1869-1944）は、豊かな才能を建築に注いだ先見の明を持つ人だった。彼は20世紀の偉大なイギリス人建築家の一人であり、ニューデリーの町並みを創り上げた人物として知られている。今日のニューデリーは「ラッチェンスのデリー」と言われるほどである。建築で大成する以前、彼は風変わりな人物として広く知られていた。というのも、彼は熱心な造園家でもあったため、建築に関するアイデアに、造園、さらには言語に関するアイデアをも織り交ぜていたからである。当時の建築に対して、彼は次のような不満を抱いていた。

　「私は個人に対するのと同様、建築物に対しても、表現が優美で、できれば風格とユーモアが備わっていることを望んでいます。私にとって、現代の建築物の多くは、大きな声でまったく意味の分からぬことを叫んでいるようなものです。あちらこちらから出てくる叫び声は、英語やイタリア語の断片の

ようなものとして聞こえます。それらが幾つも重なり合えば、確かに活力となるでしょう。しかし私にしてみると、そこには文法も存在しませんし、文体に対する真摯な努力もまったく感じられません。」(Hussey 1950における引用)

ラッチェンスにとって、建築物は「語りかける」主体である。その語り方は多様であり、快活に語りかけるものもあれば、そうでないものもある。とくに建築物が醸し出す不快感の理由として彼が挙げたのは、「文法の欠如」と「文体」に対する心配りの著しい不足だ。ラッチェンスによれば、建築物はさらに「異なる言語」も語る。こちらの建物は英語を少々、向こうの建物はイタリア語を少々、という具合である。この「建築の言語」には複数の言語が混ざる場合もあり得る。基本的に、これらのラッチェンスの表現の中には多くの社会言語学の用語を認めることができる。そして、それらは建築に関する議論においても応用することができるのである。

文化遺産としての建築と言語

実を言えば、「言語」を「建築」に関連付けて考えるという課題は、さほど複雑なものではない。どちらも、言語をとおした社会に関係している。それゆえ、「言語に関するメタ言語」と同様、「建築に関するメタ言語」がある。結局、われわれの考えや思考は、ある個人から他の個人に「直接伝達される」ことは決してなく、常にある形式をもった記号システム、つまり言語を介して伝達される。その点、言語は最も大きな能力を持っており、機能的に体系化されており、精密で、創造性も備えている。だからこそ、私たちは、われわれに深く関係し、影響を与え、あるいは、われわれを突き動かすことがらについて語り合わずにはいられないのである。いわば、「身の回りのあらゆるものが話しかけている」。まさしく、われわれは「言葉をもった哺乳類」(エイチソン 1985)であり、このことこそ、なぜことばのない場所が世界のどこにも存在しないのか、なぜことばが人の出生から死に至るまで、文明の始まりから終わりまで、あらゆる生活上の事柄と結びついているのか、という問いに対する答えなのである。

ことばがわれわれのすべての生活と存在を超越するという事実にかんがみれば、われわれが「建築の言語」について語ることができるということは驚くべきことではない。言語と建築は、どちらも過程であり、生産物であると同時に経験でもある。どちらも絶えず進化する。すなわち、計画されるものであり管理されるも

のでもある。それらは「物質的側面」も有する。つまり、過去のある時点において創造された構造と慣習という形式が存在する。例えば、文筆の意味でのカノン〔例えば、六法全書、宗教上の経典、旅行ガイドブックなどがこれに相当する〕と建築の意味でのカノン〔例えば、役所の庁舎、駅舎、史跡などがこれに相当する〕がある。われわれが現在用いることば、現在目にする建築物には、常に過去にあったものが現在に立ち現われている。どちらも、文明の表出である。つまり、人はことばや建築を通して自身が何者であるかを明らかにしながら生きている。ユネスコがある言語を「無形文化遺産」として認定し、ある建築を「有形文化遺産」として登録し、保護するのはこのためだ。例えば、琉球諸島の城跡は、琉球諸語と並んで、琉球民族の文化形成過程を今日に伝えている。言語においても、建築物においても、あるコミュニティーにしかない特有の知性、厳密さ、方法論を認識することができ、さらには、そうしたコミュニティーの独自性、風格、コミュニティー内部の人々の自己認識の在り方を把握することができる。言語と建築は、畏敬の念を起こさせる文化遺産なのである。

境界線 ── ベルリンの壁と日本におけることば

さて、本誌『ことばと社会』は社会言語学の専門誌であるという観点で、以下では具体例について議論しよう。東西ドイツが統一された時、私は高校生であった。その時代を生きたドイツ人の一人として、ベルリンの壁の崩壊は、私の人生で最も印象に残る政治的出来事であった。そこで、ベルリンの壁を建築の一例として取り上げることにしたい。(なお、社会言語学の例としては、日本の言語的多様性を取り上げる。)

ベルリンの壁は建築物の一つと見なすことができる。これはオランダの独創的な建築家レム・コールハース (Rem Koolhaas) がほぼ半世紀も前に述べたことであり、よく知られている。彼は1968年から73年にかけて英国建築協会附属学校(ロンドン)に在籍していた頃、ある授業を受講した。その授業では、何らかの有名な建築物について調査し記録を作成するという課題が受講生たちに与えられた。クラスの皆が驚いたことに、コールハースはベルリンの壁を題材に選び、ベルリンの壁を建築の観点から捉えて研究した。彼は、ベルリンの壁を美しく、多様で、予測不能なものと考えていたが、その美的問題を措いて、壁の排他的側面と包括的側面について考察した。ベルリンの壁は、街に住んでいた人々を分離した。つまり、西ベルリンと東ベルリンという政治システムのまったく異なる二

つの共同体と二つのまったく異質なアイデンティティーを作ったのが、この壁による分離政策であった。

　この分離政策は暴力的な側面も持ち合わせていた。というのも、1961年にドイツ民主共和国（旧東ドイツ）が、ドイツ連邦共和国支配下の都市部とその市民を効果的かつ強制的に隔離するため、旧西ベルリンを取り囲む形で建設したのがこの壁だったからである。こうした抑圧的政策のもとで、東側の（つまり東ベルリンの）多くの市民は、壁の向こうの地域（つまり西ベルリン）に行ってみたい、あるいは住んでみたいという「あこがれ」を抱くようになった。しかし、壁はそうした人々の思いも断たせた。壁に囲まれ、移動や交流が厳格に制限された区域の人々は「自由」を感じたのに、反対に壁を建てた側の人々はそれを感じることができなかったのである。ベルリンの壁はこうした排他的性格を持つ一方で、他方では肯定的な社会的機能も持っていた。つまり、壁の内側に閉じ込められて生活する人々には、ある種の強固な「連帯感」を与え、その外側の人々に「自由へのあこがれ」を植えつけた。コールハースは後に壁による都市の分割というアイデアをロンドンの都市開発プロジェクトに応用したようだが、その詳細は本稿の論旨から外れるので割愛する。ここではむしろ、壁の存在によって生じた包括的効果と排他的効果について、言語学の観点から考察してみよう。

言語は「陸軍と海軍を持つ方言」ではない

　言語にも包括機能と排他機能があることはよく知られている。かつて、マックス・ヴァインライヒ（Max Weinreich 1945）は、「言語は陸軍と海軍を持つ方言」であると述べた。しかし、私の見解では、言語とはいわば境界線のようなものであり、一方で同じ言語を用いる人どうしを結びつけ（包括機能）、他方では、そうした人々を、その言語を使わない人々から分離する（排他機能）、両方の機能を持つ。そのように考えると、世界のすべての人々を例外なく含む「わたしたち」というまとまりは存在しない。いかなる種類のコミュニティー（共同体）も、必然的に、そこに属さない人々を排除する排他性を持つ。アイヌ民族も、琉球民族も、彼らが使っているのは、社会言語学の立場からは日本語の「方言」ではなく「言語」である。つまり、アイヌ語や琉球の言語を使わない人々が、アイヌ民族や琉球民族の、それぞれの言語共同体の一員に加わることはできないのだ。言語は、文化固有の特徴を持つものであり、共同体が共有する知識、思考および価値を担うものであり、その再構成に寄与する道具である。よって、ある言語を話さ

ず、行動様式や知識、態度といった文化性が異なる人々はその言語共同体からは排除される。この排他機能は、言語の使用者、つまり、ある共同体内部の人々を結びつける。異質な音韻ないし文法を持つ言語体系であるという理由ばかりではなく、その使用者以外の人々には理解困難なことばであるという理由から、琉球諸語もアイヌ語も、それぞれ独立した異なる言語である。言語は共同体の基盤であり、集団的アイデンティティーの基盤である。

　ところで、先に引用したヴァインライヒの「言語は陸軍と海軍を持つ方言」という命題には、言語学者が権力に対していかに従順であるか、また、日常の調査活動において国民国家という枠組みをいかに持ち上げているかということを、皮肉を込めて批判する意味が含まれていた。彼がこれを1945年にイディッシュ語で書いたという事実に注目してほしい。その原文は次のとおりである。「a shprakh iz a dialekt mit an armey un flot」（Weinreich 1945）。彼が用いたイディッシュ語は、陸軍も海軍も持たず、国民国家による保護や防衛がなかったために、何百万もの人が殺戮されることとなった民族が使っていた言語であった！　このような痛ましい経験があったため、ヘブライ語復活の道が開かれた。ヘブライ語の復活は、集団的ユダヤ人の「われわれ」という概念の形成および再確認のための最重要課題であった。言語がどんなものなのか、そのアナロジーを追求するならば、言語は人々を分け隔てたり結びつけたりする一種の壁である、ということができるだろう。

ベルリン市民がみな自由であった時代

　とはいえ、これから先、境界はなくなるかもしれない。実際、ベルリンの壁は1989年11月9日に崩壊した。分断されて東側にいた人々は、西側の、いわゆる「あこがれの場所」の市民の中に入っていった。彼らは自由になったのだ。世界中の多くの人々が彼らとともにこのことを祝った。それと同時に、集団的な「われわれ西ベルリン市民」も消滅した。二つの異なる集団的なアイデンティティーを有した都市、旧ベルリンは終焉を迎えた。当時のドイツ連邦共和国の多くの国民にとって、何十年にもわたってドイツ本国に属した旧西ベルリンは、移り住みたい都市の一つとして高い人気を博していた。そうした人々の間では、いわゆる「離れ島」であるがゆえに、例えば徴兵義務といった旧西ドイツで定められた多くの義務とはまったく無縁の、限りない可能性を秘めた都市こそ西ベルリンだと考えられていた。事実、大勢のアーティストや協調を好まない人々が旧西ベル

リンに魅了された。また、当時の旧西ドイツの若者の間ではベルリン自由大学で学ぶことが憧れの的であった。世界中の人々にとって、「西ベルリン」は、自由の象徴として最も偉大な都市であった。さらには、当時、ケネディが英語とドイツ語を半分ずつ用いて以下のように述べたことも有名である。「今日、この自由な世界において、最も誇り高きこと、それは、『私が一人のベルリン市民だ』ということである」(Today, in the world of freedom, the proudest boast is "Ich bin ein Berliner")。そういうかつての「ベルリン」は、今日、もはや存在しない。

壁と言語の崩壊

当時のベルリンにおける言語状況はやや複雑な様相を呈しているが、ここでも類似した現象を幾つも見いだすことができる。現在、アイヌのことばも琉球のことばも存続の危機に瀕している。しかもアイヌ人と琉球諸島の住民の大半は、もはや彼ら共同体内部の言語を使用していない。それはあたかも旧東西ベルリンが、新たな都市、「統合されたベルリン」として船出をしたかのようである。その新たな都市とアイデンティティーは、冷戦時代のものとはまったく別ものである。同様に、「アイヌことばの話し手としてのアイデンティティー」と「うちなーぐちの話し手としてのアイデンティティー」は「日本語話者のアイデンティティー」とはまったく別ものである。実際、アイヌ語と琉球諸語に対する抑圧的政策の究極の対象は何であったかというと、それは彼ら民族のアイデンティティーを抹殺することだった。「言語計画はアイデンティティー構築計画と同義である」(Fishman 1973)。その事実は、当時の政策として、アイヌ語や琉球諸語に追加する形で（共通語としての）日本語の浸透が図られたのではなかった、ということからも読み取れるだろう。アイヌ語も琉球諸語も消滅の道をたどるしかなかった。同時に、彼ら民族が創り上げた言語共同体を守っていた壁もなくなってしまった。当時の日本語拡張政策は、「コミュニケーション」と「明瞭性」に広がりを持たせるために行われたのだという議論だけで片づけられるほど単純なものではない。日本の国民国家への無条件の忠誠を、アイヌと琉球諸島の住民に無抵抗のうちに誓わせるために、異なる文化や態度、価値や伝統を破壊したのである。

この強制的な政策がもたらしたのは、自由の喪失である。部外者のいわゆる「やまとぅんちゅ」や「和人」が、今や彼らの社会制度や価値観、経済制度を一方的に押しつけた。それは、アイヌおよび琉球民族から、自分自身がどのような

進路を進み、将来を計画し、どんな人になりたいかという選択権を一方的に剥奪することを意味した。

話者を保護する「壁」としての言語

建築物の場合と同様、「ことば」という「壁」は共同体（コミュニティー）を保護する。それは「壁」が共同体内の自由を保障するための保護機能を有することを意味する。かつて日本人は日本での「第二公用語としての英語」の導入に対し抵抗的な論議を行なったが（中公新書ラクレ編集部／鈴木 2002）、なぜそのような議論をしたかということの理由も、この「壁」の機能性を考えると説明がつく。統制不全および自由侵害に対する懸念、この二つが当時英語の第二公用語化に異論を唱えた人々の主な反対理由であった。驚くようなことではないが、アイヌ語や琉球諸語の場合も同じ状況であった。だが、このことを問題視した人はいなかった。そのような中、アイヌ民族にも琉球民族にもいわゆる「近代化」が政策的に約束された。しかし、彼らにとって、その近代化は、不平等であり、詐取であり、そして差別を意味していた。彼ら民族が逃れ行き、民族としての絆を再び結束し、世界の変化への再適応を図るために入り込むことのできる壁があったら、彼らは十分に保護されていたに違いない。しかし、どちらの民族もその機会には恵まれなかった。そして彼らは、それが困難でつらいものであったにせよ、日本「国家」へ同化せざるを得なかった。

言語復興とは、言語の「記録」を残すことでも、その言語を「学習すること」でもない。言語復興とは、新たな言語使用者に幸福感と自由をもたらし、どのような進路を進み、どんな人になりたいかについて選択の自由を持たせるために、その言語を使用することなのである。

建築物も言語も、分割という機能を持つ。この機能によって、共同体の意味が形作られる。排他機能と包括機能は、相互に複雑に作用し合う。たしかに、強い分割がなされれば、共同体作りは進んでいくだろうが、しかし、厳密にどの地点で分割するのか（そして誰がその共同体に含まれるのか）ということの根拠は恣意的に決められる。例えば、ベルリンの壁の厳密な場所を規定する合理的な理由は存在しなかった。また、「全アイヌ語共同体」が「一つのアイヌ語」の傘下に収められてしまう理由も、北琉球諸島の「国頭語」の地理上の境界も、共に恣意的なものでしかない。ただし、分割と排除の理由が恣意的であることは、われわれに何の影響も与えないということにはならない。建築も言語も、必然的にわれ

われに何らかの影響を及ぼし、その影響から逃れられる者はいない。

言語的ホームレス

　人間は、世界を、言語によって概念的に、建築によって物理的に構築する。しかし、言語計画に携わる人であれ建築家であれ、時に失敗しつつ「完璧な状態」を目指すとしても、だれも「完璧」ではない。言語の場合も建築の場合も、その使用と効果は、予見することが難しい。建築も、言語も、単なる「システムのセット」ではない。どちらも予期せぬ影響をわれわれに及ぼすことがある。それゆえ、それなりに学んでおく必要がある。ことばの意味や建築物の意味は、それぞれの構造や表面的な形態にあるのではない。真の意味は、日々の生活における出来事としてわれわれの前に立ち現れる。ここで問題になるのは、建築と言語の構造ではなく、それらを経験する方法であり、同時にそれらがわれわれに与えてくれる多くの影響である。そうした経験に着眼点を移すことで、新たなそして驚きに満ちた分析が可能となるだろう。

　社会言語学は、話者から離れた言語ではなく、日常の経験に焦点を定め、個人の経験を一般的に解明する学問となるべきである。そのようにことばを研究するとき、言語と建築との間には多くの共通点を見いだすことができる。私たちのことばは私たちの「ホーム」であり、コミュニティーの形成基盤である。かつての言語同化政策が、アイヌと琉球の人々を言語的にホームレスにしたことに疑いの余地はない。建築と言語について考えてみると、このような政策の惨たらしさが明らかになる。かれらの経験を明確にすることは、これからの社会言語学の課題である。

■参考文献

エイチソン、ジーン（1985）『言葉をもった哺乳類——心理言語学入門』（鹿取広人／重野純訳）、思索社。
中公新書ラクレ編集部／鈴木義里（編）（2002）『論争・英語が公用語になる日』中央公論新社。
Fishman, Joshua A. (1973) "Language Modernization and Planning in Comparison with other Types of National Modernization", *Language in Society* 2, pp.23-43.
Hussey, Christopher (1950) *The Life of Sir Edwin Lutyens*, London: Country Life.
Weinreich, Max (1945) "Der YIVO un di problemen fun undzer tsayt", *YIVO Bleter* 25, pp.3-18.

〈投稿論文〉

多言語社会日本にとって、ろう学校が存在する意義

中島 武史

1. はじめに

　本稿の目的は、ろう学校[1]の存在意義を日本社会の多言語性という観点から考察することである。結論から言えば、ろう学校の存在意義は、第一義的には「ろう児」[2]への教育的効果に見いだされるが、それだけにとどまらず、ろう学校が存在する地域一般に日本の多言語性を周知させる社会的機能にも及んでいるということが本稿の主張である。ただし、この主張には日本が多言語社会であるという前提認識が必須となるため、「障害者」との「共生」を理念とする特別支援教育の観点からは導き出すことはできない。ろう児は手話言語を使用する「言語的少数者」であるという視点が必要条件となるのである。本稿では、ろう学校の具体的場面に焦点をあてながら、特に日本社会にとって、ろう学校が存在する意義を中心に論じることとする。

2. 研究の動機

　2007年に特別支援教育体制が開始されて以降、ろう学校と、知的障害児や視覚障害児、肢体不自由児などをおもな対象とする特別支援学校の統廃合が見られ、今も進んでいる。たとえば、秋田県立聴覚支援学校と秋田県立視覚

支援学校、秋田県立秋田きらり支援学校（肢体不自由児対象）の3校種が同一の敷地内に併設され、2010年より「あきた総合支援エリアかがやきの丘」として運営されている。同様に兵庫県では、兵庫県立淡路聴覚特別支援学校が、2011年に知的障害児を教育対象とする兵庫県立淡路特別支援学校と統合され、現在では兵庫県立あわじ特別支援学校の「聴覚障害部門」となっている。しかし、2018年4月時点で聴覚障害部門の在籍者はいない[3]。

　特別支援教育制度のもと、ろう学校が統廃合される背景には、障害のある子どもたちを隔離せず、居住地域の学校（以下、「地域校」とする）でともに学ぶことを重視するインクルーシブ教育の影響があり、さらにその背景には障害の有無にかかわらず誰もが充足した生活を送ることがめざされる「共生社会」という理念がある。この考え方からは、「聴覚障害児」たちをあえて集団化することは避けられるため、今後さらに、ろう学校は減少していくと思われる。しかし一方で、「聴覚障害」という障害枠組みからではなく、「手話言語を使用する人たち」という使用言語の観点から、彼女ら彼らを「言語的少数者」と捉える見方がある。1995年にはすでに「ろう文化宣言」[4]という形で提起されており、この立場からは、ろう児は手話言語を核とする言語的少数者であり、その言語的ニーズから同一言語集団のなかで教育を受ける権利がある[5]と考えることが可能である。

　このように、「聴覚障害児」のための学校という認識からは、ろう児集団の形成は隔離として否定的に見なされ、「言語的少数者」のための学校という認識からは、ろう児集団の形成は権利として肯定的に見られるという、相反する理解が存在している。しかし、世界的に見てみれば、インクルーシブ教育を支持する「サラマンカ宣言」（ユネスコとスペイン政府が1994年に共催した「特別なニーズ教育に関する世界会議：World Conference on Special Needs Education」にて採択された宣言）においては、手話に例証される、ろう者・盲ろう者に特有の言語的ニーズと、そのニーズを提供できる機関として、ろう学校と難聴学級の存在が認められている。つまり、ろう児が集団を形成する重要性が、障害児教育の観点からも認められているのである。したがって、「聴覚障害児」としての教育と「言語的少数者」としての教育、どちらの観点からも、ろう児の集団形成は必要とされており、ろう学校という場の重要性は変わらない。インクルーシブ教育においても、ろう学校が統廃合されることは理屈に合わないのである。

筆者は、ろう学校の存在意義を認め、ろう児集団の形成に肯定的な立場を取っている。そのため、特別支援教育が推進されるなか現実に起こっている、ろう学校という場の減少が、言語・心理の両面で、ろう児に損害を与え、さらには手話言語を核とする、ろう者のコミュニティを近い将来衰退させることを懸念している。なぜなら、手話言語使用者の減少は、日本社会の多言語環境が縮小することを意味するため、その反動として、日本語の威信が今以上に強まることを危惧しているからである[6]。本稿の研究動機は、このような傾向に歯止めをかけたいという、ある種の言語政策的思考にある。

3.　本稿の構成について

　筆者は、大阪府立中央聴覚支援学校に勤務している。また、関西学院大学手話言語研究センターの客員研究員もつとめている。本稿では、筆者が勤務校でのフィールドワークで得た事例をとりあげ、分析と考察をおこなう。

　本稿は以下のような構成になっている。最初に先行研究に言及した後、ろう学校とはどのような場所なのか、全国の、ろう学校数と在籍者数、設置している学部の種類、ろう学校に特徴的な授業スタイルと教室環境などからその概要をまとめる。次に、ろう学校の存在意義を「ろう児」と「日本社会」の二側面にわけて整理し、ろう学校が日本社会の多言語性を周知させる社会的機能をもつことを、ろう学校の新たな存在意義として提起する。その後、勤務校における教育活動の具体的場面から、ろう児と聴児のコミュニケーションの様相を記述し、言語の切り替えやコミュニケーションスタイルの変更がどのような意味をもつのか考察する。最後に課題を述べ、全体をまとめる。

4.　先行研究について

　2005年発刊の『日本の聴覚障害教育構想プロジェクト最終報告書』（日本の聴覚障害教育構想プロジェクト委員会[7]）の第13章「聾学校の意義と特別支援教育」では、ろう学校の意義が次の3つにまとめられている（括弧内は、該当箇所の筆者によるまとめ）[8]。

①聴覚障害児の集団（対等で気楽なコミュニケーションが取れる集団としての重要性）
②聴覚障害児の障害認識（自身の障害を認識するうえで、様々な年齢の聴覚障害児者と出会えることの重要性）
③コミュニケーション・言語力の発達のために（手話言語能力を発達させるために、年上の聴覚障害児や聴覚障害者教師がいることの重要性）

　この報告書では、対等なコミュニケーション環境の確保、手話言語能力の向上、また、自己の障害への気づきをサポートするために、聴覚障害児集団の存在が必要であり、それが、ろう学校の意義とされている。しかし、その意義はあくまで、ろう児にとって、という範疇に限られており、日本社会にとっても意義があるという視点は見られない。
　バイリンガルろう教育の文脈においては、木村護郎クリストフが「ろう教育が〔日本手話による教育という〕選択肢を広げることは、日本社会が言語的・文化的な多様性に開かれることと密接にかかわっている」[9]と述べるように、日本社会の在り方への言及が見られる。これは、本稿の主張と一部関連するものの、その主旨は、ろう児の第一言語である日本手話による教育の必要性を主張することにあり、ろう学校が日本社会の多言語性の構築に貢献していると実証することを目的にはしていない。したがって、本稿のような、ろう児だけでなく「日本社会」にとっての、ろう学校の存在意義までを含めて論じようとする研究は、これまでにない試みと言える。

5.　ろう学校とは

　ろう学校には、各自治体内に住んでいる、聞こえない・聞こえにくい子どもたちが通うことができる。ただし、ろう学校に通うことができるのは、ある一定の聞こえにくさの基準を満たす子どもたちだけであり、その条件は「両耳の聴力レベルがおおむね60dB以上のもののうち、補聴器等の使用によっても通常の話声を解することが不可能又は著しく困難な程度のもの」となっている[10]。
　ろう学校には、設置している学部の種類によっていくつかの形態がある。ろ

う学校の設置学部としては、幼稚部、小学部、中学部、高等部本科、高等部専攻科[11]までが可能である。それら全てを設置しているところもあれば、高等部だけを設置しているところもある。さらに、寄宿舎が内設されているところもあり、自宅が遠方の場合には、平日は寄宿舎で過ごし、週末に帰宅する形での通学が可能になっている[12]。

5.1　全国の、ろう学校数／幼児・児童・生徒数

文部科学省初等中等教育局特別支援教育課の「特別支援教育資料」を参照すると、2016年度時点での、ろう学校の数は**表1**のとおりである。ろう学校単体での最大設置数は、1978年度から1984年度にかけての110校であり、以後は減少し続けている。

同じく2016年度時点で、ろう学校に在籍している幼児・児童・生徒数は、**表2**[13]のとおりである。このうち、小学部・中学部・高等部にはあわせて880人（19.1％の割合）の重複障害児が在籍している。ろう学校単体での幼児・児童・生徒数の最大は、1959年度の20,744人であり、学校数と同じく以後は減少し続けている。

表1　全国の、ろう学校数（2016年度）
＊知＝知的障害　肢＝肢体不自由　病＝病弱　視＝視覚障害

ろう	ろう知	ろう知・肢	ろう知・病	ろう知・肢病	ろう知・肢視	ろう知・肢病・視	合計
86	11	3	1	1	1	17	120

表2　ろう学校（86校）における幼児・児童・生徒数（2016年度）

幼稚部	小学部	中学部	高等部	合計（人）
1,037	1,898	1,153	1,556	5,644

表3 学習グループ内の人数

	1人	2～3人	4～5人	6人以上
幼稚部	17.1%	31.3%	36.0%	16.6%
小学部	40.5%	41.2%	14.1%	4.2%
中学部	32.1%	43.8%	17.4%	6.7%
高等部本科	36.9%	36.3%	20.4%	6.4%
高等部専攻科	31.0%	44.8%	19.0%	5.2%

藤本（2010: 36）の図1を筆者が表に作成

5.2 教室環境の特徴と学習の様子

　筆者の勤務校を例にあげながら、ろう学校の教室環境と学習の様子についてまとめる。ろう学校では、机を馬蹄形（ばていけい）に配置することで生徒たちと教員が互いの手話と口元が見えるようにしている。授業の開始や終了は、チャイム音とともに、教室に取り付けられたパトライトが光ることで知らせる仕組みになっている。パトライトの色を学部ごとに変えることで、複数の学部で使いわけている。

　小学部・中学部・高等部は、それぞれ小学校・中学校・高等学校の学習指導要領に準じてカリキュラムが編成されるため、同学年の聞こえる子どもたちと同じ内容を同じ進度で学ぶことが基本になっている。保育と授業は、**表3**のとおり少人数のグループ形態で行われ、1対1で行われる場合も少なくない。

6. ろう学校の存在意義

ろう児にとって

　ここからは、ろう学校の存在意義について分析していく。まず、ろう児にとっての意義の一つには、少人数の学習グループによる丁寧な指導があげられる。また、馬蹄形の机の配置は、ろう児が視覚情報を活用する上で有効で、地域校のような40人学級では不可能な教室環境である。ろう学校だからこそ、

ろう児に提供できる最大のメリットは、手話環境、また、文字や他の視覚信号による情報保障環境である。

6.1　手話環境の保障

　前提として、地域校は基本的に音声日本語の世界[14]であり、手話を十分に使用できる教員集団や、手話を使用する、聞こえない・聞こえにくい友だち集団は存在しない。そのため、補聴機器を活用しながら音声日本語に頼ることになる。しかし、指さしやジェスチャー、周りの友達の表情など、何となくの雰囲気を参考に理解ができる程度のコミュニケーションを超えた、ある一定以上に複雑な会話は理解できない。それが授業内容の理解となれば、より一層困難になる。したがって、ろう児が授業内容についていこうとする場合、視覚言語や何らかの視覚情報の活用、それらを使用するための手話環境が必須となるが、多くの場合、これらの設備や人材を地域校に期待することはできない。この問題を解決できるのは、手話を使用する教員集団、ろう者教員たち、手話を使用する友だち集団が存在する、ろう学校だけである[15]。

6.2　手話使用者ロールモデルの存在

　ろう学校では、先輩ろう児がロールモデルとして機能している。地域校に通った場合には、ろう児が校内で自分一人である場合、自分以外の、ろう児・ろう者に出会ったことがないなどの環境要因が影響し、聞こえない・聞こえにくい自分に自信がもてず、自分の将来像をうまくイメージできない。また、このケースでは手話との接触も極端に少なくなるため、手話言語を獲得する機会そのものが失われているという深刻な問題がある。その結果、当然ながら手話使用者としての自己像を確立することはできない。一方、ろう学校では、幼いころから年長の先輩ろう児と手話を媒介に接し、一緒に学校行事を経験するなかで、自分自身が手話使用者として成長していく姿をイメージすることができる。

　ろう児をもつ保護者にとっても、ロールモデルは重要な存在である。ろう学校の乳幼児相談を受けるために、早ければ0歳から保護者も一緒に、ろう学校に通い始める。予期せず、ろう児の親となった聴者の保護者は、医師からの

「聴覚障害」ということばに動揺し、子どもの未来に不安を感じやすい。しかし、中学部や高等部の先輩ろう児の様子を見ることで、自身の子どもが音声言語の面で制限のある「聴覚障害者」の成人としてではなく、手話を使う、ろう者へと育っていく選択肢の存在に気づくことができる[16]。

6.3　命を守るための安全の確保

　各教室に設置されているパトライトは、授業の始まりと終わりを知らせる以外にも役割があり、赤色は、緊急時避難の合図になっている。筆者の勤務校では、緊急時に文字情報を流すためのモニターが各教室に設置されており、火災または地震の発生時に、「火事です。先生の指示にしたがって、避難してください。」などの文字情報が流れる仕組みになっている。このシステムにより、ろう児、そして、ろう教員の命を守る確率を高めている。

　さらに、体育館や運動場など、ろう児が集団で避難した先で、教員は、今どこで何が起こっているのかを手話を媒介として、ろう児に伝えることができる。これは、情報が届かないことによって起こる二次的被害を生まないため、また、緊急時に、ろう児が情報を得ることで心理的に安心できるという精神面のケアにもつながる[17]。

7.　ろう学校の存在意義

日本社会にとって

　次に、日本社会にとってという視点で、ろう学校の存在意義について考えてみたい。ろう学校で、ろう児たちは手話を使う。厳密には、それまで置かれてきた様々な言語環境により、日本手話[18]の使用者もいれば、手指であらわす日本語の一変種である日本語対応手話を使用するもの、その中間的な手段を使っているものがいる。また、会話の相手にあわせて、それぞれのレベルでそれらを使いわける場合もあるが、ろう学校の存在は、少数民族や海外からの移住者ではない「日本人」の間でも、日本社会が（音声）日本語だけで成立しているわけではないことを証明していると言える。つまり、ろう児と、ろう学校

表4 地域の聴児・聴者が手話と接触する場面

接触場面	聴児・聴者の内訳	概要
ろう学校の文化祭	一般公開	小学部・中学部・高等部の児童・生徒による手話劇が舞台発表される。聴者観客への情報保障として、手話による台詞が音声日本語通訳されるか、日本語字幕がスクリーンにうつし出される。また、手話で運営される模擬店やお化け屋敷などがある。
ろう学校のオープンスクール	一般公開	学校生活の様子を一般公開している。ろう児が授業を受けている様子や、休み時間の過ごし方などを見ることができる。
ろう学校と地域校との交流	交流校の聴児・聴者教員	小学部・中学部・高等部がそれぞれに地域の小・中・高等学校と交流活動をおこなっている。レクリエーション以外に、地域校の聴児が、ろう児と一緒に、ろう学校の授業を受ける活動がおこなわれることもある。
ろう学校での介護等体験	教員免許取得見込みの聴者学生	小学校と中学校の教員免許を取得するための要件。社会福祉施設（5日間）と特別支援学校（2日間）の、7日間の介護等体験活動が設定されている。ろう学校も特別支援学校の枠で、2日間の受け入れをしている。
ろう学校と合同の部活動	練習試合や公式戦相手校の聴児・聴者教員・聴者保護者	中学部・高等部の部活動では、ろう学校だけの大会のほかに、同年代の聴児たちが参加する大会にも出場する。また、普段からつながりのある地域校と、合同練習や練習試合をしている。

という手話が使われる場は、日本社会の多言語性の一端を担保し、さらには日本社会の多言語性を地域に示す社会的機能を発揮している。これが、本稿で最も主張したい論点である。以下では、この点を明確に示すため、ろう学校の具体的場面にもとづいて論を進める。

　ろう学校が日本社会の多言語性を示すには、まず学校外の聴児・聴者たちが手話と接触する場面が必要である。筆者の勤務校の日常から、その接触場面をひろってみると、少なくとも**表4**の5つがあげられる。

いくつかある接触場面のうち、本稿では筆者が顧問をしている部活動（中学部の男子バレーボール部）を例に、ろう児と聴児・聴者の接触を分析する。

7.1　手話・手話使用者との接触

　中学部の部活動では、地域の中学校体育連盟が運営する大会（春季・秋季総合体育大会など）に参加している。また、つながりのある地域校と定期的に合同練習・練習試合をおこなっている。

　これまで手話を見たことのなかった聴児たち、また地域校の聴者教員たちが、手話と接触することになる。聴児たちは、練習や試合中に、ろう児どうしが手話で話している様子から手話の存在を認識し始め、手話が、ろう児のコミュニケーションを媒介していると理解する。また、ろう児どうしだけでなく、ろう学校の聴者教員が手話でコーチングする場面を見ることで、手話を必要とする聴者がいることにも気づく。そして、競技場面から、音声を使用しない手話という視覚言語の効果に着目するようになる聴者教員もあらわれる。下記は、筆者が採取した地域校教員の発言である。

　　「手話は絶対使えんで（使える、の意）[19]。タイム取らんでもええから。声で指示したら、どうしても相手にバレるからな。」（地域中学校の聴者教員の発言）

　中学校のバレーボール公式戦では、1セットに2回しかタイムが認められない。しかし、ろう学校では教員が手話で指示を出せば、タイム回数の制限に関係なく聴者にわからない形で作戦を伝えられるということに、地域中学校の聴者教員が気づいた場面である。バレーボールというスポーツの競技面から見て、手話は有利に働くとの指摘であるが、これは同時に、ろう児との接触の結果、聴者教員のなかで音声日本語と、視覚言語である手話のモダリティの違いが意識されるようになったことを示している。

7.2　手話通訳という手段への気づき

　合同練習や練習試合では、ろう児と聴児が直接コミュニケーションをとる場

面が必然的に起こる。簡単なやり取りであれば、ジェスチャーや読話でも意思疎通ができる。しかし、練習方法の説明やポジションの確認など、より複雑な内容には対応できないため、ろう学校の聴者教員が手話通訳をする。このようにして、聴児は手話とその使用者の存在だけでなく、手話通訳というコミュニケーション手段についても認識するようになる。

　さらに、練習試合や合同練習の最初と最後には必ず相手校の教員にあいさつに行くことが慣習となっているため、聴児だけでなく相手校の聴者教員も、ろう児に向けて直接話す機会がある。そのため、聴者教員が話す時にも、ろう学校の聴者教員がその場のコミュニケーションを媒介することで、地域校の聴児と聴者教員はともに手話通訳の必要性にも気づくことになる。

　実際に手話通訳を媒介としたコミュニケーションを何度か経験することによって、聴者教員の話し方に変化が生まれることがある。テーヤ・オストハイダは、「車いす使用者」と「外国人」が、通りかかった人に道をたずねたり、店で商品の説明を求めたりした際に、たずねられた人は本人には答えず、隣にいる「健常者」や「日本人」という第三者を介して返事を伝えることを報告している[20]。手話通訳を利用する聴者教員も、最初は隣にいる手話通訳の方ばかりを見て話をする・話を聞くことが多く、ろう児とは目を合わせない。しかし、何度も手話通訳との接触経験をもつと、聴者教員は手話通訳ではなく、ろう児の方を見続けながら話をし・話を聞くようになってくる。

　また、公式戦では応援のために保護者や兄弟姉妹が集まり、ろう児どうしの手話での会話、ろう学校の聴者教員による開・閉会式での手話通訳などを見る機会がある。このような形で、ろう学校外部者と手話との接触は繰り返されている[21]。

7.3　視覚言語・手話使用者の情報受信形式への気づき

　手話や手話通訳に対することばの面への気づきだけではなく、視覚言語である手話使用者の情報受信形式の違いへも意識は向けられる。

　ろう学校と地域校の試合では、ろう児たちには主審の笛が聞こえず、いつの間にか相手がサーブを打っている、ということが起こる。バレーボールのルールでは、主審は、笛を吹くと同時にハンドシグナル（腕をサーブ側からレシーブ側に動かす）をおこなうことになっている。しかし、ろう児たちは相手サー

ブの開始までの間に、目をあわせて手話で作戦やポジションの微調整をおこなっているため、主審に顔を向けるタイミングが遅れ、主審が笛とハンドシグナルを完了してしまっていることが多々ある。

> 「何年か前に聴覚（ろう学校）と練習試合して、もっとちゃんと気をつけて審判せなあかんと思ったわ。ちゃんと目を合わせてから（笛）吹かな、わからんもんな。」(私立学校の聴者教員の発言)

　普段は、両チームとも音声言語使用者の聴児による試合であるため、主審をつとめる聴者教員が笛を吹けば、選手は主審を見ていなくても音を頼りに相手サーブの開始がわかる。むしろ、選手たちはチームメイトを見ることなく、相手チームを見ながら音声でコミュニケーションをはかることもよくある。たがいに聴者である主審も選手たちも、無意識のうちに音声言語の運用に慣れてしまい、音声言語の特性と音声言語使用者の情報受信形式の特性に無自覚になっていると言えるだろう。
　しかし、ろう学校が対戦相手である場合には、暗黙の前提になっている、音声言語使用者の感覚ではうまく対応できない。ろう児の存在は、聴児・聴者に、音声言語と視覚言語の情報受信形式の違いについて考えさせるという面でも意義がある。

7.4　ろう児の二言語使用への気づき

　ろう児と聴児が接触する場合、聴児のなかで、ろう児たちの使う手話への認知が広がる。合同練習や、ろう児と聴児をミックスして編成する合同チームによる試合では、互いの意思疎通方略として、かんたんな音声日本語のほかに、ジェスチャー・指さし・手話単語の共有などが観察される。一方で、ろう児と聴児が仲良くなり、練習後にメールやLineなどでやり取りする非対面的な意思疎通の場合では、書きことばとしての日本語が採用されるという特徴がある。
　聴児は、ろう児との直接的接触を通して、ろう児たちが手話を媒介にコミュニケーションを成立させていることを知るが、非対面場面において日本語の書記体を媒介に意思疎通する経験からは、ろう児たちが日本語使用者であることも認識し、ろう児に対しての二言語使用者イメージができてくる[22]。

8　ろう児と聴児のコミュニケーションの諸相

　以上のように、ろう学校と、ろう児の存在が、部活動という狭い領域でさえ、日本社会の多言語性を示していることを確認してきた。ここからは、ろう児と聴児によるコミュニケーションそのものの特徴に焦点をあわせ、たがいの言語やコミュニケーションスタイルの選択が、どのような目的にそってなされるかを考察しながら、ろう児と聴児のことばの戦略的な使用について論じる。

8.1　ろう児と音声日本語使用の聴児の場合

　表5は、部活動に関係する場面を「練習」「試合」、そしてその後の「プライベート」にわけて、ろう児と聴児が選択する言語またはコミュニケーションスタイルと、選択の目的についてまとめている。

　練習場面では、ジェスチャー、手話単語、音声日本語などが使われる。これは、ろう児と聴児の双方に見られる意思疎通のための方略であり、音声言語使用者（聴児）と視覚言語使用者（ろう児）がたがいに相手と「つながる」ための調整である。練習や試合後のプライベート場面では、意思疎通の手段が日本語の書記体にかわるものの、その言語とスタイル選択の目的は、たがいに「つながる」ためであり、練習場面と同じである。

　試合場面になると、その様相が異なってくる。スポーツの勝敗が決定するような場面では、ろう児は音声日本語を使用しない。また、ジェスチャーもほとんど使わない。代わりに、相手または自チームによる次のサーブが開始されるまでの短時間で、最も効率的に意思疎通ができる手話言語の使用を選択している。聴児の方でも、練習で、ろう児と共有した手話単語やジェスチャーは使用しなくなり、音声日本語でのコミュニケーションが選択されるのみである。

　このケースはどちらも、相手と「つながることを意識しない」または、相手と「意識的に断絶する」ためのことばの調整だと理解することができる。ろう児チームも聴児チームも勝敗がかかるような場面では、勝つために、相手にわからない言語やコミュニケーションスタイルを採用しているのであり、ことばの戦略的な使用だと言える。

　ただし、同じ試合場面でも、ろう児チームだけにコミュニケーション方略の修正が見られるケースがある。それは、試合での主審の判定に異議を申し立て

表5 ろう児と地域校聴児の言語使用（部活動）

場面	ろう児	地域校の聴児	言語選択・コミュニケーションスタイル選択の目的
練習	ジェスチャー 指さし 手話単語 音声日本語(口話)	ジェスチャー 指さし 手話単語 音声日本語(口話)	相手とつながるための調整
試合 （チーム内で）	手話言語	音声日本語	相手と「つながることを意識しない」または「意識的に断絶する」ための調整
試合（審判へ）	音声日本語(口話) 手話通訳	音声日本語	相手とつながるための調整
プライベート （非対面場面）	日本語（文字）	日本語（文字）	相手とつながるための調整

表6 ろう児と朝鮮学校聴児の言語使用（部活動）

場面	ろう児	朝鮮学校の聴児	言語選択・コミュニケーションスタイル選択の目的
練習	ジェスチャー 指さし 手話単語 音声日本語(口話)	ジェスチャー 指さし 手話単語 音声日本語(口話)	相手とつながるための調整 ＊朝鮮語の使用はない
試合 （チーム内で）	手話言語	音声朝鮮語	相手と「つながることを意識しない」または「意識的に断絶する」ための調整
試合（審判へ）	音声日本語(口話) 手話通訳	音声日本語	相手とつながるための調整
プライベート （非対面場面）	日本語（文字）	日本語（文字）	相手とつながるための調整 ＊朝鮮語の使用はない

るときである。バレーボールは、イン・アウトの判定や、スパイクされたボールをブロック側の選手がさわっているかどうか（ワンタッチの有無）の判定が難しく、主審の判断が修正されることもある。筆者が勤務する自治体内でのルールでは、主審の判定に対する異議は、キャプテンのみが申し立てできる。ろう児チームにとって、不服のある判定があった場合、ろう児はそれまでの手話言語使用から音声日本語に切り替えて主審とのコミュニケーションを試みる。これは、音声日本語使用者である主審とつながり自チームの不利をさけるために、言語を手話から音声日本語に変更している例である。このように、聴児以上に、ろう児の側では、場面と目的によっていくつかの言語・コミュニケーション方略を使いわけていることがわかる。

8.2　ろう児と音声朝鮮語使用の聴児の場合

　同じ大会には朝鮮学校も参加しており、対戦することがある。朝鮮学校の聴児生徒は朝鮮語と日本語の二言語使用者であり、ろう児と同様に日本の多言語性を示し続ける存在である。**表6**では、ろう児と朝鮮学校聴児との部活動場面における、言語選択とその目的をまとめた。

　日本語使用者である聴児（**表5**）のケースとの違いはいくつかあるが、試合中に音声日本語が使用されない点は特徴的であり、試合会場にいる多くの日本語モノリンガル聴者の常識を揺さぶるものであろう。試合での主審に対する異議申し立て場面では、音声日本語使用者の主審と「つながる」ために、ろう児と朝鮮学校聴児のどちらも音声日本語に言語選択を切り替える。

　次に特徴的なのは、朝鮮語の使用は朝鮮学校聴児の間でしか見られないことである。ろう児と朝鮮学校聴児とが「つながる」ことを意識する練習場面においては、ジェスチャーや手話単語以外に、たがいに使用する言語のうち共通している「音声日本語（口話）」が選択される場合がある反面、音声朝鮮語は媒介手段として活用されない。圧倒的な日本語優位の日本社会の現状からは、ろう児と朝鮮学校聴児の間でも、大言語である日本語が優先的に選択されることは意外なことではないかもしれない。しかし、手話単語の共有のような視覚言語よりの方略は存在する一方で、音声朝鮮語の口話が活用されない点はどのように理解可能であろうか。単純に、ろう児が朝鮮語を学ぶ機会がなくその知識をもたないため、日本語の口話の方が効率がいいという理由が大きいだろうが、

朝鮮学校聴児の方でも朝鮮語を日本語に優先して活用しようという意識がそれほど高くない可能性も考えられる。つまり、朝鮮学校聴児が、朝鮮学校の外で朝鮮学校外部の人に朝鮮語を使用することに対する言語意識が影響している可能性も外すことはできない。

「プライベート」場面において、日本語の書記体が採用されている理由は、日常生活用に広く普及する手話言語の書記体というものが現状では存在しないことが一つの要因であろう。また、朝鮮語の書記体を活用しない点からは、学校教育において「外国語」科目の学習が実質的には「英語」学習になっているため、日本社会で使用実績のあるアジア圏言語の学習が軽視されていることの影響も見て取れる。

9. 課題
ろう学校が日本の多言語性を示すために

ここまで見てきたように、ろう学校の存在意義は、手話環境の確保によって、ろう児の教育に貢献できる点にあることを最初に確認した。そして次に、ろう学校が日本社会の多言語性を示す社会的機能を発揮していることを、日本社会にとっての、ろう学校の存在意義であると提起した。本稿では、ろう学校の具体的場面を分析しながら、この二つ目の意義を中心に考察してきた。しかし、ろう学校が多言語社会日本を証明することをはばむような要因も存在しており、課題としてあげられる。

9.1 手話よりも「障害」に着目される現実

ろう児は手話と日本語を使用する二言語使用者であり、ろう学校は、いわゆるバイリンガル教育の範疇に入る。しかし、ろう学校は2006年度まで「障害児教育」という枠組みで運営され、現在では特別支援教育と改名してはいるものの、「障害児に対する教育」というイメージは温存されたままである。ろう者に対する認識のあり方が、「障害者」から、手話という「少数言語使用者」へと転換される必要があると訴えた「ろう文化宣言」が求めるような認識は、一般に広がったとは言えない。

「ろう学校の生徒たちがあんなに頑張ってんのに、お前ら（聴者教員の担当する聴児たちのこと）は何や、って話をしたってん。」（地域中学校の聴者教員の発言）

「聴覚にハンデがあっても、みんなのひたむきな様子に凄いなと感じました。うちの生徒たちにも見習わせたいと思います。」（私立学校の聴者教員の発言）

どちらのデータも、「（聴覚）障害者」が頑張ることを美化する視点から抜け出せておらず、パターナリズムの内面化が確認できる。

さらに、日本語優位の社会のなか、ろう児・ろう者と同じように言語面での不利益を受けやすいと想定される朝鮮学校関係者においても、手話・手話使用者としての、ろう児に対する着目は少ない。

筆者：「次の試合は、朝鮮語と手話だからお互いに作戦がバレないですね。」
朝鮮学校の聴者教員：「あ、ほんまですね。」

このように、バレーボールの試合会場という場で「日本語」「手話」「朝鮮語」による多言語状況が生じていても、地域校関係者だけでなく、朝鮮学校関係者さえも言語についてそれほど敏感になっていないのが現実である。自分自身が二言語使用者である朝鮮学校の関係者も手話に着目しないのは、地域校の教員と同じように、ろう児を聴覚障害児として見る視点が内在しているためと考えられる[23]。ろう学校が日本社会の多言語性を示すにはまず、ろう児を手話言語の使用者として認める視点が必要になるが、ここで見たように、従来からの「障害児教育」観がこれをはばんでしまっている。

9.2　言語よりも、歴史的・政治的状況に影響された「属性」に着目される現実

筆者のこれまでのフィールドワークでは、地域校や私立学校の教員たちから、朝鮮学校の教員や生徒たちが話す朝鮮語についての話題が出ることはなかった。一方で、朝鮮学校に関する会話では、日本との政治的関係が意識された発言が

なされることがある。

> 「建国（韓国系学校）が（中学校体育連盟に）入ってきたときは、けっこうもめた。中級（朝鮮学校）が15年前くらいに入ってきたときは、もうどうなるかと思ったわ。」（私立学校の聴者教員の発言）

　中学校体育連盟とは教員による組織であり、該当地区の学校の中学校段階の生徒が参加する競技大会を主催している。そこに、民族教育を重視する学校が入ってきたときのことを回想して話しているこの場面は、目の前で朝鮮学校の生徒たちが朝鮮語を話しながら試合をしている場面でもあった。しかし、この教員は、朝鮮語の使用や、彼らが時に日本語へ言語を切り替えていることへ意識を向ける代わりに、「日本の学校」の体育連盟に「非日本人の学校」が入ることに対する、当時の教員たちの違和感や、連盟の混乱した状況について述べている。

　ここからは、この教員が朝鮮語という「言語」よりも、民族系学校という「属性」に着目していることが読み取れる。そして、着目される「属性」の背景には、日本と朝鮮との間にある歴史や、それにもとづく両国の政治的関係性への意識が影響していると考えられる。朝鮮学校の生徒たちが多言語状況を作り出したとしても、歴史的・政治的状況に影響された「属性」に着目が集まりやすく、朝鮮語という「言語」面にまで意識が向きにくいことがわかる。

10.　おわりに

　本稿の目的は、ろう学校の存在意義を日本社会の多言語性という観点から考察することにあった。この点については、その目的をおおむね果たしたと言えるだろう。本稿で扱ったように、ろう学校外部の聴者と、ろう児が接触する部活動のような場面は、聴者に手話という視覚言語や、その使用者の行動様式に関して何らかの気づきをあたえ、手話通訳という手段を認知させ、ろう児が二言語使用者であるということを広める機能がある。これが、日本社会の多言語性という観点から、ろう学校が日本社会に貢献できる意義の一つであると考えられ、ろう学校は日本の多言語性を周知する社会的機能を発揮しているとした。

インクルーシブ教育では、共生理念のもと「聴覚障害」のある子どもの地域校への実質的「同化」を進めている。「サラマンカ宣言」では、手話に代表される彼女ら彼らの言語的ニーズの存在を認め、ろう学校や難聴学級のような、ろう児集団を形成する場の必要性に触れられているが、日本ではこの点は重視されておらず、ろう学校の規模は縮小する一方である。しかし、本稿で示したように、部活動のような場面では、手話言語と日本語という異言語とその使用者が接触し、そこに人類学的な気づきと発見が生まれている。さらに、競技指導や審判、応援に来ている教員や保護者にも同様の効果がある。これは、ろう学校という、ろう児集団の活動がもたらす作用であり、インクルーシブ教育によって統合的教育空間を強制的に作らずとも、達成可能であることがわかる。むしろ、統合先の地域校で、ろう児がただ一人である場合には、集団が形成できず手話言語の継承もありえないため、異言語接触自体が発生しにくい。インクルーシブ教育が今後考えるべきは、ろう児集団の存在をいかし、その集団との異言語接触で得た気づきを教育システムにどう反映させていくのかであり、部活動の例で言えば、公式戦の開・閉会式で公的に手話通訳者を派遣するための予算を制度化し、異言語話者が共存できる環境を整えることであろう。それは、日本の公的教育システムのなかに確かに存在している異言語話者に対する情報保障の必要性を訴える取り組みであると同時に、地域校の聴児と聴者教員が多数派である聴者集団を自明視してはいけないことに気づく機会を提供する取り組みでもある。

　逆説的に言えば、学校教育のなかで日本の多言語性を発見する機会は、ろう学校や朝鮮学校との試合のような限られた場面にしかなく、地域校の聴児生徒・聴者教員集団の多くは多言語性に気づかないまま、聞こえる多数派集団や日本語を第一言語とする多数派集団を無意識に再生産することになる。日本語とは異なる言語の話者に対する情報保障体制を整えようとしないインクルーシブ教育は、「共生」や、集団間の差異を肯定的に保持しながらの「統合」ではなく、多数派集団への実質的「同化」でしかない。現行のインクルーシブ教育を改善するには、少数派である異言語話者の特別な言語的ニーズを満たしながら共生をめざす方向がまずは求められ、多数派集団が日本の多言語性に気づくような形での教育的取り組みが必要となる。ろう児が日本社会に存在していることは、アイヌのことばや沖縄のことばの使用者たちの例と同じように、日本の多言語性を立証する一事例として貴重であるだけでなく、現行のインクルー

シブ教育の問題点をあぶりだす意味でもその存在は貴重だと言える。
　一方では、課題も確認された。ろう文化宣言以後も、「聴覚障害」という従来型の認識を払しょくできておらず、ろう児を手話という少数言語の使用者として捉える視点はいまだ確立されていない。そのため、部活動場面で明らかな多言語状況が生じていたとしても、「手話」への着目よりも「障害」への言及がなされることがある。さらに、その場面にいる聴児と聴者たちが手話を言語として認識していないケースでは、目の前の多言語状況に気がついていない、多言語状況と認識できていない可能性もあり、言語としての手話という認識の普及はより根本的な課題である。
　また、「多数派」の視点からは、ろう児よりも以前から言語的少数派としての認識が確立されているはずの朝鮮学校の聴児たちに対しても、朝鮮語という言語への着目以上に、これまでの歴史と政治的状況にもとづく「属性」の違いに、関心が向きやすいこともわかった。日本国内において、「障害者」は「健常者」に対する少数派と言える。「朝鮮学校、または朝鮮学校の生徒」という「属性」もまた、「日本の学校、または日本の学校の生徒」という「属性」との比較では少数であり、日本社会での位置づけは異なるものの、どちらも「非多数派」として、ある意味では目立つ点で共通している。「障害」と「（政治的な）属性」は、ともに「多数派との違い」を示すラベルである。言語の違いもラベルであるが、多言語状況が発生したとしても、言語の違い以上に、「障害」と「（政治的な）属性」の方が多数派の着目を集めやすいのが、日本の現状だと考えられる。
　また、「多数派との違い」を示すラベルそのものが、「障害／健常」「手話言語／音声言語」「日本国籍／外国籍」のように多面的でもある。「多数派」「少数派」ということばは、視点によって指示される対象が変わる複合的な概念であり、ある問題における「少数派」が別の事象では「多数派」として立ち現れることもある。さらに、インターナショナルスクールや基地内学校など、日本の教育システムに参入する意欲がそれほど高くない教育機関では、今回扱ったような部活動による接触が起こりえず、「属性」が前景化しない。したがって、「多数／少数」という二項対立が成り立たず、二項対立的な理解が普遍的に通用するわけではないこともわかる。
　いずれにしても、日本語とは異なる言語を話す人たちを、日本の「言語的少数派」として認識する発想、「言語的少数派」というラベル自体が、一般レベ

ルではいまだ浸透していない。日本が「多言語社会」であるという認識をはばむ、この根本的な問題から取り組んでいく必要がある。

■注

1 2007年に、それまでの特殊教育体制から特別支援教育体制に切り替わって以後、正式には「聴覚(特別)支援学校」と呼ばれることが多い。
2 本稿では、ろう学校に在籍する、聞こえない・聞こえにくい身体をもつ子どもたちを「ろう児」として表記する。
3 兵庫県立あわじ特別支援学校HP参照 (http://www.hyogo-c.ed.jp/~awajitoku-sn/h30kotyoaisatu.pdf)。
4 木村／市田 (1995)。
5 ろう児の言語権については、全国ろう児をもつ親の会 (2004)『ろう教育と言語権——ろう児の人権救済申立の全容』に詳しい。
6 日本語の威信が高まることで、社会言語学領域外部の一般的なレベルではいまだ払しょくされていない、日本語による単一言語国家像が再強化されると考えられる。日本語による一国家一言語思想は、ろう教育史において口話法の強制と手話の抑圧として作用し、近年でも、ろう児のインテグレーション(現状のインクルージョンも同様)先の学校における言語環境を(音声)日本語のみに制限している(中島 2015)。このことから、日本語の威信が今以上に高まることは、ろう教育と、ろうコミュニティの核となる手話の維持・再生産にとって阻害要因になると考えられる。
7 「財団法人全日本ろうあ連盟」と、「ろう教育の明日を考える連絡協議会」による「日本の聴覚障害教育構想プロジェクト」の報告書。①日本の聴覚障害教育の現状と課題をどう見るか、②これからの日本の聴覚障害教育のあるべき姿はどのようなものか、③その実現に向けて、関係各方面と両団体がどのように取り組むべきか、の3点がプロジェクトの目的とされている(日本の聴覚障害教育構想プロジェクト委員会 2005: 2)。
8 日本の聴覚障害教育構想プロジェクト委員会 (2005: 101)。
9 木村 (2008: 31)。括弧内は、筆者による補足。
10 2002年に一部改正されている学校教育法施行令第二十二条の三に規定する就学基準による。したがって、「両耳の平均聴力70dB以上」または、「一側が90dB以上で他側が50dB以上」を条件に交付される身体障害者手帳の有無は、ろう学校の入学に影響しない。
11 高等部本科の3年間に続く、2年間の課程。
12 ろう児が集団生活をすることにより手話言語が生み出されることが、ニカラグアの事例(Kegl, Senghas & Coppola 1999)から明らかになっており、日本においても同様に、ろう学校にろう児が集まることで手話言語が誕生したと推察できる。さらに、ろう児が寄宿舎に集まることで、ろう者家庭のろう児から、聴者家庭のろう児へ、または、先輩ろう児から、後輩ろう児へと手話が伝承されながら、ろう学校における手話が維持発展してきた。特に、手話が抑圧され禁止されていた口話法全盛の頃は、寄宿舎内での、ろう児から、ろう児への、

非公式な手話伝承が手話を守ってきたと言える（日本の聴覚障害教育構想プロジェクト委員会2005: 104）。しかし近年、筆者の勤務校では、知的障害などを併せもつ重複障害児の割合が増加するにしたがって、寄宿舎に入る、ろう児のなかの重複障害児の割合も増えている。ろう学校の重複障害児のほとんどは知的障害との重複であり、ほとんど手話を理解できないケースから、ある程度のコミュニケーションが取れるケースまで幅広い個人差がある。いずれにせよCL表現（Classifierの略：日本語の類別詞に相当）や、ロールシフト（話者自身が話のなかで別の人物として現れる表現）のような手話言語に特有の文法までを習得することは難しいことが多い。そのため、重複障害児の通学保障や生活教育の重要性を理解したうえで、手話の再生産という観点から見た場合には、寄宿舎がかつてほどには手話継承の場として機能しなくなっている点は危惧される。

13　ろう学校と知的障害支援学校が併設されているようなケースでは、ろう児の在籍数のみを調べることができないため、ろう学校単体で存在する86校分の在籍数である。

14　中野（2001）。

15　ただし、本来は手話環境が整っているべき、ろう学校でさえも、十分に環境整備されているわけではなく、課題も多い。詳しくは、中島（2013）を参照。

16　筆者の勤務校では、このロールモデルの存在をいかすため、教員は、早期教育で訪れた保護者を中学部や高等部の、ろう児が活動している場所に意図的に連れていくような、日常的な工夫をおこなっている。

17　本稿執筆中に、大阪北部地震（2018年6月18日、午前7時58分）が発生した。勤務校の教員たちは登校中の子どもたちの安全確保のため、二つある最寄り駅に向かい対応した。ろう児たちを落ちつかせるための声かけや情報共有に手話が重要な役割を果たした。また翌日（19日）の登校時間にも震度3の余震が起きたため、同様の対応を取った。

18　日本手話のもつ、文構造・音韻面での特性や、日本語または日本語対応手話との違いについては、松岡（2015）、木村（2011）などを参照。

19　本研究のフィールドワークが対象とした地域においては、「使えんで」は否定形の意味ではなく、「使えるで」という意味になる。

20　オストハイダ（2011）。

21　中学校体育連盟主催の公式戦では、手話通訳者が派遣されていない。そのため、求めないかぎり開・閉会式は音声日本語だけで運営される。筆者は、公式戦のたびに手話通訳に立つようにしてきた。その結果、関係する地域校の教員の間で、ろう学校が参加する場合は手話通訳が必要だという認識が生まれ、開・閉会式で筆者が手話通訳することは当然視されるようになってきた。また、手話通訳付きの開・閉会式に慣れた教員の場合は、音声日本語を話すスピードを調整し、手話通訳と呼吸をあわせるような工夫も見られるようになっている。

22　二言語使用イメージの形成には、前提として手話を言語として認識することが必要となるが、手話とはジェスチャーや日本語を手指表現に置きかえたものという手話言語に対する誤った捉え方をしている聴児もいると考えられる。部活動を通して、ろう児と直接的なやり取りをおこなうことで、地域校の聴児たちは手話と接触し、視覚言語の使用者が音声言語の使用者とは異なった情報伝達のスタイルをもっていることに気づくことができるが、手話

が日本語とは異なる独自の言語であるという理論面での気づきにまでは至らない。言語としての手話という認識は、表4であげた接触場面以外に、ろう学校教員が地域校に出向いておこなう教員対象の研修会や生徒対象の出前授業のような場で広げていくことが別途必要となる。

23 実際に、筆者が朝鮮学校の教員や生徒から、言語としての手話についてたずねられた経験はない。むしろ、「聞こえないのに、ここまでできるのはすごい。」といったような、地域校の教員や生徒からしばしば示される、聴者から「聞く」能力を引き算することによって形作られる「聴覚障害児」像にもとづく発言が多い。

■参考文献

オストハイダ、テーヤ（2011）「言語意識とアコモデーション──『外国人』と『車いす使用者』の視座からみた『過剰適応』」、山下仁・渡辺学・高田博行（編）『言語意識と社会──ドイツの視点・日本の視点』三元社、9-36頁。

木村護郎クリストフ（2008）「言語的少数者の教育としてのろう教育」、佐々木倫子（編）『バイリンガルでろう児は育つ』生活書院、14-33頁。

木村晴美（2011）『日本手話と日本語対応手話（手指日本語）──間にある「深い谷」』生活書院。

木村晴美／市田泰弘（1995）「ろう文化宣言」『現代思想』23（3）、青土社、354-362頁。

全国ろう児をもつ親の会（2004）『ろう教育と言語権──ろう児の人権救済申立の全容』明石書店。

中島武史（2013）「聾学校におけるろう児と教師の関係性と低学力」、「社会言語学」刊行会（編）『社会言語学』ⅩⅢ、85-112頁。

中島武史（2015）「ろう教育における「やさしさ」の諸相──社会言語学の視点から見えるもの」、義永美央子／山下仁（編）『ことばの「やさしさ」とは何か──批判的社会言語学からのアプローチ』三元社、125-164頁。

中野聡子（2001）「インテグレーションのリアリティ」、金澤貴之（編）『聾教育の脱構築』明石書店、321-340頁。

日本の聴覚障害教育構想プロジェクト委員会（2005）『日本の聴覚障害教育構想プロジェクト最終報告書』全日本ろうあ連盟／ろう教育の明日を考える連絡協議会。

藤本裕人（2010）「聾学校における授業の形態」、国立特別支援教育総合研究所専門研究B『聾学校における授業とその評価に関する研究──手話活用を含めた指導法の改善と言語力・学力の向上を目指して』、35-43頁。

松岡和美（2015）『日本手話で学ぶ手話言語学の基礎』くろしお出版。

Kegl, Judy, Ann Senghas & Marie Coppola (1999) "Creation through Contact: Sign Language Emergence and Sign Language Change in Nicaragua", Michel DeGraff (ed.) *Language Creation and Language Change: Creolization, Diachrony, and Development*, Cambridge, MA: MIT Press, pp.179-237.

〈HP〉

文部科学省初等中等教育局特別支援教育課（2017）『特別支援教育資料（平成28年度）』http://www.mext.go.jp/a_menu/shotou/tokubetu/material/1386910.htm （2018.6.13現在）

〈書評〉

佐藤慎司／佐伯胖（編）

かかわることば
——参加し対話する教育・研究へのいざない

[評者] アレッサンドロ・マンテッリ

東京大学出版会、2017年
四六判、224頁

　本書の著者、編者である佐藤慎司の専門は教育人類学であり、現在はプリンストン大学東アジア研究学部で教鞭をとっている。もう一人の著者、編者である佐伯胖の専門は幼児教育であり、田園調布学園大学大学院人間学研究科で教鞭をとっている。本書は2014年にプリンストン大学で行われた同大学日本語教育フォーラムにおける佐伯の基調講演「かかわることば、かかわらない言葉」がきっかけとなっている。本書は、ことばの教育に携わる人、幼児教育や芸術教育など広義の「ことば」と教育に携わる人を想定読者として、「ことばとは何か、ことばで人とかかわるとは一体どんな営みなのか」〈i, かっこ内の数字はページをさす。以下同じ〉見つめ直すことを目的に編まれた。執筆者の専門は言語学、国語科教育、英語教育、教育人類学、幼児教育等多岐にわたる。よってこの本は言語学に関わるものだけでなく、人と関わる「社会」全体へのアクションと言える。

　本書では、ことばを、「身体性、イメージ性、全体性を大切にした「ことば」」と「厳密で論理的で分析的な思考の媒体としての「言葉」」とに区別し、前者を「かかわることば」、後者を「かかわらない言葉」と区別している。本書執筆の前提として「ことば」／「言葉」を意識して当たったというが、佐伯自身も言うとおり、実際のところ両者は複雑に絡み合っており、「その複雑さと豊かさを味わいながら」、両者について「原点から考え直すきっかけとなることを願っている」として、本書の結びのことばとしている〈214〉。

　本書は3部、全7章からなっている。以下、評者の感慨を交えながら、まずは全体の構成について述べる。

■序章「ことばとは？　ことばの教育とは？（ことばで人にかかわろうとするみなさんに伝えたいこと）」／佐藤慎司

　本章には「ことばで人にかかわろうとするみなさんに伝えたいこと」という、編者によるタイトルが添えられている。全章に付けられたこの「スーパータイトル」は、「一層読者と「かかわれる」」〈17〉ための試みだという。以下、タイトルのうしろに（　）で示す。

　まず、序章の前提として「言語」と「ことば」の違いについて述べている。「言語」は一見すると人と人をつなぐという特徴があるように思われるが、人と人を分断する役割も果たす。一方で「ことば」は常に他者とのやりとりの中にある。佐藤はここで大野英子の障害児教育について言及している。新しい担任教師が児童に関心を持たなかったこと、そこで児童の成長が止まってしまったことは障害児教育だけでなく、どの教育に関しても想像できることではないだろうか。序章から評者は教育という仕事の可能性と同時に怖さを覚えた。

■1章「かかわることば、かかわらない言葉（人間の発達をかきなおす）」／佐伯胖

　第1章では佐伯胖が、ウィマーとパーナーの「誤信念課題」、ピアジェの「三つ山問題」を取り上げる。教育学を専攻する者なら誰でも常識として知っている研究であるが、その後の研究で、子どもの興味関心に合わせた課題を与えると違う結果になること、人間は生後すぐから二人称的なかかわりを求めていることを述べている。共同注視とは正に序章の大野英子のエッセーで書かれた教育実践の姿ではないだろうか。評者も初めての海外生活や自身の子育てを通じてこのような経験があり、納得するところがあった。

■2章「絵の中で豊かにしゃべり始めた子どもの「ことば」（かかわりからはじまるこどものことば、アートのことば）」／刑部育子

　第2章では、刑部育子が幼児教育と発達心理学の立場から、A子という幼稚園児が絵を通して周囲と関わる姿を紹介している。A子がただ絵を描いていた時、その絵は動き出すことがない「かかわらない言葉」であった。しかし、周囲がその絵に関心を持ち、訴えを聴くことで、絵は「かかわることば」に変わり、A子も成長していくのである。第2章を読んでから、読者は自分を取り巻く様々なものが「かかわることば」として存在していることに気付くだろう。

■3章「文字や表記システムと社会的実践としてかかわる（言語だけでなく色・かたち・デザインも語る）」／奥泉香

　第3章は、前章までの発達心理の観点から離れ、奥泉香が国語教育の観点から、文字や表記システムと社会とのかかわりについて述べている。身近な雑誌記事（9つのテキストが5色、大小の文字、縦書き横書きで配置されている）を例に挙

げ、かかわりの観点を次の三つに整理している。一つ目は縦書きと横書き、異なる文字色を混用するなどのテクストそのもの。二つ目は現代社会で私達が共有しているメンバーズ・リソース。三つ目はテクストを取り巻く社会である。従来の国語教育は教科書が中心であったが、今後はこの三つの観点を意識し、新たな学習材の可能性を考えていくことができる。

■4章「越境する「私たち」と教育のフィールドワーク――対話的オートエスノグラフィーの試み（ことばでエスノグラフィーを書くこと、自己を振り返ること）」／井本由紀・徳永智子

　第4章では、社会人類学・教育人類学を専門とする井本由紀と教育社会学・教育人類学を専門とする徳永智子が、ことばで自己を振り返る試み、オートエスノグラフィーについて大変興味深い報告をしている。二人は海外と日本を越境し、学生から教師、研究者へと立場を変えていくうちに、科学的な現実の追求から、地域コミュニティに根差し、活動していく視点を得た。これは研究が研究で終わってしまわずに、教育の現場に生かされるという価値のある報告である。また、経験を文章化していくことの難しさについて挙げているが、文章だけではなく、絵、音楽、写真、演技、散文など他の媒体での表現もあり得るという。

■5章「授業を演劇化する「教える技術」――英語教育者は学習者とどう向き合うのか（教師が生徒一人ひとりに向き合うことばを考える）」／仲潔

　第5章では、批判的応用言語学、英語教育を専門とする仲潔が、教える技術の危うさについて述べている。よい授業をする為に、学生から期待されている発言を導き出す為に、教師は授業で自然に生まれるはずの対話を失いがちである。しかし、この章では授業の演技性の批判に終わるだけでなく、演技的な授業をどう生かしていくかという可能性についても述べている。著者の今後の活動が気になる章であった。

■6章「社会・コミュニティ参加をめざすことばの教育（ことばで出会う、ことばで変わる）」／佐藤慎司・熊谷由理

　第6章では、佐藤慎司と外国語教育学と批判的応用言語学を専門とする熊谷由理が、従来の外国語教育における「言葉」と「ことば」の扱われ方と今後の可能性について述べている。社会・コミュニティ参加をめざすことばの教育をアメリカでの実践例として報告している。コミュニティ参加はただルールに従うことではなく、批判的な視点をもちコミュニティをよりよく変えていくこと、生きていくことそのものだという。

■7章「言語・文化・アイデンティティの壁を越えて――ともに生きる社会のための対話環境づくりへ（排除のことばを越えることばをもとめて）」／細川英雄

第7章では、言語文化教育学、日本語教育を専門とする細川英雄が、ともに生きる社会のための対話について述べている。ここではドイツからきた留学生が、日本人女性のイメージをステレオタイプとして持っていたが、一人の日本人女性にインタビューし、対話することで、そのステレオタイプを捨て、彼女自身も変容していく様子が報告されている。細川はことばの教育の最終目的が言語習得に終わるのではなく、ことばを使って個人の市民性を形成していくことだと述べている。

　本書は、教育の現場に立つ人間がそれぞれの立場から、かかわることば・かかわらない言葉について、事例を豊富にあげており、大変分かりやすかった。評者自身日本語教育に携わり、また日本での外国語の授業を多く見てきて、特に第5章は興味深いものであった。日本では教員は日々研修を受け、研修の成果を公開授業で発表する。よく練られた授業案には予想される学生の活動が書かれ、それを誘導するべく授業は進められる。学生は空気を読み、期待された活動をするようになる。仲潔は中学校の英語教育の現場で、次のような出来事があったことを述べている。学習者は「学校に行けないネパールの少年たちのために何ができるか」というテーマについて英語で書くタスクが与えられた。そして与えられた文型を使って、自分の意見を伝えるように求められた。ここで学習者が「今日のポイント」〈148〉である文型に単語を機械的にあてはめることがよい授業として評価されがちである。しかし自由対話が尊重されたならば、学校生活に悩んでいる学習者がいたとすれば、心の中では「ネパールの少年たちは、学校に行かなくてよいのだから、うらやましい」という意見も出たであろう〈150〉。
　いわゆる「よい授業」としては、その日の授業目標「与えられた英語構文を使って英文を書くこと」は達成されるかもしれないが、学習指導要領にある、積極的にコミュニケーションを図ろうとする態度の育成、つまり自分の考えを相手に伝えることには到達しないことは明白であり、矛盾することになる。
　これは第7章の細川の事例にも繋がっていく。インタビュアーは対話相手から、自分が予想していた人物像を引き出すことはできなかった。しかし、インタビュアーと個人レベルでの対話をすることで、自分自身についての気付きを持つようになるのである。細川は、知識も経験もまったくない言語を用いてもこういった経験が得られるのか、教室場面においても可能なのかという、しばしばなされる質問に対して、「ことばによる活動実践そのものを、個人の生活と分かちがたい混沌とした「全体」として、そのことばを自分のものとして身につけることができるような環境設定が重要」〈204〉だと答える。そして、こうしたときに出てく

るのは、「五〇人のクラスで、そんなことをするのは不可能だとか、教材があるのでそれに従うしかないというような意見である。そこには、現実を疑う「なぜ」が存在しない」〈204〉と述べている。これは教育現場に立つ者の正直な意見である。実際に評者の学生達は、日本語の文章を読む際に単語レベルでのつまずきがあり、それを一つ一つ翻訳し読み進めることができたとしても、全体を理解するに至らないことが少なくない。そのような学習者相手に、対話を大切に、と思っても対応できない無力な自分がいる。しかしながら、教育に関わる者としてここで諦めずに「かかわることば」を常に意識していくことは大きな意味がある。

　課題の一つは、一見非効率に見えるこの教育観を教師間で共有していくことである。第2章で刑部が「こびりついた「言葉」のイメージからの脱却」〈67〉と述べているように、教師たちは本書に書かれたような実践とは違った教育観の下で教育を受けている。また一度組織に入ってしまうと、様々な制約があり、「かかわることば」の教育を実施していくことは容易ではない。それでも、私の属しているヴェネツィア大学アジア北アフリカ研究学科では、新たな動きが見え始めている。日本語を使って自分の考えを動画や新聞にして外部に発信する授業では、活動のテーマは生き方や価値観など正答のないものである。学生の日本語だけでなく、彼ら自身が成長していることがはっきりと見てとれる。また、100人を超えるようなクラスでは、授業だけでは個人の興味関心に触れることは難しいので、課題を与え、誤用添削よりも対話的なコメントが行われている。体制側はこのことを踏まえ、授業時間の枠を組み立て直す必要がある。

　もう一つの課題は、自己開示を得意とせず、従来の授業にこだわる学習者の存在である。しかしそれはどのような社会活動であっても見られる現象ではあるので、「かかわることば」を重視してはならないということにはならない。課題はいつでも教師側にあると言ってよいだろう。

　本書はこれから言語教育に関わる者だけでなく、人と関わる私達にとっては必読の書である。「かかわることば」が私達の生活の中に広く存在していることを考えること、教育だけでなく、政治や芸術など様々な分野の未来へのヒントになる。本書は幅広い分野の専門家がそれぞれのフィールドワークや事例のいくつかを挙げている分、深く掘り下げられていないという問題点もある。しかし、かかわることばを社会全体のものとしてとらえた、新しい価値観に気付かせてくれる世界地図と言えるだろう。

〈書評〉

言語人類学と文化人類学に関わる幾つかの宿題の断片的覚書、あるいはエイハーン『生きている言語』をめぐる徒然なる随想

［評者］渡邊 日日

1　はじめに

　ある文化人類学的観点からすると、言語は〈やっかいな〉対象である。この主張は、例えばフランツ・ボアズ（Franz Boas）が構想した、文化人類学（以下、人類学と略すこともあり）・言語学・考古学・形質人類学の統合形態としての「総合人類学（general anthropology）」を想起すれば、やや奇異に聞こえる。否、そもそも言語は、文化人類学の（少なくともこの伝統からすれば）〈真っ当な〉構成部品だったのではなかったのか。

　確かにそうである。しかし別の観点から考えれば、まことに言語は、文化人類学にとって〈やっかい〉で〈難儀な〉、できれば近寄りたくない対象だ。なぜか。最も原理的な次元で再論しておこう。人類学は社会学とならんで、政治を扱う政治学、経済を扱う経済学、法を扱う法学といったように自らの対象を自動的には規定しえないディシプリンである（人類についての学問とすれば、その広大な範囲ゆえ極めて得体の知れない、いかがわしい学ではないか）（拙著 2010: 26 以下; cf. 2007）。政治／経済／法……という系列と平行する形で政治学／経済学／法学……と立ち上がる学問ではなく、そのように社会分化した諸体系の間をつなぎ、関係を問い、あるいは統合して考えるような枠組として、近代人類学は生まれた。政治や経済、法や宗教などと同列に言語は扱えないだろう。社会分化論と紙の裏表の関係にある、（構造）機能主義の流れにある者はこのことに気付いていた。ブロニスワフ・マリノフスキ（Bronisław Malinowski）は自ら立ち上げた機能主義とは関係のない流れ（言語行為論的な流れ）のなかで言語人類学のプロトタイプ的部品を作ったし、アルフレッド・ラドクリフ＝ブラウン（Alfred

RADCLIFFE-BROWN）の方は直裁的に、「言語の一般的比較研究は、比較的独立した科学の分野として、効果的に進めることができる」、「言語学が、社会構造を参照することなしに、もっとも効果的に研究されうる社会人類学の分野である」と述べた（ラドクリフ＝ブラウン 1975: 271, 272）[1]。

　言語が〈やっかい〉な対象にすぎないのであれば、人類学は〈君子危うきに近寄らず〉原則で対処すれば済む。しかし、真に〈やっかい〉なのは、無視できるかと言えばそうもいかず、真摯に対応しなければならない対象として言語が存在することである。様々な理由によるが、第一に、人類学者が民族誌家として調査地で収集するほとんどのデータが言語データであること。マリノフスキによるいわゆる「民族誌革命」の一つが現地の言語を習得し、それを使って調査することであったゆえ、近代科学としての人類学を標榜する者はこの原則を曲げる訳にはゆかぬだろう。第二に、構造主義、特にクロード・レヴィ＝ストロース（Claude LÉVI-STARUSS）の構造人類学が理論的達成として人類学の〈売りどころ〉であることは否定できず、彼の議論の理解に言語の――それがどういう言語観に基づくは議論の余地があるとはいえ――理解が不可欠であること。第三に、やや合州国独自の点だが、人類学が発展していった背景には移民国家アメリカが抱える現実的な問題への対処があり、移民やその子孫の学校での言語教育は、人類学者の〈食い扶持〉として、たとえそれが彼ら彼女らの〈専売特許〉でないにしても、重要な研究課題であったことなどである。

　では、現在、人類学にとって言語はどのような問いの対象となっているのか。ここでは、ある一冊の入門書を丁寧に紹介しつつ、それを〈絵筆〉にして、考えるところ、考えるべきところを点描していきたい。

1.1　『生きている言語』および著者について

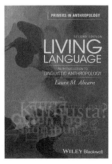

Wiley-Blackwell, 2017
Size: 227×150mm, Pages: 392

　ローラ・M・エイハーン（Laura M. AHEARN）の『生きている言語――言語人類学入門 第二版』（AHEARN 2017）[2]は、言語に対してとりわけ煮え切らない態度をとっている人類学者、人類学専攻に進んだばかりの学部生・院生こそ求めている読者であろう。本書は「ブラックウェル人類学入門（Blackwell Primers in Anthropology）」のシリーズの一冊で[3]、できるだけジャルゴン・フリーで書かれており、例えば「音素」という術語に触れただけで震え始めて

しまう人にも十分薦められる。やや先走って言ってしまえば、このような長所は、同時に短所でもある。言語に一定以上の関心を有し、突っ込んで考えたい人には物足りない。各章の末尾に〈さらなる学習のための推薦文献リスト〉があれば便利であったろう。

著者のエイハーンは1962年生まれ、現在、ラトガース大学教養研究科女性・ジェンダー研究学科准教授。ネパールで「平和部隊（Peace Corps）」の一員として英語の教員をしながら長期のフィールドワークに携わり、その成果である民族誌『愛への招待状――ネパールにおけるリテラシー・恋文・社会変化』(AHEARN 2001a) はその功績から2002年、言語人類学学会エドワード・サピア記念賞を受けている。なお、YouTubeで著者自身による研究関心の解説の動画が観られる[4]。

2　『生きている言語』の内容

本書は三部構成で、主として全13章および註、索引から成り立っている。

「前書き」で、言語人類学は、アメリカ人類学では伝統的に、考古学・形質人類学・文化人類学と並ぶ四つの下位分野の一つであり、重要なものと見なされているが、しかしそうした伝統に縛られない叙述を試みる、と宣言される。現在、アメリカにしてもこの四つの構成案による人類学的知識の在り方はマイナーであろう。だからこそ著者は、「この本を書く私の重要な目的の一つは、下位分野の他の人類学者、特に文化人類学者に対して、『ホーム』の下位分野と同じくらい、言語人類学の素養を身につけておくと有利だと言い聞かせることである」〈xii, かっこ内の数字はページをさす。以下同じ〉と述べるのだが、このスタンスは私も深く共有する。

「謝辞」に関して一つ言えば、大学院時代に影響を強く受けた人物の一人としてシェリー・オートナー（Sherry B. ORTNER）の名前が挙げられているのは興味深い。概念や理論の説明に長けているエイハーンの側面（後述）は、好著『1960年代以降の人類学』(ORTNER 1984) の著者オートナーの薫陶に依っているのかもしれない。

第一部には五つの章が収められている。■第一章「社会性が課せられている言語の生」では言語人類学が言語をどう見るか、その基本的な視座が示される。ミハイル・バフチン（Mikhail M. BAKHTIN）の言い回し、「言葉は社会的に課せられた生を生きている」[5]をエピグラフにして、また幾つかのエピソードを背景にして語られるのは、言語は社会的存在であるのみならず、社会のほうも言語に負っ

ているという二面性である。「言語は本質的に社会的である」という立場を基本とする言語人類学からすれば、それぞれ違ったやり方とはいえ形式的法則の組み合わせでもってのみ言語を説明しようとする、ソシュールやチョムスキーの「還元主義（reductionism）」⟨8⟩は、言語の一面しか見ていないものとなる。

ここまで述べられたあと第一節になり、言語研究の基本的な五つの領域（音韻論、形態論、統語論、意味論、語用論）が紹介され、前者三つが言語学者の関わる領域、後者二つが言語人類学者の関わる領域とされる（この〈棲み分け〉には言語学者から多くの反論を呼び起こすだろう）。第二節では、世界における言語の多様性（例として人称代名詞、双数、証拠性［evidentiality］、アスペクトなど）が紹介される。第三節では、言語人類学における古典的な民族誌が六名分紹介される。その六名とはキース・バッソ（Keith BASSO）、マージョリー・グッドウィン（Marjorie H. GOODWIN）、ボニー・アーチウォーリ（Bonnie URCIUOLI）、アレッサンドロ・デュランティ（Alessandro DURANTI）、キャスリーン・ウーラード（Kathryn A. WOOLARD）、ジェームズ・ウィルス（James M. WILCE）である。最後の節では、言語人類学全体を貫く基本的主要概念が四つ——多機能性（multifunctionalism; ロマーン・ヤーコブソン［Roman JAKOBSON］のモデルによる）、言語イデオロギー（主にポール・クロスクリティ［Paul KROSKRITY］のまとめによる）[6]、実践（主にピエール・ブルデュー［Pierre BOURDIEU］のハビトゥス概念による）、指標性（indexicality; チャールズ・パース［Charles S. PEIRCE］の記号論の枠組による）——が導入される。今後、本書全体でこの〈概念の四天王〉が随時、召喚されることになる。

■第二章「ジェスチャー・手話・マルチモダリティ」では、第一節と第二節でバフチンの「二つの声を伴うことば（double-voiced discourse）」とアーヴィング・ゴッフマン（Erving GOFFMAN）の「参加（participation）」概念が導かれる。とりわけゴッフマン（特に『語りの諸形式（Forms of Talk）』の「立脚点（Footing）」論文）が言う「語り手（Animator）」／「（発話されることばの）作り手（Author）」／「意見の持ち主（Principal）」の区別が重要なのも、会話の参加者は、直接話法が用いられる場を想像すれば分かるように、実際にその場にいる人間だけではなく、その人が立脚している（foot）点（人やそのことば）全てでもあるからだ[7]。第三節で、会話分析の代表的ツールとしてエスノメソドロジーについて紹介され、言語人類学の側からの会話分析への不満（例えば、会話の文脈を広く捉える視座がないなど）がいくつか述べられる。第四節では、ジェスチャーなど身体的所作を伴うコミュニケーション形式についてまとめられる。ここで著者は、語られたことば／語られないものとしてのジェスチャーというよ

うに発想し、後者を分析上軽視することのデメリットを深く認識するべきだと言う。例えば手の〈何気ない〉動きにしても、その動かし方によっては、いま自分が話していることは冗談だから真面目に受けとる必要はないと示す、メタ・コミュニケーション的に重要な機能を果たすだろう。第五節では、「手話は『ちゃんとした（real）』言語ではない」といった、手話をめぐる「神話」が撃破されたのち、最後の第六節で詩的言語について、あるいは——会話分析などでは付属物扱いの——（会話の最中の）モノや書き物・イラストなどについて、その記号的モダリティー（semantic modality）の重要性が論じられる。そして、「言語は、多機能的であるのみならず、ヤコブソンが思い出させてくれるように、マルチモーダルでもある」〈50〉という結語で締めくくられる。なお、このあたりについては後ほど議論する。

　誤解を招きようのないタイトルの■第三章「言語人類学での調査過程」では、言語人類学の調査方法が概観される。第一節で、言語人類学と文化人類学との〈非対照性〉がここでも確認される。言語人類学者は文化人類学の手法をよく借りるのに対し、逆はそうでもない、と。この主張が成りたつには、両者の間にかなり明確な調査手法上の違いが前提としてあってのことだろう。調査の過程で言語的側面に好奇心を持ちはじめ、それを詳しく問いはじめ、一定の成果を得たとき、言語人類学者になるのだと言える。第二節で、言語人類学上、リサーチ・クエスチョンはたくさんある、と、ある意味、身もふたもないことを述べたあと、著者は、調査手法（参与観察、インタビュー、質問票調査、自然発生的会話の収集、実験的手法、マッチドガイズ法［matched guise test］、書かれたテクストの収集）を列挙する。

　この実験的手法とマッチドガイズ法は、社会言語学者には知られたものだが、多くの文化人類学者には馴染みがないかもしれぬ。ここで言われる実験的手法とは、言語間で認知が異なる可能性を考えて被験者に行うものや、幼児の言語習得の研究に際して行われるものなどが想定されている。マッチドガイズ法とは、著者の把握に沿えば、多言語・多民族・多人種状況での言語イデオロギーを解明する手法として相応しいものである。例えば、アフリカ系アメリカ英語と標準的アメリカ英語を自由にコードスイッチできる調査協力者四名を集め、それぞれに同一内容のパッセージをその二つの言語で読んでもらい、それを録音する。八つの録音素材が集まるわけだが、四名が読んだとは言わずに被験者に聴かせ、例えばどの素材が最も知的に響いたかを回答してもらう。こうすることで、被験者がどのように「言語的プロファイリング」を行っているか、どういう話し方を社会的にプレスティージが高いとか教養あると思っているかなど、要するに被験者の

「無意識的な言語イデオロギー」〈61〉を暴くことができる、という。なお、参与観察とインタビューについては後ほど考察の対象としたい。

　第三節では、言語人類学者がどのようにフィールドデータを分析するかが紹介される。いかなる調査・研究でも調査者の解釈が、調査時のバイアスや誤解を避けるためにも、また、妥当な結論を導くためにも含まれることになると主張されるが、このことは文化人類学どころか、経験諸科学一般にも言えることではある。最後の第四節で、言語人類学者が直面する倫理的問題について触れられるが、著者自身、言語人類学に特有の次元はないと言うので〈68〉、まとめは不要であろう。

　■第四章「言語獲得と社会化」では、幼児の言語獲得の仕方の多様性について、三点に対して基礎的な考察が加えられる。第一節で扱われる一つ目は言語学習はどこまで文化的要因に影響を受けるかについてである。これは、言うまでもなくチョムスキー派の立論、すなわち、言語とは幼児が主体的に学ぶものではなく、一定の刺激を受ければ自動的に幼児の中で習得過程が起動するものだという議論をいわば仮想敵においた話である。言語人類学のスタンス——この場合は、主にエリノア・オックス（Elinor Ochs）とバンビ・シッフェリン（Bambi Schieffelin）の研究に即して——は、言語獲得と社会化の過程は紙の裏表だ、というものだ。オックスの研究によれば、チョムスキー的議論では、東サモアでなぜ能格（後述）の習得が遅れるのかが説明できない。第二節では、「三千万語ギャップ」論に対する言語人類学者の応答・批判が紹介される。

　第三節で論じられる二つ目は、多言語状況での言語習得に関してだ。多言語状況で言語を習得すること、特に、一つの有力な言語のみ習得することになって、それ以前に使用されていた言語（たいていは少数言語）が使用されなくなる言語交替がここで議論される。パプア・ニューギニアの村で現地語のタイアプ（Taiap）語が衰退し、トク（Tok）・ピジンに交替する経緯に関するドン・クーリック（Don Kulick）の民族誌的研究に依拠しつつ、著者は言語交替の背景に、先住民のキリスト教化と現地観念の変化を誘因とした親世代の言語実践の変容を見る。

　三番目に著者が第四節で取りくむのは、言語の習得はいつ終わるのか、言語獲得をどういうスパンで考えるべきなのかという問いである。ニューヨークのハシッド系ユダヤ教徒女性の生（アヤラ・フェーダー［Ayala Fader］の研究）、アメリカのロースクールでの法律家育成の過程（エリザベス・メルツ［Elizabeth Mertz］の研究）、アフリカ系アメリカ人ヘア・スタイリストの職業的会話技術（ラニータ・ヤコブス＝フェイ［Lanita Jacobs-Huey］の研究）の事例に従いつつ著者は、新しい言語実践——例えば、法律家が法律や判例に基づいて相手と論

争する手法を学ぶなど——を身につけることで別の社会的存在になり、また新しい存在としてその言語を洗練していくという、言語獲得と社会化の同時平行性を示す。

■第五章「言語、思考、文化」は、そのタイトルから、「サピア＝ウォーフ仮説」——本人らが明確な綱領的主張をしたわけではないが、なんとなく理解されているところの、多くは単純化や誤解を含む意味で括弧付きとするのが通例——についての批判的注釈の章だろうと思わせるが、良くも悪くもその予想通りだ。まず、言語と文化・思考の関係について、言語人類学者の多くは、言語が文化・思考に傾向性を与えるもの（predispositonal）と考える（決定するもの［determinative］としてではなく）、としたのち〈88f.〉、第一節で簡潔に言語相対論の古典（ボアズ、エドワード・サピア［Edward SAPIR］、ベンジャミン・ウォーフ［Benjamin L. WHORF］）についてまとめられる。第二節では、「言語が思考を決定する」という「サピア＝ウォーフ仮説」の神話が解体され、その代わり、もう一つの要素として「文化」が付け加えられ、言語と文化と思考が互いに影響を与えるという表現に改められる。もっともこれでは、〈さもありなん〉的な議論である。著者もそのことを理解するがゆえに、もう少し実証的な研究の方向性について、ここ20年くらいのスパンで研究成果を概観しようとする。

第三節で、言語相対論の著作で有名なジョン・ルーシー（John LUCY）の整理に則って、言語一般・言語構造（例えば文法範疇）・言語使用（特に語る実践［habits of speaking］）それぞれが思考に及ぼす影響を吟味する方向が確認される。第四節では、その方向性に従ってまず言語一般レベルでの研究が主に二つの次元でまとめられる。一つは、動物が記号を用いたコミュニケーションを発達させており、音素に近い原理を析出することも不可能ではないが、文を新たに生みだす能力などではるかに人間には及ばない、ということである。二つ目は、耳の聞こえない幼児が手話言語を教えられない場合、「心の理論（theory of mind）」[8]の発達に遅れを見せるということである。「心の理論」を検討する際の「誤信念問題（a false-belief task）」論自体に問題がない訳ではないが、著者としては、複雑なシンタクスを展開する力の獲得を重視して人間特有のコミュニケーション能力を見ようとする。

第五節では、まず〈エスキモーの人たちはたくさん雪に関する語彙を持っています〉神話（〈それゆえ様々な雪について知覚したり考えたりできます〉、つまり、語彙が思考を決定するという神話）が退けられたのち、有益な研究領域として意味論的分野と文法範疇の二つが挙げられる。意味論的分野として著者は、ブレント・バーリン（Brent BERLIN）とポール・ケイ（Paul KAY）の著名な色彩研究

を検討する[9]。彼らの主張は、世界の諸言語に通底する普遍的特徴を指摘した点が真骨頂だったが、後に相対性を認める余地を多くしたものになったという。言語が色彩の知覚に影響を及ぼすことがありうるのは確かだろう。

次に空間について三点、説明される。(1)空間における位置を相対的に言及する言語と、絶対的に言及する言語とでは、空間の認識に差が生じるという、スティーヴン・レヴィンソン（Steven LEVINSON）の空間言及（reference）論。例えば「君の後ろに犬がいるよ」と表現するタイプの言語の使用者と、「君の北の方角に犬がいるよ」と表現するタイプの言語の使用者では、動物の玩具を使った実験が示唆するように、空間の知覚や空間への働きかけが異なる。(2)英語と韓国朝鮮語では、動きの内容に関して区別が異なるという議論（英語ではin/onの区別は、「中に」［内部］か「上に」［接触］かによるが、韓国朝鮮語でのkkita/nehtaの区別は、「詰まった状態で」か「緩い状態で」かによる[10]）。(3)名詞の単数複数の弁別が、名詞が言及するモノの認識の違い（関心を寄せるのはモノの形状か、それとも材質か）と関連するというルーシーの議論、である。

第六節の言語使用論では、リテラシー研究の古典的前提――リテラシーある集団とない集団とのあいだに「認知的分水嶺（a cognitive divide）」を置く立論――の乗り越えが意図される。リベリアのヴァイ人でのシルヴィア・スクリブナー（Sylvia SCRIBNER）とマイケル・コール（Michael COLE）の研究が示すように、様々なリテラシーがそれぞれ特有の社会的実践に埋め込まれているのであって、ある／なしの立論は皮相だと論じられていく。

結語の第七節で著者はこう問う。本章は言語が思考や文化に与える影響を扱ってきたが、文化が言語を規定するとするダニエル・エヴェレット（Daniel EVERETT）の主張はどうか、と。アマゾンのピダハン語の調査からエヴェレットは、例えば具象的なことしか関心を寄せない世界観が、数や色彩などの語彙を欠落させたと主張したが（エヴェレット 2012）、これは言語・思考・文化が相互構成的にあるとする言語人類学の成果を無視したものだ。とはいえ、この三者の関係を問うこと自体は重要であり続ける、として、本章は締めくくられる。

■第六章「言語使用者たちの様々な共同体」[11]の第一節では、ことば共同体（speech community）概念の定義上の問題が急ぎ足で列挙されたあと（どの規模の共同体か、からはじまり、ことば［speech］というのならば手話言語は含まれるのか、どういう相互作用を想定するのか、などなど）、学説史がプレイバックされる。デル・ハイムズ（Dell HYMES）、ジョン・ガンパーズ（John GUMPERZ）、ウィリアム・ラボフ（William LABOV）の今となっては古典的立論が確認されるが、著者が強調する要点は、特に後者二名は、ことば共同体を均質

的集団とは捉えず、言語や言語実践の様々な差異を内に含みつつ、しかしその差異に関する評価付けは共有されるものとして考えた、ということである。第二節では、ことば共同体概念の改善策として、そうした共有の度合いを疑問視しながらオットー・サンタ＝アナ（Otto SANTA ANA）とクローディア・パロディ（Claudia PARODÍ）が考案した「ことば共同体の入れ子状の布置」論、言語実践の共有プールとしてメディア（事例でいえばザンビアにおけるラジオ番組）を捉えるデブラ・スピチュルニク（Debra SPITULNIK）の民族誌的考察が紹介される。

第三節では、概念の〈カイゼン〉というよりは、〈事故が起こるのならば他の概念に替えてしまえ〉派の立論が三つ、まとめられる。一つは、ジーン・ジャクソン（Jean JACKSON）がアマゾンの「言語外婚」集団での調査から打ち出した、言語使用に関する知識が共有される領域として「ことば圏域（a speech area）」が、個々の「実際の様々なことば共同体（actual speech communities）」を包摂する、という見方。二つ目は、レスリー・ミルロイ（Lesley MILROY）の社会ネットワーク分析である。そこでは、言語使用者間の結び付きの強さ／弱さ、多重か／一重か[12]、多いか少ないかが着目され、少数言語はネットワークが強く、多重で、多いときほど維持されやすい、という話になる。そして最後の三番目が、ことば共同体概念に代わる最有力候補として著者がみなす、ジーン・レイヴ（Jean LAVE）とエティエンヌ・ウェンガー（Etienne WANGER）の「実践共同体」論である。この概念を、ペネロピ・イッカート（Penelope ECKERT）とサリー・マコンネル＝ジネット（Sally MCCONNELL-GINET）が、社会的相互作用のなかで言語が獲得されるとする議論の有力株として、ミシガンの高校での二つの生徒集団の調査を通じて言語人類学に導入した。メアリー・ブコールツ（Mary BUCHOLTZ）によるアメリカ青年オタク（nerds）の研究にも言えることだが、年齢や性別、階級などを不変的な所与として考察を行なうのではなく、実践共同体で相互作用が進行するなか、そうした諸変数が生成・維持・変形されるダイナミズムを分析することが大切だという。

■第七章「多言語主義とグローバリゼーション」の始まりは、やや不思議な感覚を起こさせる。著者に所縁のあるニュージャージー中部の、様々な背景（移民の、聴覚障害の、など）を持った多言語使用者のエピソードが紹介される。私としては、この種の知識は言語・文化人類学に関心を持つ者にとってあまりに〈初期設定〉的かと思い、冗長さすら感じたが、意外にもそうでないということか。

言語と「方言」の違い（のなさ）、世界のどの国も多言語的であること、人類の半分以上が多言語使用者であることなどが指摘されたのち、第一節では、多言語状況では言語実践が社会関係を指標することが、特にその言語間にハイアラー

キーな関係が存在する場合、様々な意味で目立つものになると主張される。次にチャールズ・ファーガソン（Charles Ferguson）の「ダイグロシア（diglossia）」の古典的定義が確認され、定義がのちに拡張されながらも、諸言語が社会的諸領域において「コンパートメント化（compartmentalization）」〈146〉している、という最大公約数的な考えは変わっていない、と著者は見る。

興味深いのは、著者がコードスイッチの立論を高く評価する件である。「言語人類学者にとってコードスイッチは、第一章で概略した、このディシプリンの四つの主要概念全てを検討するのに理想的なテーマである」〈146〉。スイッチには様々な機能があり（多機能性）、その実践でもって特定の社会関係を指標し、そうした指標性により言語イデオロギーが補強され、また言語イデオロギーがスイッチという実践に影響を及ぼすからである、と。

なお、スイッチの議論においては、どういうレベルでの交替でもって（文単位か、語単位か、など）スイッチを考えて良いのか、という課題がつきまとう。そこで著者は、ピーター・アワー（Peter Auer）の〈連続性〉論——一方の極に「コードスイッチ」（複数の言語間でのスイッチが意味あるものとされ、社会性を指標する）があり、中間に「言語ミックス」（指標性は生じない）、そして他方の極に複数の言語的特徴が合体して不可分となった「融合変種（fused lects）」があるという主張——を紹介する。

<u>第二節</u>で、著者はバフチンの「異言語混淆（heteroglossia）」論を挿入し、そこにすでに指標性の議論が読み取れると述べる。とりわけ言語の「求心力」と「遠心力」の議論は、言語が持ちうる種々の力（グローバリゼーションにおける英語の趨勢など）を明らかにするものだとしてバフチンを高く評価する。また、グローバリゼーションにより、言語イデオロギーが国民国家を超えて展開する現象も生じており（難民申請者の言語使用の実態と移民政策の担当者の言語イデオロギーとの悲劇的な乖離など）、マクロ・ミクロの双方のレベルで言語政治が働く有様を注意深く観察しなければならないという。

■第八章「リテラシーの実践」のタイトルからして著者のスタンス——個々の具体的な言語実践のなかにリテラシーは埋め込まれているとする立場——は明らかであろう。まずは、言語人類学者がリテラシーを研究することは少なく、口頭表現（orality）に着目することが多かったと確認され、両者を峻別して排他的に考えるのではなく、場面ごとに独特の仕方で混在すると見なすべきだ、と説かれる。

<u>第一節</u>では、シーリー・ヒース（Shirley B. Heath）の「リテラシー場面（literacy events）」概念と、デイヴィッド・バートン（David Barton）とメリー・ハミルトン（Mary Hamilton）の「リテラシー実践（literacy practices）」概念

との違いに留意しながらも、二者択一に考えるのではなく、両者を相互規定的に捉えるべきだと、著者自身のフィールドデータ（読み書きを覚えたネパールの若い女性が、手紙を書いて両親による取り決め婚に抵抗する例）をもとに主張する。

第二節では、ジャック・グディ（Jack GODDY）やウォルター・オング（Walter ONG）の「リテラシーの自動モデル（"autonomous" model of literacy）」——後述の状況派のブライアン・ストリート（Brian STREET）による批判的用語で、リテラシーが生じるとどの社会でも同じ結果が続くとする考え方——が紹介され、それに、「『イデオロギー』関係モデル（"ideological" model）」——文字社会に共通する普遍的な特徴などないとする考え方——が対置される。

第三節では、状況派のアプローチによる研究例が三点紹介される。一番目は、ヒースの、もはや古典と言ってもよい民族誌『言葉で色々なことをする仕方（*Ways with Words*）』（1983年）の骨格となった論文である。米国の三つの地域社会を舞台にして、白人とアフリカ系アメリカ人を横軸に、中産階級と労働者階級を縦軸にして解明されるのは、小学校に入ってからしばらくして顕著になる成績格差は、階級やエスニシティ（「人種」）に原因があるのではなく、就学以前に児童がテキスト（書かれたもの）とどう〈つきあっていたのか〉——文字を学ぶ環境に育ったか、文字さえ学べば良いと家庭内教育を単なる読み書きで終えてしまったか、あるいは、絵本の〈うさちゃん〉の気持ちを自らの言葉で語るようなことをしたか——その経験値による、という事実であった。このヒースの立論は、リテラシーの研究であると同時に口語表現の研究でもあり、両者の対立を超えるものという点としても秀逸な研究と言える。

二番目は、著者のネパールでのフィールド研究からで、男女間で識字率が異なるなか、女性は急速にリテラシーを身につけ、恋文を作成するなど新たな文化・社会的実践を繰り広げるが、同時に旧来の非平等的伝統が強化されたという。変容全体を複層的に見る必要があるということだろう。三番目は、グラハム・ジョーンズ（Graham JONES）とシーフェリンによるインスタント・メッセージの研究である。IMの使用者は、話すように・聞こえてくるように書くことで新たな言語観を求めているとのことだ。

第四節は著者のバランス感覚が特に発揮されたところである。実は「新リテラシー研究」（NLS: new literacy studies）派に人類学者はほとんどいないのだが、状況に根ざすという発想はそう新しいものではない。個別の状況の主張だけでは、理論化の営為を怠っていることになろうと述べ、先に進む際の道標として、対象とその置かれた文脈を拡大して捉えるアクターネットワーク理論と、知識と権力と主観性の絡み合いを問うポスト構造主義を挙げる。ただ私見では、著者がいう

NLSへの批判は民族誌全般にも当てはまることでもあり、それゆえ〈バランス感覚〉を評価できるのだが、他方で〈墓穴掘り〉から脱却する筋道を著者が十分に示したとは言いにくいのも確かである。

■第九章「パフォーマンス、行為遂行性、様々な共同体の構成」では、最初の三つの節で、行為（パフォーマンス）や行為遂行性（パフォーマティヴィティ）に関する三つの研究領域が概観され、最後の節で民族誌的研究の具体例が示される。下線第一節で検討されるのは、能力（competence）の対概念としての行為に関してである。両者を分けたうえで能力を言語研究の対象に据えたチョムスキーに対し、そもそも能力と行為を峻別すること自体、可能なのかとも問えるだろう、と著者は述べ、区別をなくさないにしても、能力には規則などを使用する能力も含まれるとしたハイムズの解釈を、妥当とする。

下線第二節「行為遂行性」は言語哲学者ジョン・オースティン（John L. Austin）を扱う。「私」という主語で始まり、「名付ける」、「命令する」などの行為遂行的動詞を伴って形成される行為遂行体（performatives）の議論は、ほとんど、「すべての発話は様々な形をとる社会的行動だ」〈180〉とする主張であり、この点において言語人類学者の発想と大きく重なる。彼の「発語行為（locutionary act)」・「発語内行為（illocutionary act）」・「発語媒介行為（perlocutionary act）」の分類論にしても、のちにジョン・サール（John R. Searle）が展開した五分類論にしても、言語実践が社会的行動を構成する有様への理解を深めたのは事実だが、著者は、ミシェル・ロザルド（Michelle Rosaldo）が指摘するイロンゴット人の発話の特徴（命令文が多い、自立した主体を世界観として持っていない、など）を引用しつつ、言語哲学者自身が抱えている言語イデオロギーへの洞察もまた要請されていると述べ、その一つの表れとしてジャック・デリダ（Jacques Derrida）の問題提起[13]を引く。本節の最後に、行為遂行性概念を魅力ある方向に展開させた人物として、行為されながら構築されるものとしてジェンダーを捉えるジュディス・バトラー（Judith Butler）の思想が紹介される。

下線第三節では、その日本語のカタカナ表現の意味に当たる、パフォーマンス（すなわち、観客の存在が前提される、言語表現を伴う技の披露）が論じられる。パフォーマンスの興味深いところは、著者によると、焦点化され、記憶に残りやすいパフォーマンスがどのように関連する集団をまとめあげていくかにあるという[14]。続く下線第四節では、グラハム・ジョーンズ（Graham Jones）とローレン・シュウィーダー（Lauren Shweder）による手品師の研究、ホセ・リモン（José Limón）のメキシコ系アメリカ人の性的ジョークの研究、およびネパールの（主に女性による）歌唱祭に関する著者の研究が紹介される。いかに出来事が「合図

(key)」によって「フレーム化（frame）」され、一定の手続きで経験・認知されつつも、何か新しいことがそこで生じていると聴衆＝参加者に思わせるような、「創発性（emergence）」が立ち上がってくる様子を精緻に分析しなければならない、と締めくくられる。

■第十章「言語とジェンダー」は、ネパールの女性を主な分析対象としてきた著者ならではの章とも言えよう。「女性は話好き」、「男性のほうが会話で攻撃的」といった「神話」が示されたあと、<u>第一節</u>で本テーマに関する基本了解が提示される。生物学的な性（sex）と文化的な性（gender）という理解はすでに時代遅れで、性（sex）にしても想像以上に幅がある概念であるゆえ文化的産物とも言える。エッカートとマコンネル＝ジネットの著作に従い、ジェンダー概念の四つの構成部品——学習されるもの、他者との協働作業によるもの、持つものではなく行為されるもの、男性（的文法範疇）が無標になっているなどの非対称性があること——が確認され、オックスの古典的論考に従って、言語上の性差的特徴がジェンダーを指標するにしてもそれは間接的である、とされる。

<u>第二節</u>では、男女間で話し方が異なるという説は巷にあふれているが、厳格な学術的な手続きによるものではないとされる。心理学者ジャネット・ハイド（Janet HYDE）の研究によれば、せいぜい違いは、言語的相互作用の際、女性のほうが微笑し、発話の交替が頻繁に見られるぐらいだという。また、グッドウィンの第一作、フィラデルフィアのアフリカ系アメリカ人児童を調査した『ああ言ったろ、こう言ったでしょ（He-Said-She-Said）』（1990年）でも、男児と女児とは異なる言語的世界にいるという話ではまったくなかった。ロサンジェルスの四年生から六年生までの女児を対象にした第二作『女児の隠れた生』（2006年）でも同様で、校庭をサッカー遊びで先に占拠した男児グループに対する言語的戦略において、女児でも十分に対抗的実践が観察されるという。協調性が認められた場合があったにしても、それは、女子高生の会話分析からエッカートが導き出したように、「協調的競争」である、と。女性が好むとされるゴシップ話にしても、デボラ・キャメロン（Deborah CAMERON）による、「マッチョ文化」を担う異性愛男性の会話の解析から見えてくるのは、本人の自己認識とは裏腹に「女性的」とされる話し方でもってその種の会話をしているというある種の矛盾であり、キラ・ホール（Kira HALL）の、サンフランシスコのテレフォン・セックスのオペレーターの会話分析から言えるのは、一見「女性らしく」顧客の男性に沿うような話し方をしているようでいて、しかし実はそうすることで会話の主導権を握っているという戦略である。

本章で仮想敵としてきた言語イデオロギーが北米中心のものかもしれないとい

う可能性を考え、著者は第三節で、できるだけ別地域の事例を引こうとする。まず、オックスのマダガスカルでの研究に基づき、北米や西欧とは異なる言語イデオロギーを考察する。マダガスカルでは逆に女性のほうが「直接的批判、交渉」の会話をする。ただそれゆえに、女性は衝突を避けることができない「子供じみた」存在とされてしまう、という。さらに著者は、パプア・ニューギニアの事例（クーリックの研究；怒りを表出する女性）と日本の事例（ミヤコ・イノウエ［Miyako INOUE / 井上美弥子］の、「女性日本語」の史的変遷の研究）も引き、様々な相互作用をそれ特有の文脈のなかで研究することの重要性を説く。最後の第四節では、会話の協調性や攻撃性といった男女間の言語実践の差異と見られがちな特徴の取り出し方自体恣意的、一面的だと指摘され、多様な視点から分析することの重要性が再度確認されて本章が締めくくられる。

　ステレオタイプに基づく言語実践が言語イデオロギーを強化し、それゆえステレオタイプが〈行為遂行されてしまう〉ことが多いという面で、前のジェンダーの章とこの■第十一章「言語、人種、エスニシティ」は連結している。第一節で、アメリカ人類学会の公式声明を引きながら人種概念に生物学的根拠はないと主張されるが、すぐに「人種」がないという議論になることはなく、社会範疇として存在しているという。人種概念——「人種化（racialization）」のほうが概念として実りあることもある——が何と結びつけられているかを検討すれば、人種範疇がいかに恣意的かは明白である（例えば、かつてスウェーデン人は「浅黒い」ため白人とは見なされなかった、など）。エスニシティもそういう意味での恣意的構築が免れ得ない点で人種と同様だが、著者は両者の違いの説明をアーチオーリの議論で代用する。すなわち、自然的術語でその起源を考えられてしまうのが人種で、文化的術語の場合はエスニシティである、と。

　第二節では、「できそこないの標準アメリカ英語」としてのアフリカ系アメリカ英語（AAE）という神話が徹底的に粉砕される。(1) 変化しないbe動詞（別名、慣習的be動詞）。AAEでは恒常性と一時性が文法的に区分される[15]。(2) 連辞（copula）が脱落する現象（"He at home" など）。ロシア語やヘブライ語などでも観察できる現象で、脱落というよりは法則に則ったものである。(3) 二重否定の多用。そもそも二重否定が非論理的というわけでもないだろう。(4) /ask/というところを /aks/ と発音するのも、然るべき規則に基づいたり発音上の特性があったりしてのことであって、無秩序なのではない。

　第三節では、エボニックス（Ebonics）論争が振り返られる。1996年、カリフォルニア、オークランド市教育委員会が連邦政府に助成金を申請するとき、アフリカ系生徒がエボニックスという言語を学校外で使用しており、教室で学ばれ、使

われる（べき）標準英語とそれが違いすぎるゆえ、学習効果が低いとした。つまりAAEは標準英語とは異なる言語だという論法でもって申請書を〈作文〉したわけだが、「劣った」言語としてのAAEというニュアンスが払拭されないことも手伝って大きな論争になったのだった。別の言語としてのエボニックスという主張は、エボニックスは英語の一つの方言なのかそれとも独立した一個の言語なのか、AAEの話し手には〈きちんと〉学校教育での習得対象として標準英語を教えるべきなのか、もしそうならどのように、と、多くの議論を引き起こした。著者は、言語か方言かを決める明確な基準なぞ（すでに本書で主張してきたように）存在しないと述べ、学業不振の原因は複合的であることに読者の注意を喚起する。

　第四節では、実際の言語使用で表れる人種主義について述べられる。まず、ジェーン・ヒル（Jane Hill）の研究に依拠して、映画に見られる「物まねスペイン語」は人種差別的であるか否かが論じられる。悪意がなくとも物まねは「非直接的指標性」（アーチウォーリ）を消し去ることはなく、ステレオタイプの再生産に寄与するだろう。次に、ヴァレンチナ・パグリアイ（Valentina Pagliai）がイタリアを舞台にして提起した、相手への同調から人種主義的会話へと発展してしまう「スパイラル効果」の議論や、ジョン・ボー（John Baugh）の、家主との電話のやりとりにおける「言語プロファイリング」（話し方で相手の「人種」を想定し、アパートの賃貸を断る、などの事例を考えよ）の分析が紹介される。

　人種的・エスニックなアイデンティティの問題が論じられるのが第五節である。相互作用のなかで意図的に自分のではない話し方をすることで自己呈示することもあれば、ある言語変種の使用がそのエスニック・アイデンティティを指標しないこともあり、実際の使用の現場で何が「なされているか（do）」〈253〉を注視することが不可欠だという。

　最終節で、人種やエスニシティが、ジェンダーや階級などの概念と結びつき、差異や不平等を複合的に作り上げていくものであるゆえ、その十分な解明が可能となるような長期の民族誌的調査が望ましいとされる。

　■第十二章「言語の死と再活性化」では、消滅した言語の最後の話者についてエピソードが引かれたのち、第一節で、世界の言語の状況が教科書的に概観される（エスノログによると2016年の時点で世界の言語数は7097、など）。言語の状況を〈診断〉する際の分類例として、マイケル・クラウス（Michael Krauss）の提案（安全言語／危機言語／死につつある言語／死んだ言語、絶滅言語という区分）が紹介される。記述のバランスの良さという点で特筆すべきなのは、言語の状況を「危機的」と〈診断〉し、そうした言語の数を提示することの是非についても著者が頁を割いて検討しているところである。〈診断〉語法が

言語を守ろうとしている人々自身を「疎外（alienating）」〈261〉してしまう可能性の指摘は重要だろう。

　第二節は言語の死の内実を問う。言語が死ぬとはどういうことなのか。著者はこの分野で著名なK・デイヴィッド・ハリソン（K. David HARRISON）の議論を引く[16]。すなわち、（特にその土地に根ざした環境の）知識の消滅、文化的遺産の消失、人間の認知能力を理解する試みの挫折である。続けて、類似した議論としてデイヴィッド・クリスタル（David CRYSTAL）（クリスタル2004）が参照されるが、著者は、言語の消滅を生物学的種の消滅とパラレルに論じることの是非を問う。種概念自体、問題含みなのではないか、危機言語・消滅言語を論じるときの言語イデオロギーをも問題化すべきなのではないか、という著者の指摘は肯ける。

　第三節で言語の死の原因が、第四節で逆に言語復興の成功例（ヘブライ語）がやや駆け足でまとめられ（駆け足にならざるを得ないのは、この分野の言語人類学者がほとんどいないからなのではないか、とも邪推させる）、最後には本書の〈概念四天王〉で本章がプレイバックされ、権力とエイジェンシーの問題系を扱う最終章へとバトンタッチされる。

　■第十三章「結語——言語、権力、エイジェンシー」は最後の結語にしては〈気合いの入った〉章であり、分量も相対的に長い。最初に、権力概念は本書の〈通奏低音〉であり、すでに何度も登場してきたことが個々の研究の回想モードで確認され、エイジェンシー概念の有効性が述べられる。ひとまず「社会文化的に調整される、行為する能力」と定義されたエイジェンシーは、「権力の本質的な一側面でありながら、権力への対立物（counterpart）」〈275〉なのであって、そうした二重性を諸般の言語的実践の脈絡のなかで解明することが重要だとされる。

　第一節では、言語人類学で効力を発揮してきた権力概念の背景にある三種の議論がまとめられる。第一項で、アントニオ・グラムシ（Antonio GRAMSCI）のヘゲモニー概念について、立役者レイモンド・ウィリアムズ（Raymond WILLIAMS）の主張に従って略述される。ヘゲモニーは、物理的抑圧によるのではなくむしろ「生きられるヘゲモニー（lived hegemony）」としてある以上、文化、なかでも言語の分析が、そこに変化の可能性が内蔵されているがゆえになおさら枢要であるという。第二項では、ミシェル・フーコー（Michel FOUCAULT）の立論が大急ぎで復習される。彼の統治性の概念は権力と自由を同時に把握するものであり、言語実践のなかにこそ権力は存立する、と。ただしミクロなレベルの言説にも注意すべきだと著者は言う。

　第三項は著者が最も腕によりをかけて説明する箇所であり、言語人類学の概説書として——さらに言えば、ブルデュー社会学の簡潔かつ明晰な説明としても

——最良の部分と言って良い。本書の〈概念四天王〉の一つ「実践」概念の多くはブルデューによっており、ここでは彼の二冊の書物（『実践理論素描』と『言語と象徴権力』）[17]を通して彼の思考が振り返られる。

『実践理論素描』で展開されるハビトゥス概念は、社会的行動が構造という名の環境によって「予め決められている（predetermined）」のではなく「予め傾向づけられている（predisposed）」〈280〉と考えるためのものであり、我々は環境を形成しつつ、環境によって整形される存在だという〈二面性〉が説明される。ただし、ブルデューはどちらかと言えば、「社会的再編ではなく社会的再生産を強調」〈ibid.〉するという。これは全く同感である。

ブルデューのハビトゥス論に対して著者は、〈相矛盾するかに見える〉二つの批判を紹介する。一つは、ブルデューは言語を十分に考察していないとするアシフ・アハ（Asif AGHA）の批判、もう一つは、ブルデューは身体を考察に組み入れていないとするブレンダ・ファーネル（Brenda FARNELL）の批判である。著者はブルデューの「身体的ヘクシス（body [bodily] hexis）」概念を引き、アハやファーネルの論はむしろブルデューの立論をより発展させるものだと論じていく。

次にエイハーンは、社会変化や社会不平等を説明するのに貴重な概念として「ドクサ（doxa）」を示す[18]。支配階級は社会的な（潜在的）争点を、当たり前のこととして、批判的言及を免れるドクサとして、そのままの状態に保とうとするか、「意見」の対象となったにしても現状維持の声、「オーソドクシー」として馴化しようとするだろう。しかしそれも不変であることはなく、現状に異を唱える声、「ヘテロドクシー」になることも十分にありうる。このように、権力関係の維持と再編をカバーする概念として、ドクサは、ある。

次に著者は『言語と象徴権力』に移り、「言語市場」・「言語資本」・「象徴的支配（暴力）」といった様々な概念集合を速攻で説明し、特定の話し方を習得することが「卓越化による利潤」を生み出し、被支配層も「誤認」して卓越化の論理を裏から補強してしまう、ある種のパラドクスを指摘する。ついでに政治と言語の関係という脈絡で、植民地主義における言語学（言語学者が植民地主義的言語イデオロギーのなかにいて、そこで言語学を実践してしまう、など）の一面にも触れられている。

ここから先、著者は、言語間の権力勾配や、権力関係の生成と同時に言語（間関係）に起こる変容について筆を進める。「言語識別（linguistic differentiation）」——「ある言語[19]を別の言語と異なったり対立したりすると見なすこと」〈288〉、例として、セルビア語とクロアチア語への分化など——に関するジュディス・アーヴィン（Judith IRVINE）とスーザン・ガル（Susan GAL）の著名な論文を引

き、言語識別で見られる三つの「記号過程」の特徴をまとめる。(1) 言語上の特徴がその使用者や使用集団の特徴と類似したものとして考えられる「類似記号化（Iconization）」（語彙が単純な、原始的な言語は、そのユーザーも原始的である、とされる）、(2)「次元分裂図形的反復性（Fractal recursivity）」。AとBとを違うものとさせている基準が、BのなかのBαとBβとを区分する基準と同じであり、BαのなかのBαアとBαイとを区分する基準と同じ、ということを考えれば良い。この考え方のミソは、同一の基準がどの場面でも召喚されるところにある[20]。(3)「消去（Erasure）」。ある評価枠組や言語イデオロギーにとっての〈余分なもの〉や〈ノイズ〉が、そもそも存在しないものと扱われること（単一言語神話はもっとも典型的な例だろう）。あたかも著者は、言語と社会との相互的な関係を見るという視座は、同時に、言語と権力の関係をいかなる場面でも追跡する態度でもある、と言っているかのようである。

　第二節からは、教科書的書物としては著者の独自のスタンスが前面に出た、オリジナルな箇所となる。具体的な行動に根ざした権力を考えるにはエイジェンシー概念が不可欠だと、エイハーンはまず宣言する。人間に限定する必要はあるのか、個人に限定する必要はあるのか、また逆に、個人にまつわる諸部分（dividuals）でも言えるのではないか、行動が効果的なときにのみ議論するのか、といったエイジェンシーにまつわる論点を駆け足で見たのち、「自由意志」や「抵抗」概念よりも広いものとしてエイジェンシーを見なす視座が示される。エイジェンシー論の展開例として、オートナー、ポール・コッケルマン（Paul Kockelman）、デュランティの議論が紹介され、なかでもデュランティの「エイジェンシーの文法化（grammatical encoding of agency）」[21]のアイデアがとりわけ重要とされ、節が改められる。

　第三節では、世界の諸言語に共通する点として、S（自動詞の主語）、A（他動詞の主語、agent［動作主］）、O（他動詞の対象）の三項があるというディクソン（R. M. W. Dixon）の主張が導入されたあと、〈英語などの対格性言語とは異なる形でエイジェンシーが捉えられているのだろうか〉との設問を導くものとして、能格性言語に注意が向けられる。能格性言語では、文法的に区別されるのは（対格性言語での区分ならば $\{S=A/O\}$ だが）$\{A/S=O\}$ となるからだ。著者は、地位の高い人間がSかOのどちらかになるかによって対格パターンと能格パターンとの違いが生じるアマゾン諸語を引き、文法範疇上の特徴をエイジェンシーの社会理論的議論に直結させるのは無理があるとし、言語実践を仔細に見る民族誌的検討（好例として、デュランティの民族誌『文法から政治へ』）が必要だとする。

　第四節で著者はさらに独自のワールドに読者を引き込んでいく。言語における

権力とエイジェンシーを分析する別の手法として、エイジェンシーについて人々が語るその仕方に注目する方法、「メタ・エイジェンシー言説（meta-agentive discourse）」の分析を提案する[22]。メタ・エイジェンシー言説とは、例えば自分の過去の軌跡を想起して語るとき、どのように運に任せたり、あるいは主体的に決断したり努力したりしたかを強調するその言語的実践のことである。ネパールの若年層が恋文を互いに書き送るという実践から明らかになったのは、双方とも相手を愛し始めるという行為を自己に引き寄せ、一個の存在としてそれに十全に関わっていくことになりながらも、男女間でその語りに差——愛の行く末について、運命論で語るか自由意志論で語るか——が生じたということであった。

第五節で再度バフチンが引用され、「生きている言語」を研究する分野としての言語人類学の特徴が謳われ、本書の幕が閉じられる。

3　考察

すでに述べたように本書は言語人類学への初歩的な入門書である。従って、取り上げられなかった論点が多いのは言うまでもなく、例えばケンブリッジ大学出版局の言語学教科書シリーズの一冊、デュランティの『言語人類学』（DURANTI 1997）に見られる情報濃度と本書のそれとを比較するのは〈野暮〉の極みだろう。たしか院生のころ、書評というのはその書物に書かれてある事柄についてのみ議論する場であり、「これが書かれていない」、「あれが足りない」と言い立てるのは未熟者がすることだ、と言う風に〈恩師〉から聞いた記憶がある。基本的にこの見解に同意するが、教科書的書物は、そのディシプリンの全体像を示す役割が課せられている以上、過不足の問題は完全には無視できない。ここではコメンタリーを二部に分け、最初に比較的細かいこと、後半で理論的射程が広い課題について、書き記すことにしたい。

3.1　言語人類学の範囲に関して、他

3.1.1　チョムスキー流「還元主義」〈批判〉再考

これは、エイハーンのこの本だけのことではないが、本書では特に目立ったように思えたのであえて指摘しておく。ことばの文脈、ことばという実践、ことばの文化・社会への埋め込みという論点を言語人類学が強調するとき、ほとんどの場合、ソシュールやチョムスキーの「還元主義」を集中的に批判する。多種多様

な諸実践（パロール）の背後に体系（ラング）を見通し、それを言語学の本質的対象としたソシュールも、無数の文を生み出す人間の頭脳には普遍文法が〈プレ・インストール〉されており、言語学はその起動の仕組を解明するのが使命だとしたチョムスキーも、著者によれば「形式的な諸規則のひとまとまりに言語を還元する」「還元主義」⟨8⟩とされる。「チョムスキーやほか大勢の言語学者はなんと狭く言語を見ていることか」⟨10⟩。確認しておきたいのは、こうした言語人類学者の批判は、同じ土俵の相対時する批判——雑な例だが、天動説論者と地動説論者が互いに批判するような類いの——になることはなく、「還元主義」と言語人類学はそもそも違った目的をもった、相異なる議論のジャンルに属している、ということだ。このことを言語人類学者が履き違えると、「現場が」、「文脈が」という台詞だけを呟く学者と誤解を招きかねない。

　というのも、言語人類学——広く文化人類学と言っても良いのだが——自体が、「還元主義」者が想定するような、自動起動のアプリケーションの存在を認めてこそ存立しうる側面もあるからだ。人類学者はAという言語（文化）について調査し、分析して何事かを理解し、それを人類学者の言語（文化）B（多くの場合彼ら彼女らの第一言語）で民族誌を描く。幾分の誤差は十分にあるにせよ、AについてBでは全く理解できなかったと吐露し、〈民族誌を書けません。ごめんなさい〉とだけ述べて〈職務放棄〉した人類学者はいないだろう。これはかつてアーネスト・ゲルナー（Ernest GELLNER）が行きすぎた相対主義的論調を戒めた時に用いた論法だが[23]、言語間で一定なりとも了解が成立していること自体、人類共通の何か〈アプリ〉のようなものが頭脳にインストール済であることを、もちろん証明ではないにしても、否定するものでは断じてない。

　おそらく、チョムスキー的立論を認めたうえで、にもかかわらず言語的多様性が観察される状況を記録し、その原因に関しては〈守備範囲〉外にしても、言語的生の生きられ方の複数性・複層性を思考することが言語人類学の仕事なのであることに、著者も大きく反論しないだろう。別に言えば、言語人類学は、〈ソシュール・チョムスキー叩き〉のみで自らを立ち上げるわけにはいかず、ソシュールがしたように学の自立性を（しかしソシュールとは別様に）デザインし、それを示すことでもって独自の言語観を表現しなければならない、ということだ。そのときにこそ、パフォーマティヴィティやエイジェンシーといった概念がさらに輝きを増すに違いない。

3.1.2　曖昧な概念としてのモダリティ

　あと気になるのは、時として出現する著者の議論の粗さである。すでに概略し

たごとく、第二章の冒頭でマルチモダリティが論じられているのだが、かなり読みにくい箇所となっており、これも前項と同様エイハーンのみに見られる欠点ではないのだが、ここでやや仔細に論じておきたい。

モダリティ研究者の澤田治美の言葉を借りれば、「言語の意味は、(社会に生きる)人間の心に根ざしている。それゆえ、モダリティを研究することは、(しばしば、過酷な)人生を生きる人々の心のありようを探ることであ」(澤日 2006: 484)り、この視座は言語人類学の方向性、少なくとも著者エイハーンの方向性と一致するはずである。となれば、モダリティ概念を正確に運用してマルチ・モダリティの諸現象を示したり、先行研究を紹介したりしなければならないはずだ。第二章冒頭でのエイハーンの記述を見てみよう。

> ヤコブソンの多機能性の概念が強調しているように、言語上の相互作用は常に、様々なレベルで進行し、様々な機能を持っている。学者はこのことを*マルチモダリティ*と呼び、マルチモーダルな言説の研究者は、相互作用において参加者がどのように様々なモード(モダリティともチャンネルとも言う)を通じて意味を共に構築しているか、深く理解しようとしている。様々なモードには、対面上で交わされる言葉以外にも、言語を伴わないジェスチャーや眼差し、顔の表情、体の動き、書かれたテキスト、コンピューター、道具やそのほか記号的形式を有する物体が含まれる。〈33、強調は原典〉

この文章をそのまま読めば、マルチモダリティとは(ヤコブソンが論じたような)多機能性のことであり、同時に、相互作用の中でその参加者がコミュニケーションに意味を与えようとして用いる多種多様なモダリティでありチャンネルのこととなる。これは、多くの大学生、言語人類学入門者をミスリードし、逆に言語学者からすれば〈言語人類学的いい加減さ〉として非難されてもおかしくない。何に関してのミスリーディングかと言えば、言語実践に観察される〈多〉の側面についてだ。

発話に代表される言語実践では、様々な視座から〈多〉の側面が観察可能である。まずヤーコブソンの例のモデルからもう一度考えてみよう(ヤーコブソン 1973: 188以下)。言語コミュニケーションにおいて六つの構成要素があり、それぞれ六つの機能が対応するというヤーコブソン・モデルの効用は、一般的に言語の機能と言えば、伝えようとする意味内容が無事に伝わるという「テクスト共有性(context)」[24]が持つ「言及的(referential; denotiveとも)」機能が連想されがちだが、他にも五つの要素/機能があること——乱暴に一言で言ってしまえ

ば、コミュニケーションにおいて言語の役割は一般に考えられている以上の広さを持っていること——を示し、さらに、同一の会話（a speech event）での一つの文（発言）が同時に複数の機能を持ちうることを示した点にある。例えば渡邊の研究室に、卒業を控えているが渡邊の授業の単位を落としそうな学生Xがいるとしよう。そこでの渡邊による「私はビールが好きでね」という発言は、渡邊はビールを好むという意味内容を、その発言の受け手であるXに向けて伝えている点で言及的機能を有している。と同時に、教員の顔色をうかがい、なんとか単位を得ようとしているXは、この発言を、自分にビールを買ってきてもらいたいという、事実上渡邊の命令文として受け取ることも十分にありえ、この場合、ヤーコブソンのいう「動能的（conative）」機能も進行している。「私はビールが好きでね」という一つの発話において多機能性が観察されるとはこういうことだ。

　以上は機能の話である。しかるにエイハーンは続けて「それを通して相互作用が生じるところの『チャンネル』あるいは法（mode）」の例として、発話・ジェスチャーなどの身体を用いたコミュニケーション形式・手話言語・書記言語などを挙げ、「相互作用はマルチモーダルである」〈34〉と言ってしまう。つまり、機能と「チャンネル」、法とを混在させてしまっている。そもそもモダリティとは、「事柄（すなわち、状況・世界）に関して、たんにそれがある（もしくは真である）と述べるのではなく、どのようにあるのか、あるいは、あるべきなのかということを表したり、その事柄に対する知覚や感情を表したりする意味論的なカテゴリーである」（澤田 2006: 2）であり、三省堂版『言語学大辞典』に従えば、「相手に対して述べるべき事態についての話し手の気持ちを言語形式に表わしたものが、『広い意味での法（modality、法性、モダリティともいう）』であって、それが動詞の形に現われたものが、動詞の文法範疇としての法である」（亀井／河野／千野 1996: 1266）[25]。文法範疇のレベルに固執すると、そもそもその文法範疇は普遍的に妥当と言えるのかという（人類学者が好む類いの）問いを誘発しやすいため、厳密な定義による議論をあえて避けるという選択肢もありえるが、機能と「チャンネル」双方をモダリティとしたり、話し手の意図や感情の問題を（抜かしてはいないにしても）重視しなかったりするのは——特に文法範疇として、〈目に見える形で表出される記号論的特色〉を示しながら（マルチ）モダリティを説明しなかったのは——やや雑な仕事であったろう。

3.1.3　失われた環としての医療人類学など

　摩訶不思議なことに、言語が大きく取りあげられているにもかかわらず言語人類学にはほとんど目もくれず、逆もほぼ然り、という関係にあるのが医療人類学

である。医師-患者間の相互作用における言語コミュニケーションの重要性は改めて指摘する必要はない。インフォームド・コンセントという考え方および制度の席巻ののちは特にそうだろう。この分野に関する書評論文をものしたウィルスの整理を待つまでもなく（WILCE 2009: 200）、一方で医師-患者間の相互作用へのミクロな関心が会話分析系にあり、他方にフーコー的な疾病の言説編成研究に端を発した流れがあったのだが、今に至るまで、言語人類学と医療人類学が交差する領域は、あまりに奇妙なほどまでに真摯な検討を受けていない。一例だけ文献を挙げて研究状況の悲惨さを言えば、ラウトレッジの便覧シリーズにある『言語とヘルスコミュニケーションについてのラウトレッジ便覧』（HAMILTON & CHOU 2014）の索引を見ると、「医療人類学」は二箇所のみの言及であり、「人類学」なぞは項目にも挙がっていない。同論集には一応、医療人類学からの見地をまとめた論文が所収されているが（BURKE & BARKER 2014）、広く文化人類学的視座から綴られた秀逸な論とは言い難い代物だ。こうした研究上の不備は急いで修理される必要があるだろう。

　本書でも、上記のウィルスの論考が引かれはするものの〈290〉、医療言説のマクロとミクロとのリンケージの必要性が説かれるのみの扱いになっている。これは、〈これからの果実をとりこぼした〉タイプの話であるが[26]、他には、〈これまでの収穫物をあえて捨てた〉タイプが、類書との簡単な比較をすればすぐに分かるように、存在する。ジェームズ・スタンロー（James STANLAW）らの入門書（STANLAW, ADACHI & SALZMANN 2017）との比較からは形態素が、ハリエット・オッテンハイマー（Hariett J. OTTENHEIMER）（OTTENHEIMER 2012）との比較からは音声が、我らがエイハーンの本ではほとんど論じられていないことに気づく。こういった欠けている論点は特に集中的に、書評をものしたジョナサン・ローザ（Jonathan ROSA）が述べたように（ROSA 2014: 365）、スーザン・ブルーム（Susan BLUM）が編んだ電話帳的教材とも言うべき言語人類学リーディングス（BLUM [ed.] 2016）を傍らに置いて取り組むことが、学習上必要となる。「それぞれのトピックに関する、より精度の高い分析事例の提示」が本書では「手薄」（浅井 2014: 187）だからである。

3.2　エイジェンシーと文化について

3.2.1　エイジェンシー概念の取扱について

　最初に、参与観察とインタビューとの違いを確認して[27]、エイジェンシー概念について考えるための〈準備体操〉としよう。

参与観察（participant observation）(**図1**)が依って立つ前提とはこうだ。ある現在時（Pr）において調査者Aは被調査者B、Cらが行ってる事柄を観察する（O）。言語的データの文脈に限って言えば、その時点においてBやCが発する陳述（S_1, S_2）は、それが質問文であろうと命令文であろうと、彼ら彼女らの独自の時間感覚を有した（点線矢印）相互作用の最中での発話であり、それを取り巻く準言語的・非言語的情報とともに調査者にとって収集すべき一次データとなる。この時間の幅のあるPrのなかでAはBやCに質問し、BやCがそれに答えたり答えなかったりする有様も同様にデータの中身となる。

これに対してインタビューの場合（**図2**）、調査者Aは被調査者Bに、多くはその現在時間の幅Prとは切り離された過去の出来事に関して質問を投げかけ（Q）、Bはいわば暴力的にPrから身を剝がされて過去のP_1の出来事を想起し、それについて再帰的に思考するように言わば追い込まれる。思い出すよう（R_1）、そして質問Aに対して答えるよう、陳述Sをアウトプットすべく（R_2）、促される。つまり、粗雑に言ってしまえば、インタビューのほうが被調査者の再帰性の負荷率が相当高く、良い意味でも悪い意味でもインタビューによって得られたデータは、被調査者のエイジェンシー〈濃度〉が高いものとなる[28]。

参与観察とインタビューの上記の違いに注意して考察したのは、調査方法をめぐるエイハーンの第三章の記述が不十分だったためだけではない（エイジェンシーの概念を最終章で出すのであれば、〈伏線〉として参与観察データとインタ

図1　参与観察における言語データ　　図2　インタビューにおける言語データ

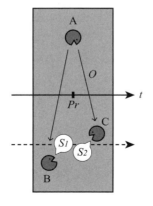
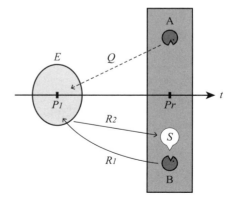

ビューデータの質的差異を明らかにし、両者のデータを組み合わせる技に、言語人類学的探究の長所を求めるべきだったろう)。先述したように、エイハーンの優秀さはその理論的構築力、特にエイジェンシー論にもあった訳だが、そのエイジェンシー論と係わる話だからである。時間のずれという視角、あるいは時間を介したエイジェンシーの立論は、イギリスの社会学者マーガレット・アーチャー (Margarett ARCHER) の〈特産品〉であって、精緻な批判的検討が必要なはずだった。

エイジェンシーを扱った論考のなかでエイハーンは、「自由意志」や「抵抗」の同義語としてエイジェンシーを扱わなかったとしてアンソニー・ギデンズ (Anthony GIDDENS) を高く評価し、「ギデンズはおそらく、エイジェンシーと構造に関する論議の中心人物であり、実践理論の創始者の一人である」と述べ、アーチャーを同列に引用するのだが (AHEARN 2001b: 117)、この所作は決定的に誤っている。そもそもアーチャーは、ギデンズの構造とエイジェンシーの議論も結局は「合成主義 (conflationism)」の一形態として批判しているからである (*cf.* 矢澤 2011: 11, 13)。

エイハーンの不注意はさらに、自らの概念として「メタ・エイジェンシー的言説」を提起した時にも表れる。実は同じ (少なくとも類似した) 概念をすでに出していたのもアーチャーである。「メタ再帰性」、「メタ再帰的エイジェンシー」というのがそれだ。再帰的思考としてエイジェンシーが実行される主観的次元にアーチャーは「内的会話 (internal conversation)」を置き、2003年産の『構造・エイジェンシー・内的会話』では、インタビュー調査に基づいて議論している。その第八章で「メタ再帰性」が集中的に扱われ、「自らの再帰性の行為について再帰的になること」と定義される「メタ再帰性」は、例えば「なぜ自分はいつも『because』とではなく『becuase』とタイプしてしまうんだろう」という形で主観が自らに問うもの、とされる (ARCHER 2003: 255)。

惜しむらくは、エイハーンはきちんとアーチャーに言及すべきであった[29]。というのは、両者の間には看過できない差が横たわっているからだ。アーチャーの場合、エイジェントが自らの再帰性について再帰的に思考する次元のこと (例えば、〈私はあのときのことを「なぜ」じゃなくて「どのように」と、どうして問わないんだろう〉) であるが[30]、エイハーンの場合はすでに見たように、恋文の相手という具体的な他者の存在を現前として (テクスト上ではあるけれども) 見据えての「メタ」であり、「内的会話」の様々な実行形態について、例えば相互主観性に関する考察などとともに高い解像度で考えることができたはずだった。

言語人類学でエイジェンシーの議論は盛んになっており、記号論的研究の発展

のうえでも今後外せないところである (MERTZ 2007)。牽引役の一人コッケルマン (KOCKELMAN 2007) がエイハーンの教え子筋に当たるのも頷けよう[31]。

3.2.2 文化概念の取扱について

　私が本書を読み終えた直後の違和感は〈あるはずものがなかったのでは〉だったが、デュランティの教科書の目次とざっと比較してすぐに〈それ〉が判明した。「文化」がほとんど不在だったのである。確かに、エイハーンは巧妙に「文化」と言わないようにしてきた。「サピア＝ウォーフ仮説」の検討の際、言語と思考との直結関係を否定する目的で「文化」を持ち出さざるをえなかったが、それ以外は代わりに「社会」を用いて、社会のなかのことば、社会のなかの言語という言い方を多用していたのだった。ここから少なくとも二つのことが帰結する。

　第一に、言語人類学と社会言語学との〈微妙な〉関係について、如何、ということだ。これまで見てきたように著者は社会のなかの言語ということを強調する。それのみであれば、『社会のなかの言語（*Language in Society*)』と、その書物を名付けた背景を説明するにあたって社会言語学者スザンヌ・ロメイン (Suzanne LOMAINE) が述べたこと、「言語の研究が社会を考慮に入れているのと同時に、社会を研究するときにも、言語に注意を向けなければならないという事実を強調するため」（ロメイン 1997: iii, *cf.* 295）と同じであり、言語人類学と社会言語学との違いが不鮮明となってしまう[32]。本書の随所で、エイハーンは「言語人類学者ならば……」という表記をしてきたわけである以上、その違いについては、〈言語人類学者や社会言語学者ならば……〉と同じ意味で良いという立場でもない限り、敏感になっていなければならなかったはずだ。

　第二に、文化概念を欠落させることの欠点は、言語への関心を通してソシュール、ヤーコブソン、レヴィ＝ストロースへとバトンタッチされていく、構造主義の深い理解が不可能になってしまうことだ。デュランティの教科書では一章まるごとが「文化の理論」に割かれており、文化人類学理論史の重要な解説の一例にもなっていたのだが (DURANTI 1997)、そうした役割を本書は残念ながら果たしえない。

　文化概念の欠落は、もうひとつ、より大きなことを考えさせられる。言語人類学の領域で最も被引用度数が高い論考と言ってもよいマイケル・シルヴァスティン (Michael SILVERSTEIN) の通称「転換子」論文（シルヴァスティン 2009）の最大の功績は、言語と文化とを分けて考え、両者を相互に隔離する立場はもとより言うまでもなく、文化のなかの言語とか言語のなかの文化とかといったように、言語と文化とを一度切り離したうえで再びくっつけるがごとく、後から両者を連結

させるような思考に対してもその無効性を突きつけた点にあった。かくして〈言語＝文化〉を理論的に省察する十分な視座が得られたはずなのだが、文化人類学の方はといえば、主にポスト植民地主義的自己批判によって「文化」の株価を急速に下落させたまま今に至っている。つまりこの意味で、「文化」を織り込んだ言語人類学と、「文化」を見放した文化人類学は、見事にすれ違う間柄なのである。

　さらに敷衍すれば、この〈すれ違い〉はもっと深刻な話になろう。昨今の文化人類学の趨勢の一つに、「ポスト・ヒューマニズム」がある。人間の存在論的特権を、様々な非人間的アクターへの焦点化を通して相対化する流れであるが、最新の言語人類学の論集を紐解けば、人類学が言語について問うとき、明らかにすべきことは、一つに「人類を他の種から分けているのは何か」、もう一つに「我らが種において、多様性の本質は何であるか、その程度はどれほどか」（Enfield, Kockelman & Sidnell [eds.] 2014: 1）があるとされる。だとすると、（もちろん全てではないにしても）文化人類学が「文化」を捨て「人間」の後を志向している一方で、言語人類学は「文化」と「人間」に目を向けている（向け続けている）ということになり、〈すれ違い〉は軽視すべき些事ではないということになる。これは、ルパート・スタッシュ（Rupert Stasch）（Stasch 2014）が述べた、文化人類学と言語人類学との乖離以上の事態と解さなければならない[33]。

　エイハーンはこうしたことを知りながら、〈確信犯〉として「文化」についてあえて触れなかったのか、それとも無邪気な無垢であったのか。前者であれば我々は続編を待ち望むだけで良いだろうし、後者であれば、次の著作ですぐさま〈落とし前〉をつけてもらうことを求めるのみである。

■注

1　この後者の引用には若干の注釈が必要であろう。言語を社会的脈絡の外で研究しうると、それこそ言語人類学者が諸手を挙げて批判するようなことをラドクリフ＝ブラウンは述べたのではない。言語は、社会構造の中の様々な下位システムの一つ、単なる一つといったものではない（政治と宗教、経済と法といったような関係で、例えば政治と言語を捉えることはできない）と言っているのみである。

2　本書の第一版は同じタイトル、同じ出版社から2011年に刊行されており、第二版では一章分、「ジェスチャー」の章が加筆され、合計18頁分増量している（図表の入れ替え、参考文献の追加なども見られる）。なお、著者の姓を浅井優一は「アヘレン」としているが

(浅井 2014)、後述の動画での著者自身の発音により「エイハーン」とする。

3　本書は 2 冊目で、1 冊目は現代的視点から環境人類学を扱っている（こちらも第二版が出ている）。現在のところ、出版されているのはこの 2 種類のみで、続刊が期待される。https://www.wiley.com/en-us/Primers+in+Anthropology-c-2352（2018 年 7 月 25 日確認）

4　「Dr. Laura Ahearn - Love Letters and Marriage in Nepal」、https://www.youtube.com/watch?v=sYOg39_g2Ng&t=206s（2018 年 7 月 25 日確認）。なお、本書第一版について、先述の浅井のもの以外に、次の書評がある。Hosemann & Webster (2012)、Khoshhal (2017)、Meidani (2013)、Rosa (2014)。いずれも第一版についてである。

5　なお、バフチンの被引用箇所は、邦訳で「社会的に緊張した生活を営んでいる」（バフチン 1979: 66）となっているが、「社会的に敏感な生を営む」（社会的次元に反応する）と訳すべきだろう。

6　クロスクリティの近年の論文（Kroskrity 2016）はこの概念の変遷と展開を簡潔にまとめており、展望するには有益である。

7　単位をめぐって学生二人が会話しているとき、権威あることばとして「渡邊先生が言ってたよね」とそのうち一人が述べた場合、渡邊（引用された渡邊のことばを含む）は、この会話における十全な参加者であるし、学生－教員という権力勾配を考慮しなければこの会話を完全に理解したことにならない場合もある。

8　任意の他者に自己の視線を仮設し、その人の立場でもって知覚し、またその知覚と自分のとは異なると認識できる力、およびそうした力を推定する議論のこと。

9　邦訳（バーリン／ケイ 2016）が出たのは誠に喜ばしい。

10　例えば、「本を鞄にしまう」は nehta、「本を函にしまう」では kkita を用いる。

11　原題は Communities of language users で、ここではその複数性、複層性が議論の上で重要な点となるゆえ、注意を喚起すべく「様々な」と訳出する。

12　相互作用の相手が姉でもあり職場の同僚でもある場合と、単なる同僚の場合との違いなどを考えればよい。

13　いわゆるサール／デリダ論争、発話行為に見られる［とされる］意図の有無についての論点提起のこと。なお、デリダの本意は別にして、意図（intention, intentionality）の問題を私は言語人類学（だけではないかもしれないが）の最大のアポリアの一つと考えているゆえ、できれば、もっと論述を展開して欲しかったところである。

14　パフォーマンスの重要な第二番目として、エイハーンは、多くの場合パフォーマンスは、何度も繰り返され、予想しやすいものであるにもかかわらず、常に何か新しい理解可能性を生み出すことにある、とも述べている〈189〉。ここでも著者は「創発性（emergence）」という術語を使っているのだが、この語は本書の隠れたポイントになっている。後のアーチャーとの比較でも重要な術語ではあるが、ここでは深く問わないことにする。

15　"She be happy" は人称変化のミスなのではなく、前者の用法なのであって、「彼女は幸せな人生を送っている」の意味。

16　著者が依拠しているのは別の本だが、邦訳があるものとして、ハリソン (2013)。

17　邦訳は、ブルデュー (1993)。

18　私がエイハーンのこの本を高く評価するのも、ドクサを説明しているからである。ブル

デューの解説や文化人類学の概説書で、ドクサにページを割いているのは意外に少ない。

19　なお、原文では「a way of speaking」と表現されているが、本稿では大雑把に「言語」と訳している。「コード」、「変種」、「方言」、「レジスター」など様々な表現が乱立するのを避けるためである。第七章のまとめでも、ファーガソンの定義を考えるにあたって本来は精緻な記述が必要であったが、簡略化した。

20　金太郎飴が大小様々な形で入れ子式に出現するような状態、あるいはもっと言い切ってしまって、「やーい、田舎っぺ」と相手をからかう文句が国・県・市それぞれのレベルで用いられるような状況を考えれば良い。

21　この訳は、「文法化（grammaticalization）」と係わる語、との誤解の余地があるゆえ改良の余地を残す。説明的な訳としては、「エイジェンシーが文法範疇として表れること」、「エイジェンシーが文法範疇に組み込まれている状態」となろう。

22　教科書でありながら独自の見解が強く出ているもう一つの点が、「意味付与の拘束を扱う実践理論（practice theory of meaning constraint）」〈196〉である。これは、言語コミュニケーションにおいて「自由な」解釈の幅を制限し、意味の了解を比較的容易にする様々な要因（例えば、発話のときの発話者と聞き手の空間的位置関係など）を考察する興味深い概念だが、その検討は著者の別の論考（1998年産の論文）を詳しく紐解く必要があるので、本稿での検討課題にはしない。

23　もちろんこれのみでは、はなはだナイーブな記述であり、長く詳述しなければならないことは言うまでもない。GELLNER（1985: 86f.）、また浜本（1985: 108）を参照。

24　これを「文脈」と訳すと、メッセージが置かれた文脈のように理解されるだろうから（そしてそれはヤーコブソンの意図とは異なったものになるだろうから）、私は、テクストがコミュニケーション参加者間に共有されること、con-textと考えたい。なお、邦訳では「コンテクスト」と、言わば〈逃げた〉訳語になっている。

25　念のため、「モード（mood; 法、叙法）」の定義も引いておくと、「動詞の示す行動を中心とする事態に対する、話し手の心の態度を表現する文法範疇」（亀井／河野／千野 1996: 1266）。

26　他の分野では発展しているが、言語人類学が十分な注意の目を向けていない領域での研究例として、不十分なものであるが拙稿（2014）を見よ。

27　なお、本来であれば質的調査法に関する文献を、一定の深度でサーヴェイしてから以下のことについて書くべきであろう。仮に類似した論述が先行研究にあったとしても、それは私が〈コピペ〉したからではなく、伝統的な民族誌的フィールドワークをした者であれば誰もがぶつかる問題——例えば、ある人物から聞き取った話が、同じ人物から数ヶ月後に聞いた話とやや異なっていて、どちらを信じたらいいのか悩む、など——に基づいて書いているがゆえの偶然の一致と考えられたい。インタビューの〈不意打ち〉、〈人工性〉については、言語人類学者チャールズ・ブリッグス（Charles BRIGGS）の古典（BRIGGS 1986）を見よ。ブルデューの、被調査者を「社会学者にしてしまう」ことの立論をふくめて拙稿（2010: 393ff.）もあわせて参照のこと。

28　もちろん以上の説明は単純化したものであり、ある行為をしながら、その同じ行為ではあるが過去のものについて調査者が質問する（儀礼の最中に「この動作、前回のときも同じ

ように時計回りに三回おこなっていましたか」など）といったように、上記の二つのモデルが重なる場合もある。また、参与観察中のPrの幅のなかで、その最中に行っている事柄についてB, Cが働かせる再帰性はいろいろなレベルがあるだろう（ブルデューのいうドクサであれば、ある意味、再帰性は、少なくともアーチャーがいう創発性を伴った再帰性は、ゼロに近い、など）。

29 この点、言語コミュニケーション研究の視座からアーチャーの議論をより正確に位置づけたデイヴィッド・ブロック（David Block）の論考（Block 2013）（特にpp.137ff.）はとりわけ注目されて良い。

30 このあたりのことは、「一人称の当事者能力（first-person authority）」、「一人称的パースペクティヴ（first-person perspective）」の論点と絡む（アーチャー 2014: 167）。

31 この節で触れたことに関しては、近いうちに別稿を準備したいと思う。

32 違いについて言えば、例えば佐野直子（2015）と本書を見比べれば、権利の議論が言語人類学では薄い、といったことも分かる。

33 一見些細に見えるかもしれないが、重要なことを一つ。スタッシュは文化人類学における言語への関心の低さについて、昨今、文化人類学者がフィールド先で十分な言語習得をしていないせいなのでは、と、特にエビデンスは示さないままだが、述べている（Stasch 2014: 631）。このような観察は、意外にも随所でなされている。例えば、「日本人類学」論集を編んだジェニファー・ロバートソン（Jennifer Robertson）は、英語圏の研究で日本語文献が十分に使用されていないことを批判している（Robertson 2005: 9）。

　もし、大きく言って言語の軽視、小さく言って〈文法書を捨て、日常会話の世界に出よう〉的な流れがあるとすれば、それは相当危機的な状況である。ある社会学者は、質的調査に関する入門書のなかで、人類学者の松田素二の「告白」を引用し、「言語習得には膨大な時間とエネルギーが必要です。ある程度の日常会話が可能なレベルになるまでは、かなりの時間を要します。そうすると、フィールドに飛び込む時期がどんどん遅くなってしまいます。話せるようになってからフィールドに参入するのではなく、フィールドに参入することで話せるようになる、そんな気構えで飛び込んでみることを、私（石岡）は奨めます」（岸／石岡／丸山 2016: 132）と述べている。この主張に一面の真理はあるとはいえ、「そんな気構え」では深いデータはとうてい入手できない。乱暴に言ってしまえば、言語への気づきは、新たな言語を徹底的に習得しようとしながらもそれが困難な歩みであり、数々の誤解と失敗のなかで聞き取ったことを確かめていくなかで生じるものだ。言語への関心は、相手と自分双方が使っている言語への疑いからしか生じないし、その際、文法的知識――何が文法的知識かという問題は脇に置くとして――は決定的に重要な役割を果たす。文法学習――「かなりの時間を要」するのはむしろ、簡単な日常会話の上のレベルの習得なのであって、そのためには文法を丁寧に勉強しなければならない――を重んじない風潮が続けば、「文化人類学者は、言語の各レベルで生じている事象を仔細に検討することなく、フィールドで聞き取ったことを自らの言語への翻訳によって（つまり解釈可能な意味に還元して）理解し、そしてそれにもとづいて自らの解釈を開陳してきた。言語人類学の立場からすれば、それは非常に危険な行為である」（名和 2018: 27）という名和克郎の警告はますますもって深刻なものとなるだろう。

なお、公平のために付け加えれば、石岡による「リアルタイム」の記述と「最終地点」の記述の区別（岸／石岡／丸山 2016: 140ff.）が高く評価できるものであることは、本論での参与観察とインタビューの区別からも明らかである。

■参考文献

浅井優一（2014）「書評：Laura M. Ahearn, Living Language: An Introduction to Linguistic Anthropology」『異文化コミュニケーション論集』12、184～187頁。

アーチャー、マーガレット（2014）「主観性の存在論的位置——構造とエイジェンシーをつなぐ失われた環」佐藤春吉（訳）、『立命館大学人文科学研究所紀要』104、149～177頁。

エヴェレット、ダニエル・L（2012）『ピダハン——「言語本能」を超える文化と世界観』屋代通子（訳）、みすず書房。

亀井孝／千野栄一／河野六郎（編著）（1996）『言語学大辞典 第6巻 術語編』三省堂。

岸政彦／石岡丈昇／丸山里美（2016）『質的社会調査の方法——他者の合理性の理解社会学』有斐閣。

クリスタル、デイヴィッド（2004）『消滅する言語——人類の知的遺産をいかに守るか』斎藤兆史／三谷裕美（訳）、中央公論新社。

佐野直子（2015）『社会言語学のまなざし』三元社。

澤田治美（2006）『モダリティ』開拓社。

シルヴァスティン、マイケル（2009）『記号の思想 現代言語人類学の一軌跡——シルヴァスティン論文集』小山亘（編）、他（訳）、三元社。

名和克郎（2018）「言語人類学」桑山敬己／綾部真雄（編）『詳論 文化人類学——基本と最新のトピックを深く学ぶ』ミネルヴァ書房、17～30頁。

バフチン、ミハイル（1979）『小説の言葉』伊東一郎（訳）、新時代社［Бахтин, Михаил (1975) Слово в романе, *Вопросы литературы и эстетики*, Москва］。

浜本満（1985）「文化相対主義の代価」『理想』8（No. 627）、105～121頁。

ハリソン、K・デイヴィッド（2013）『亡びゆく言語を話す最後の人々』川島満重子（訳）、原書房。

バーリン、ブレント／ポール・ケイ（2016）『基本の色彩語——普遍性と進化について』日高杏子（訳）、法政大学出版局。

ブルデュー、ピエール（1993）『話すということ——言語的交換のエコノミー』稲賀繁美（訳）、藤原書店。

ヤーコブソン、ロマーン（1973）「言語学と詩学」、『一般言語学』川本茂雄（監修）、田村すゞ子ほか（訳）、みすず書房、183～221頁。

矢澤修次郎（2011）「日本における社会学のために——国際化、文明分析、反省」『社会学評論』62(1)、2～17頁。

ラドクリフ＝ブラウン（1975）『未開社会における構造と機能』青柳まちこ（訳）、蒲生正男（解説）、新泉社。

ロメイン、スザンヌ（1997）『社会のなかの言語——現代社会言語学入門』土田滋／髙橋留美（訳）、

三省堂。

渡邊日日 (2007)「マルチリンガリズム論と如何に向かい合うか——『言語』人類学の説明の様式と論理に関する幾つかの省察」、『ことばと社会』編集委員会（編）『ことばと社会』10号、三元社、68～93頁。

――― (2010)『社会の探究としての民族誌——ポスト・ソヴィエト社会主義期南シベリア、セレンガ・ブリヤート人に於ける集団範疇と民族的知識の記述と解析，準拠概念に向けての試論』三元社。

――― (2014)「航空事故をめぐるリスクの増殖——コミュニケーションというリスクに関する理論的寓話」、東賢太朗／市野澤潤平／木村周平／飯田卓（編）『リスクの人類学—不確実な世界を生きる』世界思想社、157～175頁。

AHEARN, Laura M. (2001a) *Invitations to Love: Literary, Love Letters, and Social Change in Nepal*, Michigan: University of Michigan Press.

――― (2001b) "Language and Agency", *Annual Review of Anthropology* 30, pp.109-137.

――― (2017) *Living Language: An Introduction to Linguistic Anthropology*, second edition, West Sussex: Wiley Blackwell.

ARCHER, Margaret (2003) *Structure, Agency and the Internal Conversation*, Cambridge: Cambridge University Press.

BLOCK, David Block (2013) "The Structure and Agency Dilemma in Identity and Intercultural Communication Research", *Language and Intercultural Communication* 13 (2), pp.126-147 [DOI: 10.1080/14708477.2013.770863].

BLUM, Susan D. (ed.) (2016) *Making Sense of Language: Readings in Culture and Communication*, third edition, Oxford: Oxford University Press.

BRIGGS, Charles L. (1986) *Learning How to Ask: A Sociolinguistic Appraisal of the Role of the Interview in Social Science Research*, Cambridge: Cambridge University Press.

BURKE, Nancy J., & Judith C. BARKER (2014) "Health Communication 'Noise': Insights from Medical Anthropology", HAMILTON & CHOU, (eds.), pp.15-28.

DURANTI, Alessandro (1997) *Linguistic Anthropology*, Cambridge: Cambridge University Press.

ENFIELD, N. J., Paul KOCKELMAN & Jack SIDNELL, (eds.) (2014) *The Cambridge Handbook of Linguistic Anthropology*, Cambridge: Cambridge University Press.

GELLNER, Ernest (1985) *Relativism and the Social Sciences*, Cambridge: Cambridge University Press.

HAMILTON, Heidi E., & Wen-ying Sylvia CHOU (eds.) (2014) *The Routledge Handbook of Language and Health Communication*, Abingdon: Routledge.

HOSEMANN, Aime J., & Anthony K. WEBSTER (2012) "Review: Laura M. Ahearn, Living Language: An Introduction to Linguistic Anthropology", *Journal of the Royal Anthropological Institute* 18 (4), pp.898-899.

KHOSHHAL, Yasin (2017) "Review: Laura M. Ahearn, Living Language: An Introduction to Linguistic Anthropology," *Critical Questions in Education* 8 (3), pp.322-329.

KOCKELMAN, Paul (2007) "Agency: The Relation between Meaning, Power, and Knowledge,"

Current Anthropology 48 (3), pp.375-401.

KROSKRITY, Paul V. (2016) "Language Ideologies: Emergence, Elaboration, and Application", Nancy BONVILLAIN (ed.) *The Routledge Handbook of Linguistic Anthropology*, Abingdon: Routledge, pp.95-108.

MEIDANI, Elham Naji (2013) "Review: Laura M. Ahearn, Living Language: An Introduction to Linguistic Anthropology", *International Journal of Society, Culture and Language* 1 (2), pp.145-149.

MERTZ, Elizabeth (2007) "Semiotic Anthropology", *Annual Review of Anthropology* 36, pp.337-353 [DOI: 10.1146/annurev.anthro.36.081406.094417].

ORTNER, Sherry B. (1984) "Theory in Anthropologr since the Sixties", *Comparative Studies in Society and History* 26 (1), pp.126-166.

OTTENHEIMER, Harriet Joseph (2012) *The Anthropology of Language: An Introduction to Linguistic Anthropology*, third edition, Belmont: Wadsworth.

ROBERTSON, Jennifer (ed.) (2005) *A Companion to the Anthropology of Japan*, Malden: Blackwell.

ROSA, Jonathan (2014) "Review: Laura M. Ahearn, Living Language: An Introduction to Linguistic Anthropology", *Journal of Linguistic Anthropology* 24 (3), pp.364-365.

STASCH, Rupert (2014) "Linguistic Anthropology and Sociocultural Anthropology", ENFIELD, KOCKELMAN & SIDNELL, (eds.), pp.626-643.

STANLAW, James, Nobuko ADACHI & Zdeneck SALZMANN (2017) *Language, Culture, and Society: An Introduction to Linguistic Anthropology*, seventh edition, London: Routledge.

WILCE, James M. (2009) "Medical Discourse", *Annual Review of Anthropology* 38, pp.199-215 [DOI: 10.1146/annurev-anthro-091908-164450].

謝辞：本書を私は、2017年度に勤務先で「言語人類学」講義を行ったとき、参考書として指定した。学生からのリアクション・ペーパーとそれに対するコメントで多くの気づきを得ることができ、そのうち少なからぬ部分が本稿に活きていると思う。感謝！

連載報告 | 多言語社会ニッポン

Aynu itak amososo kuni asir rir

〔アイヌ語復興の新しい流れ〕

丹菊 逸治

Aynu itak mak mokor hi ne ya
アイヌ語の歴史

　Husko otta Yaunmosir ta Yaunkur patek okay. 800 pa etoko ta Sísam utar ka nea mosir ta arki wa, mosir kese, Oshima Hanto kesehe ta Sísam kotan kar wa otta oka. Kosamaynu utar Sísam utar ukotumikor wa, okake ta, Aynu utar Sísam utar asikne hot pa ka urayke ayne easir, 1551 ne an pa ta, Sísam utar okay uske ne wa Yaunkur utar okay uske uturuke hunak ta an ya ka eukocaranke wa tu mosir uturuke akar. Ne wa an hi ta Aynumosir akar a sekor aye yakka pirka nankor.

　和人の言葉で北海道という島は、アイヌ語ではアイヌモシㇼ、あるいはヤウンモシㇼといいます。昔、アイヌモシㇼにはアイヌ民族しか住んでいませんでした。800年ほど前のこと、和人がアイヌモシㇼに住むようになり、渡島半島の端に和人の村を作ってそこに住んでいました。コシャマインたちが和人たちと戦争をし、その後はアイヌと和人が百年間も殺し合いましたが、ついに1551年に、和人の住む場所と、アイヌ民族が住む場所の間がどこか交渉が行われ、二国間の境界が作られました。北海

Orowakayki, Sísammosittа Ento tono mosir kor hi ta, Matumay tono kor Samoromosir ka an wa, Yaunkur kor Aynumosir ka an wa, nea tu mosir uoya mosir ne ruwe tapan. Orwano 150 pa etoko pakno nea Aynumosir ta Yaunkur utar Aynu itak patek eukoysoytak kor okay.

150 pa etokota, Ento tono kawarine oya Sísam utar mosir kor. Orowakayki, Sísam utar Aynumosir ta ka poronno arki wa, nep ka oikkewsakno yayrenkayne Aynumosir akor sekor ye wa tane pakno wen irenka kor wa, Yaunkur utar sitnere kor oka. Sísam utar anak Yaunkur utar ekoramkor ka somo ki rok oka. Mosir ka epitta Sísam uyna wa Sísam kor pe ne kar ruwe tapan. Sísam utar sake ne yakka arakke ne yakka poronno ihok wa Yaunkur utar iku kaspa wa tasum wa eysam.

Yaunkur utar kor puri neyakka kor itak neyakka, wen puri ne wen itak ne sekor Sísam utar oikkewsakno ye ranke. Yaunkur utar Sísam orwa Sísam puri hene Sísam itak hene akore. Ipakasnu cise (gakko) otta ka Yaunkur hekattar anak ipakasnu seysey utar orwa yaykor itak akokopan wa kusu yaykor itak oyra

道の大半の間に国境ができました。

それ以来、江戸時代には松前氏による「サモロモシッ」つまり和人の国があり、「アイヌモシッ」つまりアイヌの国があり、両者は別の国でありました。それから150年前までアイヌモシッではアイヌ民族はアイヌ語を話していました。

150年前、江戸の将軍の代わりに別の和人たちが国を治めるようになりました。それ以来、アイヌモシッにも和人たちがたくさん来るようになり、理由もなく勝手にアイヌモシッを治めるのだと言って、現在まで悪い法律を作り、アイヌ民族を苦しめているのです。和人たちはアイヌ民族に何も相談しませんでした。

そしてアイヌの文化やアイヌの言葉は劣っていると貶められました。アイヌ民族は和人の文化や和人の言葉を身に着けるように求められました。学校でもアイヌ語は禁じられたので、子供たちはアイヌ語を忘れてしまいました。学校がアイヌ語を抑圧したのです。「法律では禁じていなかった」と

okere. Ipakasnu cise Aynu itak wente ruwe ne. Tane oka kampinuye utar ye hi ene an hi, "Sísam utar Aynu itak akopan ka somo ki, hatto ka irenka ka isam" sekor ye yakka, ipakasnu cise ta seysey utar Aynu itak kopan hi anukare kanpi ka an. Yaunkur utar opitta eraman na. Tane an Aynu itak, tane oka Yaunkur utar kor itak anak 150 pa oposo wa, sonno onumposo wa an pe ne ruwe tapan.

和人の学者たちは言いますが、学校の先生がアイヌ語を禁じた証拠が残されています。アイヌ民族はみんな知っています。今わずかばかり残されているアイヌ語は、和人文化による抑圧の150年を生き抜いてきた「生き残り」なのです。

"Aynu itak siknure" hene "Aynu itak mososo" hene
アイヌ語復興の動き

Tane Sísam utar ka yayasis wa nep ka Yaunkur utar kohattoan ka somo ki siran. Yaunkur utar otta ka, Husko puri eyam wa husko itak ka kanna suy kor rusuy sekor yaynu pewre utar ka okay. Yaunkur utar patek ka somo ki no, teeta wa no oka utar ne yakun opitta uneno yaynu hi ne ruwe tapan.

USA otta ka, Canada (Kananta) otta ka, Hawai'i otta ka, teetawanoankur utar, husko itak oyra okere wa easir, kanna suy kor rusuy utar, yayepakasnu wa tane husko itak eukoysoytak kor oka.

Husko itak kanna suy asiknure hi "itaksiknure" "itakmomoso" sekor

今では、和人たちも反省しアイヌ民族に対して何か禁止することもないようです。アイヌ民族にも、古くからの習慣を大切に思い、古くからの言葉も再び取り戻したいと考える若者たちがいます。アイヌ民族だけではなく、先住民族は皆同じように考えているのです。

アメリカ合衆国でも、カナダでも、ハワイ島でも、先住民族が自分たちの言葉を取り戻しつつあります。先住諸民族は古くからの言葉を忘れてしまってはじめて、また取り戻したいという人々が、自ら勉強して今では古くからの言葉で会話しています。

古くからの言葉を再び生き返らせることを「言語復興」「言語再

aye p ne na. Husko sinrici kor itak kanna suy yaykata ka konrusuy sekor sanihi utar yaynu. Tane makanak itak asiknure yakun, momoso yakun pirka ya ka aeraman ruwe ne wa oya mositta usa usa husko itak asiknure hawean.

　Yaunkur utar usa usa okay kusu utar yaynu hi ka usinnayno an. Husko itak ponno patek eraman rusuy kur ka oka, kestoankor husko itak ani ukoysoytak rusuy kur ka oka. Kes cup an kor sine to ta patek husko itak seysey orowa aepakasnu rusuy sekor an kur ka oka, kestoankor 3 cikan husko itak eukoysoytak rusuy kur ka okay. Usa utar oka kusu ki rusuy pe ka uusa kuni p ne na. Ne wa an pe, "itaksiknure" "itakmososo" sekor an pe ne.

　husko itak ponno patek eraman rusuy kur anak, "itak cise" ("Ainugo-kyoshitsu") otta yayepakasnu yak pirka nankor. Yaunkur ne yakka Sísam ne yakka, sukupkur ne yakka hekattar ne yakka oro ta yayepakasnu easkay. FRPAC (Ainu Minzoku Bunka Zaidan) ka "ponno patek eraman rusuy kur" oyayepakasnu kuni "itak cise" kor pe ne wa. Yayepakasnu rusuy utar FRPAC Kopisi yan.

活性化」と言います。昔の先祖の言語を再び自分たちで取り戻したいと子孫たちが考えています。現在では言語の復興、再活性化の具体的なやり方がわかってきており、世界のあちこちで具体的な成果があがってきています。

　アイヌ民族もさまざまですから、考え方もいろいろです。アイヌ語についてちょっと知りたいだけだという人もいます。毎日アイヌ語を話して暮らしたいという人もいます。1か月に1回くらい勉強会に参加したい程度という人もいるし、毎日3時間会話練習をしたいという人もいます。いろんな人がいて目的もばらばらです。それが「言語復興」「言語再活性化」というものです。

　少しふれてみたい、という人は「アイヌ語教室」で勉強するのがいいでしょう。アイヌ民族でも和人でも、大人でも子供でも、そこで勉強することができます。公益財団法人アイヌ民族文化財団（FRPAC）も「少しふれてみたい人」が勉強するように「アイヌ語入門講座」を開催しています。勉強したい人はアイヌ民族文化財団に問い合わせてみてください。

| Ne yakka, kestoankor husko itak yayeramankur mak iki yakun pirka ruwe ne ya? | では、しっかりと身に着けたいという人はどうしたらいいでしょうか。 |

"Sinen or wa sinen eun"
「1対1法」

Aynu itak ne yakka, makanak itak ne yakka, kanpi ani aepakasnu yakka somo aeaskay pe itak sekor an pe ne na. Itak anak ani ukoysoytak yakun easir eraman easkay pe ne na.

Ne wa an pe ne kusu, oya mosittta oka teetawanoankur otta pewre utar "sinen or wa sinen eun" husko puri neyakka husko itak ne yakka eraman. Easkay kur sinen or wa eraman rusuy kur sinen ratcitara aepakasnu ruwe tapan. Gakko anak "sinen or wa utar poronno eun" aepakasnu ruwe ne. Gakko otta eraman rusuy pewre utar auekarpare wa seysey orwa aepakasnu hike easkay kuni p utar ponno ponno patek ne na. Teetawanoankur itak gakko otta aepakasnu eaykap hi tane aeraman. "Sinen or wa sinen eun" anak Yaunkur utar kotom sekor kuyaynu.

Sonno Aynu itak aeaskay rusuy yakun "Sinen or wa sinen eun" ani aeraman kuni p ne na. Kanpinuyekur utar neyakka Aynu itak eraman huci utar orowa "sinen or wa sinen eun"

アイヌ語でも、どんな言語でも、本で勉強してもできるようにはならないのが言語というものです。言語はそれで会話して初めて理解できるようになるものなのです。

そのための方法として、北方の先住民族の間で開発された「1対1法」というものがあります。これは1対1で時間をかけてゆっくり教わっていくやり方です。学校のように「1人の先生がたくさんの生徒に教える」というものではありません。このやり方はアイヌ民族のあり方にふさわしいと私は考えています。

本当にアイヌ語をできるようになりたいというなら「1対1」で学ぶべきでしょう。言語学者たちも、アイヌ語を知っている高齢者たちから「1対1」で教わったの

ani ayayepakasnu rok pe ne ruwe tapan. Tane oka kanpinuye utar yaykata "sinen or wa sinen eun" ani Aynu itak eraman a korka, pewreutar epakasnu hi ta "sinen or wa sinen eun" ani somo ki no, ramma kane gakko otta neno, Aynu itak eraman rusuy utar sine uske ta uekarpare hi kuoyamokte kor kuan. Kanpinuye utar yaynu hi ene an hi "Yaunkur utar husko itak eraman eaykap". Sonno kuye yakun Yaunkur utar ka yaykata iki a ruwe ne. "Sinen or wa sinen eun" ani Aynu itak aepakasnu wa tane eraman Yaunkur ka oka. Ponno patek ne yakka oka.

Aotearoa (New Zealand) un Maori utar husko itak aepakasnu kusu yaykata "Te-ataarangi" sekor aye hi ki ruwe sonno pirka. Ne wa an pe ani sukup utar ayayepakasnu kor oka. Gakko otta utar poronno uekarpa hine, "Te-ataarangi" ani yayepakasnu rusuy utar inen ka asiknen ka pakno patek uturano ki hi ne wa.

Epakasnu rusuy itak patek eukoysoytak wa oka hi "itak or aomare" sekor aye. "te-ataarangi" ka sine "itak or aomare" ne na. Niputay (Nibutani) un utar nea "Te-ataarangi" ani Aynu itak yayepakasnu kor oka. Ne wa an pe ki kusu ramma kane

です。今の言語学者たちが自分では「1対1法」で学んでおきながら、若者たちに教えるときには「1対1法」ではなく、いつも学校でやっているように、学びたい人たちを一か所に集めているのはおかしなことです。

ニュージーランドのマオリ民族は自分たちの言語学習法としてテアタアランギ法というやり方を作りました。これは大人がマオリ語を勉強するための方法です。これは学校とは違ってもっと少ない人数で勉強します。

その言語だけで生活することを「漬ける」と言いますが、テアタアランギ法もその一つです。二風谷ではこの方法で、さまざまな試行錯誤を繰り返しながら、アイヌ語を勉強しています。大変な努力の結果です。ただし、これを

sonno arikiki kor oka. Kanpinuyekur utar arikiki ka somo kino ikoysanpa yakka wenno iki nankor. Kotan un utar yaykata iki kusu pirka ruwe tapan.

研究者たちがただ表面的に真似てもダメでしょう。これはコミュニティの協力なくしては成功しません。

Aynu itak ani nep aki easkay ruwe ne ya?
アイヌ語で何ができるか

Aynu itak ne yakka itak ne ruwe tapan. Sísam itak Húresisam itak ka uneno itak ne ruwe tapan. Kamuyyukar aye kusu, Yúkar aye kusu, Inomi aye patek kusu akor itak ka somo ne. Kestoankor tan itak eukoysoytakan kuni p ne ruwe ne. Nep ne yakka aye easkay. Anime (Moymoykenoka) otta aye itaki ne yakka Aynu itak ani aye easkay.

FRPAC "Oruspe Suwop" sekor aye Moymoykenoka kar hi ta, kuani ka kukasuy wa, "Poyyaunpe Ruroaykamuy kotumikor" sekor aye p hene "Nitaypakaye" sekor aye p hene uturano cikar wa, makanak anuye yakun, makanak itak yakun pirka ya ka kuepakasnu wa. "Poyyaunpe Ruroaykamuy kotumikor" otta aye Aynu itak anak Oota Mitsuru nispa epakasnu wa an. Newaoka moymoykenoka anak "Kanpi otta anuye oruspe (Kamishibai)" ka somo ne wa

アイヌ語は言葉です。日本語や欧米諸言語と同じです。神謡や叙事詩、祈りの言葉のためだけのものではありません。毎日の生活を送るための言語です。何でも言えます。アニメの声だってアイヌ語で語れるのです。

アイヌ民族文化財団が「オルシペスウォプ」(「お話の箱」の意)というアニメシリーズを作ったとき、私も協力して「ポイヤウンペとルロアイカムイの戦い」「ニタイパカイェ」という2つの作品を一緒に作り、どう描いたらいいのか、どう言ったらいいのかなどを教えました。「ポイヤウンペとルロアイカムイの戦い」の脚本のアイヌ語は太田満氏に依頼したものです。このアニメは昔話や歌に絵を付けたものではありません。絵も本物のアニメのもの、台詞もちゃんと

sonno moymoykenoka ne no an moymoykenoka ne na. Nokaha neyakka sonno moymoyke sir ne wa, itak ne yakka sonno ukoysoytak ne no iki hi ne ruwe ne. Oruspe anak yúkar ne ruwe ne. Rametokkor Pon Sinnutapkaunkur anak "Enepetturasi p isam sekor mosir so kurka ta asuras nankor" sekor hotuye wa, Tumunci kamuy anak "Ekamuysermake kuus kusu ne na. Iki yakne ne hi wano nekonan tumunci ekohopuni yakka tan aynumosir ka ta esitoma p oar isam na" sekor ye. Ne oruspe otta Tumunci kamuy uoupekare kewtum unepakasnu hawe ne.

Ne wa oka Moymoykenoka ta Aynu itak ani itak utar, hawe kar utar, Sísam ne yakka arikikino Aynu itak hawehe nu wa, ponno ponno yakka Aynu itak ka eraman wa kusu ne no pirkano Aynu itak ye hi ruwe tapan. FRPAC kor HP otta hene, YouTube otta hene nukar wa nu yan!

会話になっています。題材は「ユカㇻ」(叙事詩、冒険物語)です。勇士ポンシヌタㇷ゚カウンクㇽ(ポイヤウンペ)が「世界で一番俺が強い!」と叫び、戦いの神(ルロアイカムイ)が「私はお前の守護神になろう。そうすれば今後どんな戦いになっても怖れることは何もない」と語ります。このお話で戦いの神は助け合いの精神を私たちに教えてくれるのです。

このアニメでアイヌ語の台詞を語ってくれた声優さんたちは和人ですが、一生懸命アイヌ語を聞いて、少しでもアイヌ語を理解できるようにと頑張ってくださいました。だからこそ、あんなふうにアイヌ語の台詞を演じることができたのです。この作品をはじめとする、アニメ「オルシペスウォㇷ゚」シリーズは、アイヌ民族文化財団のホームページおよび動画サイトYouTubeで観ることができます。

Aynu oruspe
アイヌの物語

Oynakamuy orwa aepakasnu	アイヌの物語は素晴らしい。で

p, kamuyyukar neyakka, yúkar neyakka, uepeker neyakka sonno pirka p ne korka, tane oka utar Aynu itak eramiskari. Ne wa an pe kusu, pirka Sísam itak ani husko oruspe aye yakun, kanpisos akar yakun pirka nankor. FRPAC or wa Ryo Michiko sekor aye kurmat anisuk wa, kespaankor pirka Sísam itak ani Aynu oruspe ikoysanpa wa kanpi otta nuye wa asikne kanpisosi kar. "Aynu pirka oruspe anumke p (Ainu Minwa Senshu, Isoytak)" sekor ayep ne ruwe ne. Kuani ka oya kanpinuyekur utar ka kasuy wa. Yaunmosir so kurka ta usa usa oka uske oruspe anumke wa, pirka nokaha ka akar. Aynu itak eramiskari utar anak Aynu itak ani aye oruspe anu yakka somo eraman, Aynu itak ani anuye oruspe nukar yakka somo eraman. Aynu itak eramiskari utar anak, pirka Sísam itak ani ikoysanpa oruspe nu yakun, nukar yakun pirka nankor. Ne wa oka kanpisos FRPAC kor HP otta anukar easkay. Kanpi oro oytak yan! Hawe aste yan! Aihok ka somo ki hi kueyayrampokiwen. Akor rusuy yakun, FRPAC kopisi yan.

Aynu oruspe ne kusu, Sísam itak ani ikoysanpa ka somo ki p kor rusuy utar, Aynu itak patek ani anuye

もアイヌ語が分からない人はたくさんいます。そういう人のために必要なのは「アイヌの物語を美しい日本語に訳した本」です。作家の寮美千子さんがアイヌ民族文化財団の仕事で、アイヌの物語を美しい日本語訳で5冊の本にしました。「アイヌの昔話」（アイヌ民話撰集　イソイタㇰ）というシリーズです。私も文化監修で協力させていただきました。北海道各地のアイヌの物語を選んでいます。絵もついています。最初は無理にアイヌ語で読んだり聞いたりする必要はありません。美しい物語は、美しい日本語訳で読むのが一番です。是非声に出して読んでください。アイヌ民族文化財団のホームページで全文読めます。せっかく作った本ですが、お店で販売されていないのが本当に残念です。欲しい人はアイヌ民族文化財団に問い合わせてみてください。

自分の子供たちに、日本語に訳されたアイヌの物語ではなく、アイヌ語そのものを教えたい、とい

kanpisos kor rusuy utar ka oka, yaykata kor hekattar naa pon kusu Aynu itak oro oytak rusuy pewre utar ka oka nankor. Yaykata Aynu itak ponno patek eraman korka, kor hekattar Aynu itak epakasnu rusuy sekor yaynu utar ka oka nankor. Tane Aynu itak patek aeukoysoytak uske isam. "Aynu itak cise" hene "Aynu itak set" hene sekor an pe isam. Tane Aynu itak ani hekattar arespa eaykap. Tane oka utar tane easkay pe ki kuni p ne nankor. Oya mosir ta teetawanoankur utar ki hi ene an hi, kanpisos ta anuye itaki kurka ta Aynu itak ani anuye kanpi nunpe ani akotukka!

う若いアイヌの人々もいます。自分もあまりちゃんとはしゃべれない。子供たちにも、完全にはしゃべれなくても、自分のルーツの言葉を少しでもプレゼントしたい。そういう若い夫婦の方々は、どうやって教えたらいいか分からないで迷っておられるでしょう。「言語のゆりかご」（保育士さんがアイヌ語だけを話す保育所）はありません。「イマージョン学校」（アイヌ語で教える学校）もありません。現時点では子供を完全なバイリンガルに育てるのは不可能です。ですから、できることをやるしかありません。言語のゆりかごで用いられている方法のいくつかは役に立つかもしれません。絵本の文章をアイヌ語にしましょう。日本語の上からアイヌ語の文章をはりつけてしまいましょう。

Sákor itak
韻文

Aynu itak anak Oynakamuy orowa aranke itak ne kusu koraci an pirka itak ne ruwe tapan. Sonno poka, Aynu itak patek ka somo ki no ne itak ne yakka opitta pirka wa. Aynu itak otta ka, pirka itak ka an, ipokas itak ka an. Aynu itak otta sákor itak hene atomte itak hene sekor aye itak iyotta pirka

アイヌ語はオイナカムイ（伝承をつかさどる神）から教わった言語ですから美しい言語です。本当のところ、アイヌ語だけでなくどんな言語だって美しいのです。アイヌ語だって、美しい言葉もあれば、醜い言葉もあります。アイヌ語においては、雅語（アトムテイ

itak sekor aye ruwe tapan.

　Husko tuyma mosir Persia (Iran) otta akar wa tan poro Eurasia mosir kari aeparura pirka sákor itak ne ruwe tapan. Sísam utar kar sákor itak (Tanka, Haiku) oya p ne na. Chiri Yukie nuye "Kamuyyukar" ka sákor itak ani nuye kanpisos ne ruwe tapan.

　Sákoritak ani akar hawehe, itaki anak ene an hi,

1. Sinotca hene upopo hene sine sákor itak anak íne sákor hawe ani akar.
2. Sine sákor hawe anak sinepesan akkari moyo iki ani akar.
3. Tu sákor hawe atpakehe uneno an.
4. Tu sákor hawe kesehe uneno an.

　Sine upopo ene an hi

Repun kaype	レプン　カイペ	海の波
Kaype oka	カイペ　オカ	波の向こうで
Oniwen kamuy	オニウェン　カムイ	恐ろしい神の
Oniwen hawe	オニウェン　ハウェ	恐ろしい声が
Sao, sao...	サオ、サオ	ゴウ、ゴウ

neno sákor pe ne akar.
　Ne upopo otta, re otutanu sákor

タク）あるいは歌の言葉（サコロイタク）というものが一番美しい言葉だと言われています。

　遠くペルシアに発し、ユーラシア大陸を伝わってきた美しい韻文形式です。それは日本の短歌や俳句とは違います。知里幸恵『アイヌ神謡集』のアイヌ語文も韻文です。

　雅語あるいは歌の言葉で作られる詩句は、こうなっています。

1. ユカㇻ（叙事詩）でも、ウポポ（歌）でも、1つの韻文（詩連）は4つの行からなる。
2. 1つの行は9節（音節、拍）より少ない。
3. 2つの行の最初の音は同じ。
4. 2つの行の最後の音は同じ。

　あるウポポの歌詞はこんなふうです。

　このように韻文になっています。
　このウポポでは、3番目の行の

hawe atpakehe ka, íne otutanu sákor hawe atpakehe ka "oniwen" ne wa, atpake ta an sákor hawe kesehe ka, íne otutanu sákor hawe kesehe ka "e" ne na. Neno akar yakun easir "sákor itak" sekor aye itak ne na.

Upopo patek ka somo ne wa, Yúkar neyakka Oyna neyakka, yaysama neyakka irankarap itak neyakka opitta, hawetokkor kur ye itak anak opitta sákor itak ne ruwe tapan. Neno iki hi Aynu puri, husko puri ne ruwe tapan. Mosinnoske cise kor utar (Kokkaigiin) ne anumke nispa Kayano Shigeru nispa mosinnoske ta ukocaranke hi ta ye hi ene ani (atpakehe patek).

最初、4番目の行の最初が「オニウェン」で、最初の行の最後、4番目の行の最後（の母音）が「エ」になっています。このようになっていて初めて「韻文（サコロイタク）」というものになるのです。

短い歌だけではありません。叙事詩も歌も演説も、そして正式の挨拶も詩の形を守っています。それがアイヌの伝統的なやり方なのです。国会議員を務めた萱野茂氏の国会演説も韻文になっています（冒頭部分のみ）。

Teeta **anakne**	テエタ アナㇰネ	ずっと昔、
Aynumosir	アイヌモシㇼ	アイヌ民族の静かな大地、
Mosir so ka **ta**	モシㇼソカタ	北海道に
Aynu pa**t**ek	アイヌ パテㇰ	アイヌ民族だけが
An hi ta **anakne**	アン ヒ タ アナㇰネ	暮らしていた時代、
Uwepeker	ウウェペケㇾ	アイヌの昔話と
Koraci sinne	コラチ シンネ	全く同じに、
Yuk **ne ciki**	ユㇰネ チキ	シカであっても
Sípe **ne ciki**	シペ ネ チキ	シャケであっても
Nep pakno	ネㇷ゚パクノ	たくさん
Oka p ne kusu	オカ ㇷ゚ ネクス	いたので

丹菊 逸治 | Aynu itak amososo kuni asir rir

Nep ae**rusuy**	ネㇷ゚アエルスイ	何を食べたいとも
Nep akon**rusuy**	ネㇷ゚アコンルスイ	何を欲しいとも
Somo ki no	ソモ キ ノ	思うことなく
Aynu pate**k**	アイヌ パテㇰ	アイヌ民族だけで
Oka hi ne a korka	オカ イ ネ ア コロカ	暮らしておったのだが
Ne usike **un**	ネ ウシケ ウン	そのところへ
Sísam ne ma**nu** p	シサㇺ ネ マ ヌ ㇷ゚	和人という違う民族が
Upas horut**k**e	ウパㇱ ホルッケ	雪なだれ
Ekannayukar	エカンナユカㇻ	のように
Ekpa ruwe ne	エㇰパ ル ウェ ネ	移住してきたのであります。

Sákor itak yayan itak uoya itak omare kusu, nea itak kesehe ta yayan itak ani "arki" sekor ye hi kawerine "ekpa" sekor nispa ye ruwe tapan. Etoko ta "ekannayukar" sekor ye kusu atpakehe uneno an "Ekpa" sekor ye ruwe ne. Tane anakne husko puri ne no sákor itak ani itak utar moyo hi sonno kuoskor.

Teeta Akankotan ta Yamamoto Tasuke ekas yaynu hi ene an hi, Aynu itak ani kanpisos akar yakun sákor itak ani anuye yakun pirka. Uoya uske ta uoya kotan ta sukup utar yayan itak ani ukoysoytak yakun uturuturu eramiskari itak an korka, sákor itak ani ukoysoytak yakun itak hi epitta ukoeraman kusu. Ne wa an pe kusu Yamamoto Tasuke ekas Aynu

韻文と普通の言葉では違う言葉を用います。この演説の最後のekpaは、口語ではarkiとなるはずですが、ekannayukarと頭韻を踏むためにekpaになっています。今では昔からのやり方で韻文で語る人々が少なくなったのはとても惜しいことです。

かつて阿寒湖の山本多助氏は、アイヌ語で本を作るなら韻文で書くべきだと考えました。お互いに違う土地で育った人々同士が話をするとき、日常の言葉で話せばところどころ分からない部分があるけれども、韻文で話せばお互いに完全に理解し合えるからです。そのために、山本多助氏は実際にアイヌ語で本を作ったときに韻文で

itak ani kanpisos kar hi ta sonno sákor itak ani nuye ruwe ne.

Kanpinuyekur utar Yamamoto Tasuke ekas itak hi kosiramuysamte wa "sine ueraman itak asinno kar yak pirka" sekor yaynu korka, Aynu utar ka yaykata yaykosiramsuye kor oka. Kanpinuyekur utar Aynu itak epitta eraman sekor yayomonnure korka, makanak an pe sákor itak ne ya ka somo eraman, inunukaski.

書いたのでした。

言語学者たちは彼の言ったことを無視して、新しい共通語を作るべきだと考えているけれど、実際にはアイヌ自身がいろいろなことを考えてきたのです。言語学者たちは偉そうなことをいってきたけれど、彼らは韻文が押韻をしていることすら知らなかったのです。

Kamuynomi
神々への祈り

Yaunmosir ta, Sak pa an wa, Yaunkur utar kamuynomi ka ki, icarpa (iare, sinnurappa) ka ki sir Sísam utar ka nukar nankor. Kamuynomi ne yakka icarpa ne yakka husko orowa, kotan nomi ka an, sinen sinen ki yayan kamuynomi ka an.

Tane oka Sísam utar kotan nomi sekor a patek nukar wa, tanpe patek kamuynomi ne sekor Sísam utar yaynu nankor korka, sonno an pe anak ene an hi, Yaunkur sinen sinen sinna kane kamuynomi ki kuni p ne ruwe tapan.

Tane ne yakka nusa kor kur ka oka wa, nea aynu kamuy nomi ki rusuy yakun, ponno ponno sirankore

夏から秋にかけて北海道のあちこちで、アイヌ民族の人たちがカムイノミ（神へのお祈り）と先祖供養をしているのを和人の人々も目にすることでしょう。カムイノミにしろ、先祖供養にしろ、昔から村単位で行うものと、各家庭で行うものがありました。

今の和人の人々は村単位のカムイノミ（コタンノミ）ばかり見ていて、そればかりがカムイノミだと思っているかもしれませんが、本当は、アイヌ民族はひとりひとり別々にカムイノミをするものなのです。

今でもヌサ（祭壇）がある家もあります。そういう家の主人がお祈りをする、ときくと友人たちが

utar, amkir utar uwekarpa na. Utar uwekarpa wa cinomikamuy utar pirka inaw pirka sake enomi ruwe tapan. Kamuynomi ka ki, icarpa ka ki wa, kamuy utar ka nu rusuy pe ne kusu, Yúkar neyakka Oyna (Kamuyyukar) neyakka usa oruspe, usa upopo ki wa kamuy nure ruwe tapan.

　Tane Yaunmosir epitta Sísam kor mosir ne wa Yaunkur utar anak Sísam akkari moyo wa, ukattuymano okay korka, nen ka kamuynomi ki hawe anu yakun, Aynu itak eraman utar uwekarpa wa Aynu itak ani inomi hawe tapan. Tan pa ne an pa ka, kukor amkir sine nispa kamuynomi ki ruwe tapan. Uekarpa utar uenupetne wa Aynu itak ani inomi hene ki ukoysoytak hene ki ruwe tapan.

　Uekarpa utar moyo yakka, pewre utar eraman husko itak moyo yakka pirka. Sine itak eraman yakun nea sine itak ye yak pirka. Iwan itak eraman yakun nerok iwan itak ye yak pirka. Yaunkur husko itak eraman kur yúkar ye yak pirka. Aynu itak ani ukoysoytakan hi, ayayomonnure rusuy kusu aki hi ka somo ne kusu, nen ne yakka yaykata eraman pakno eraman Aynu itak eukoytak yak pirka. Kamuynomi anak kamuy anure kusu ye hi ne ruwe tapan.

集まります。皆で神様にイナウ（木幣）とお酒を供えてお祈りをします。そして先祖供養をし、神様にアイヌ語で叙事詩や神謡、昔話や歌を聞かせて喜んでもらいます。

　今は北海道は和人のものなのでアイヌ民族は和人より少なくて、あちこちに散って暮らしていますが、誰かがカムイノミをすると聞くと、アイヌ語が分かる人たちが集まり、アイヌ語でお祈りするのです。今年も私の知人がカムイノミをしました。集まった人たちは旧交を温め、アイヌ語で祈り、アイヌ語で会話をしたのでした。

　集まった人たちは数も少ないし、若い人たちが知っている言葉だって少ないけれど、それでいいのです。ひとことだけ知っているなら、そのひとことを言えばいいのです。6つの言葉を知っているならその6つの言葉を言えばいいのです。古いアイヌ語をよく知っているひとはユカㇻ（叙事詩）を歌えばいいのです。アイヌ語を使うということは、何も自慢したいからすることではないのですから、誰でも自分が知っているだけ、分

Ne wa an puri anak husko puri ka somo ne wa tane neyakka sonnoka utar neno yaynu kor oka. Tane oka ekasi utar, hot pa ikasma re hot pa kor ekasi utar yaykata Aynu itak somo ye korka opitta eraman. Aynu itak ponno patek easkay pewre utar ye hi opitta eraman. Nerok ekasi utar yaykata kamuynomi ki ka somo ki korka kamuy utar sonnoka oripak ruwe tapan. Tane oka ekasi utar, naa pewre hi ta, husko ekasi utar orowa "Kamuynomi iteki ki yan. Husko puri eeramiskari, husko puri eaykap utar inomi yakun wen" sekor aye kor oka hawe ne.

Ne wa an pe kusu, kamuy oripak kusu tane ka somo inomi ruwe tapan. Korka, pewre utar arikikino husko puri yayepakasnu wa kamuynomi ka ki, icarpaka ki hi ekasi utar nukar yakka somo iruska wa, mosmano nukar siri ne. Huskotoy wa kamuynomi aki yakun ipe ne yakka kuwas ne yakka yaykata kor icen ani auk wa akor wa uwekarpaan wa aki kuni p ne wa. Tane oka kanpinuyekur utar ramma kane ye hi ene an hi,

かっているだけのアイヌ語で会話すればいいのです。カムイノミは神（カムイ）に聞いてもらうために言うものです。

そしてそのような在り方はまだ生きているのです。現在80歳前後の人たちはアイヌ語を話しませんが、聞けば分かります。少し話せるくらいの若者が話すアイヌ語を聞けば全部分かります。彼らはカムイノミをしませんが、神（カムイ）を大切にしています。彼らは若い頃に昔の長老たちから「カムイノミはやめなさい。お前は古来の伝統を知らない。古来の伝統を知らない者がカムイノミをするのはよくない」と言われたのです。

だからこそ、神（カムイ）を敬うからこそ彼らは自分では祈らないのです。でも、若者たちが一生懸命に古い伝統を学び、何とかしてカムイノミや先祖供養をしているのを、彼らが見れば、怒ることなく穏やかに見守ってくれています。そういうものなのです。カムイノミは心でするものです。

Sísam tono utar orwa icen akore wa nea icen ani ihok wa inomi yakun pirka sekor ye yakka, neno an icen uk kopan utar ka oka. Husko puri ne kusu.

Tane neyakka Aynu itak siknu wa an
今だってアイヌ語は生きている

"Tane Aynu itak easkay kur sinen ka isam" sekor Sísam utar yaynu nankor. Aynu itak easkay utar moyo wa, ani ukoysoytak utar sonno moyo. Tane oka pewre utar poro serkehe kamuynomi neyakka kamuyyukar neyakka yúkar neyakka eyukar patek ki kor oka kor siran.

Korka sonno eraman utar ka oka ruwe tapan. Moyo yakka oka ruwe ne. Mosir sikkewehe ta neyakka, moyo utar neyakka sonnoka Aynu itak anak aye kor an. Nerok utar, kamuynomi ki yakka kampi oro oytak ka somo ki no, motoho ka eraman wa kusu husko utar ki hi ne no yaykata yaynu wa itak ye kor oka. Yúkar ka ye yakka, husko yúkar eykoysanpa wa yaykata kor itak ani ye ruwe ne.

Ne wa an pe gakko otta seysey or wa aepakasnu eaykap nankor. Kamuynomi itak anak, kamuy oripak

「今ではアイヌ語を話せる人はいない」と思っていませんか。アイヌ語を理解できる人は少ないし、アイヌ語で会話ができる人は本当に少ない。今の若い人たちは、神への祈りにせよ、神謡にせよ、叙事詩にせよ、暗記して暗唱しているだけのことが多いようです。

でも、本当に理解している人もいます。少ないけれどいます。今でも世界の片隅でアイヌ語は話されています。彼らがカムイノミをするときには、意味をちゃんと理解し、昔の人々のように自分で考えた内容を自分の言葉でいうのです。叙事詩を歌うときもそうです。昔から伝わる叙事詩の物語を自分の言葉で語るのです。暗記ではありません。話すのです。本当に少ないけれど、それができる人たちがいます。

これは学校で教師が教えることはできないでしょう。カムイノミの言葉というものは、神を敬う人

utar ye itak kamuy oripak kewtum kor pewre utar nu rok ayne yaykata ka ye kuni p ne kusu.

Hawe ne yakun, husko itak komoyo utar, sine itak tu itak pakno patek eraman utar, nerok utar anak "Aynu itak eramiskari utar" ne ruwe an? Nen ka eukoysoyotak yakun, motoho eraman utar isam yakun, nea itak ray wa okere ruwe an? SOMO. Itak sekor an pe anak ray ka somo ki no mokor patek ki ruwe ne. Tane horkew kamuy utar tan Yaunmosir ta, Aynumosir ta isam korka, Kantomosir ta, Kamuymosir ta yaysinire kor oka nankor. Uneno, Yaunmosir ta, Aynumosir ta nen ka Aynu itak somo eukoysoytak yakka, ape kamuy anak husko neno Aynu itak eraman nankor. Oynakamuy opitta eraman kamuy ne wa, neyta ka Oynakamuy irampokiwen wa husko ki hi neno ar suy Yaunkur utar eun, itak ne yakka, Oyna ne yakka opitta epakasnu nankor ! Ne hi pakno Aynu itak mokor nankor.

Itak ne an pe, ani ukoysoytak kusu an pe, ani upaskuma paskuma kusu an pe ne na. Tane oka utar Aynu itak ani neyakka Sísam itak ani neyakka husko oruspe, husko upaskuma

たちが言っている言葉を、神を敬う心を持つ若者が聞いているうちに、自分でも唱えるようになるものだからです。

では、話せない人たち、暗記しているだけの人たち、単語を知っているだけの人たちは「アイヌ語を話せない」のでしょうか。誰も話さず、誰も意味を理解しなくなってしまうと、言語は死んでしまうでしょうか。違います。言語は死なず、眠るだけです。今はオオカミはこの北海道から、アイヌモシㇼから姿を消しましたが、本来いるべき天上界で、カムイモシㇼで休んでいるはずです。同じく、北海道で、アイヌモシㇼで誰も話さなくなったとしても、火の神は昔と同じようにアイヌ語を知っているでしょう。伝承神は全てを知っている神であり、いつかまた伝承神があわれに思ってかつてそうしてくれたように、再びアイヌ民族に、言語も無数の伝承もすべて教えてくれるでしょう。その時までアイヌ語は眠っているでしょう。

言語というものは、それで会話をし、それで歴史を語るためのものです。今の人たちがアイヌ語であっても、日本語であっても、昔の出来事や歴史を学んでいれば、

yayepakasnu yakun, ponno ponno ranke, Aynu itak ka mos nankor. Tane Aynu itak ani pirkano ukoysoytakkur sonno moyo korka, Aynu itak ponno neyakka eraman yakun utokuyekor moto ne hike, Aynu itak epakasnu rapoki ta upaskuma ka epakasnu yakun easir "Aynu itak siknure" ne ruwe tapan, easir "Aynu itak mososo" ne ruwe tapan na.

少しずつアイヌ語も目覚めていきます。今はアイヌ語で流暢に話せる人は本当に少ないけれど、少しでもアイヌ語がわかれば、それによって人々がつながっていくことができるのです。アイヌ語を学ぶ一方で歴史を学んでいけば、それが「アイヌ語復興」、「アイヌ語再活性化」なのです。

Husko itak	フシコ イタㇰ	古の言葉
Nupur itak	ヌプル イタㇰ	力ある言葉
Aoyra okere	アオイラ オケレ	忘れ去られて
Iki a korka	イキ ア コロカ	いるけれど
Nea mokor itak	ネア モコロ イタㇰ	眠る言葉を
Mososo kuni	モソソ クニ	目覚めさせんと
Tane oka utar	タネ オカ ウタㇻ	今の者らが
Ukohotuyekar	ウコホトゥイェカㇻ	叫びをあげる
Tane mokor itak	タネ モコロ イタㇰ	今は眠る言葉
Ne yakkayki	ネ ヤッカイキ	ではあるけれど
Eukoysoytakan	エウコイソイタカン	ともにその言葉で
Yakun easir	ヤクン エアシㇼ	語れば今こそ
Tane mokor itak ka	タネ モコロ イタッカ	今は眠る言語も
Nekonan itak ka	ネコナン イタッカ	どんな言語も
Mos kuni p	モシ クニㇷ゚	目覚める
Ne nankonna	ネ ナンコンナ	はずなのだ

Itak ne an pe, sinen sinen kor pe ne na. Aynu itak yayepakasnu yakka somo epirka nankor korka, ne wa an pe kusu keray nea itak ray ka somo ki. Mokor itak icen ani mososo eaykap nankonna. Patek akor kuni p pirka kewtum ne na.

言語というものは、ひとりひとりが持っているものです。アイヌ語を学んでも儲かりはしませんが、だからこそこの言語が死ぬこともないのです。眠った言語をお金で目覚めさせることはできません。ただ持つべきは清らかな精神のみです。

戦時中の沖縄芸能と
うちなーぐちに対する規制

伊佐 尚記

はじめに

　私は沖縄の新聞『琉球新報』で芸能を取材している。琉球王国では独自の言語を基盤とした芸能が発達した。「琉球処分」により日本に併合され「沖縄県」となった後も、さらなる発展を遂げて現在に受け継がれている。だが、明治以降は公権力や知識人層による芸能への規制・弾圧がたびたび強まり、琉球・沖縄の言語を否定することもあった。このコラムでは規制の一端を紹介したい。

廃藩置県直後から芸能を規制

　現在受け継がれている琉球芸能・沖縄芸能には琉球舞踊、組踊(くみおどり)、琉球古典音楽、民謡、沖縄芝居、そしてさまざまな民俗芸能がある。琉舞、組踊、古典音楽は琉球王国時代に士族が行っていた宮廷芸能だ。廃藩置県によって禄を失った士族は芝居小屋で庶民に芸能を見せ、生活の糧を得るようになった。だが、組踊や琉舞の古典だけでは飽きられてしまい、庶民の嗜好に合わせた沖縄芝居などが生まれた。組踊とは古典の演劇である。せりふは琉球の古語で八・八・八・六の琉歌形式になっている。一方、沖縄芝居では日常的なうちなーぐち（沖縄語）を用い、歌劇とせりふ劇がある。

芸能に対する公権力の規制は廃藩置県直後から存在した。大野道雄著『沖縄芝居とその周辺』(2003年、みずほ出版)によると、沖縄県が初めて芸能を取り締まったのは1882年の「遊劇興行取締令」である。その後、規制は強化されていったが、最初のピークは明治後期に誕生した長編歌劇への弾圧だったといえるだろう。公権力だけでなく新聞などの知識人層も弾圧に加担した。新聞は、恋愛もの中心の歌劇が社会に悪影響を与え、役者自身も観客の女性を誘惑し風教を乱していると批判した。1917年4月11日付の琉球新報は「潮会」「中座」の両劇団が警察と相談の上、歌劇廃止を決議したと報じている。劇団が自主規制に追い込まれたとみられる。だが歌劇の人気は衰えず、その後いつの間にか復活した。

標準語励行による規制

　だが規制は再び強まっていく。1929年、県は「興行場及興行取締規則」を制定した。プロの役者による興行だけでなく、地域住民による豊年祭などでの村芝居も許可制にされた。内容に関する禁止条項も強化された。

　1937年に日中戦争が始まると、戦時体制が進められた。皇民化の一環として沖縄県の標準語励行も強まっていったとされる。1942年4月ごろには、当時の二大劇団だった珊瑚座と真楽座に対し、佐藤という県特高課長の名で「組踊の上演は標準語でなければ許可しない」「あらかじめ標準語で書いた脚本を提供して許可を得よ」と通達が出された。珊瑚座後援会にいた友寄英彦が著書『英彦のよもやま話』(1979年)で明かしている。珊瑚座の座頭(座長)だった真境名由康の長女・由美子さんは筆者の取材に対し「(当時の父は)『どうやって日本語に直すのか。組踊ができなくなる』と苦しい思いをしていた」と振り返った。その後、友寄と真境名らは早川元知事に直訴し、標準語による組踊上演は免れたという。また、1942年1月30日の大阪朝日新聞鹿児島沖縄版は、那覇署が真楽座から提出された再興行願に対し、歌劇の全廃などを条件に許可したと報じている。演劇は全て標準語を使用することも条件だったが「当面は一日一題以上上演すればよい」とした。

　取り締まりはプロの舞台だけでなく村芝居でも強化された。1943年9月2日の同紙は、中頭郡の各町村から演目を出し合い、沖縄初の「必勝下にふさわ

しい健全娯楽、芸能大会」が開催され「方言劇を完全に駆逐」したと報じている。読み取れない部分があり主語がはっきりしないが、「沖縄在来の種目に対する選定」「方言劇の禁止」「男子は絶対におしろいをつけぬこと」などを目標に村芝居を「指導」することも決まったと伝えている。さらに同月4日の同紙は島尻郡翼壮団と島尻郡翼賛会支部文化部が村芝居で上演してよい演目と上演してはいけない演目の指標を決めたと報じた。このことから、先の記事で村芝居の「指導」を決めたのも両団体と推測できる。上演してよい演目として「上り口説（ぬぶいくどぅち）」などのやまとの影響を受けた演目、「久志若按司口説（くしわかあじくどぅち）」などの敵討ちに関する演目を挙げた。上演してはいけない舞踊は「金細工（かんぜーくー）」「川平節（かびらぶし）」などの恋愛を描いた演目が並ぶ。「泊阿嘉（とぅまいあーかー）」「奥山の牡丹」「伊江島ハンドゥ小（いーじまハンドゥぐゎー）」といった歌劇に加え、「手水の縁（てみずのえん）」「執心鐘入（しゅうしんかねいり）」といった組踊も「銃後の張切った心を蝕む退廃的な内容」として禁止された。戦時下において芸能は「増産突撃への活力素」（同紙）としての価値しか認められていなかった。

　琉歌形式の組踊を標準語で演じたという記録や証言はないが、沖縄芝居は標準語で演じたという証言がある。真楽座を経営していた高安高俊の息子・六郎によると、六郎が子役をするようになった1940年ごろには、標準語の芝居や戦争ものの「軍事劇」が上演されるようになっていた。真楽座の１階席奥に警察官らが舞台を監視する「臨監席」があった。検閲で提出された脚本と実際の舞台が合っているか確かめ、違っていたら怒鳴って中止させた。沖縄の歴史上の英雄・阿麻和利（あまわり）が出るような沖縄芝居を標準語でやることもあったという。例えば、「ぐぶりーさびら」（失礼します、の意。去る時のあいさつ）というせりふも警察官らが監視していると「それでは、さようなら」と言い換え、観客に笑われたという。

大阪でも沖縄芸能に規制

　当時、沖縄出身者が多く住む県外の地域でも沖縄芝居の興行が行われていた。大宜見小太郎（おおぎみ）が父の朝良（ちょうりょう）らと旗揚げした琉球演劇舞踊団は1940年から終戦まで大阪で活動した。小太郎は著書『小太郎の　語（かた）やびら　うちなあ芝居』（1976年、青い海出版社）で「〔沖縄では〕昭和９年〔1934年〕ごろから標準語励行が盛んになり、方言だけで成り立つ沖縄芝居はなにかと白眼視される」ように

なったとつづっている。だが、大阪では小太郎が活動を始めた当初、うちなーぐちによる芝居が許されたという。

同書に興味深いエピソードが記されている。ある日、劇団関係者が府庁に呼ばれ、標準語で芝居をやれと通達された。すると、上方の役者・曽我廼家五郎が反発した。「われわれのんは関西弁やないと演劇にならへん」。さらに隣にいた大宜見に同意を求めた。「あなたも沖縄の方言でなければ、やれないのではないか」。結果、関西弁もうちなーぐちも認められたという。そもそも、府庁はなぜ「標準語で芝居をやれ」と通達したのだろうか。関西の検閲当局はうちなーぐちが理解できないため、標準語で上演させないと検閲できなかったのだろうが、関西弁の芝居も標準語で上演させたかった理由は何だろうか。関西でも標準語励行が強まっていたのだろうか。今後の調査の課題としたい。

一方、1943年に同劇団に入った八木政男によると、うちなーぐちに対する規制は厳しかったという。いったんは認められたが、その後規制が強まったようだ。劇団は監視を巧みにかいくぐり、沖縄芝居を続けた。警官が芝居小屋に近づくと、木戸番の女性がとっさに「まやーがちょーんどー（猫が来たよ）！」と叫んだ。すると芝居は中断され、舞踊へ切り替わった。警官が帰ると、観客が合図して芝居を再開した。役者と観客が一体となって沖縄芝居を守っていたのだ。それだけ、芝居が沖縄出身者にとって心の支えだったことがうかがえる。

小太郎は当時、検閲された脚本を残している。戦後の一時期まで沖縄芝居は口立て（口頭で芝居をつくる手法）が中心だった。さらに戦火によって戦前、戦中の脚本はほとんど残っていない。小太郎が残した脚本は貴重な資料だ。表紙には検閲済みの証として「大阪府保安課」と日付「19 12. 16」などの印が押されている（**写真 1**）。体制への批判や戦意高揚を妨げる表現などがないかチェックされた。当局が問題ないと見なした場合は「支障ナシ」、修正を求める場合は「制限」の印が検閲官の名前の印と共に押された。

脚本の中にある舞踊「ハワイ節」は「ハワイ」の文字が朱線で消され、「出郷節」に書き換えられている（**写真 2**）。青年が妻に老父母を託してハワイに出稼ぎに行くという内容だ。修正を求めた理由について、検閲官は「目下の処ハワイは国民のうらみの地である」などと記している。大城學・琉球大学教授（2015年取材当時）は「敵国だから『ハワイ』以外の名称を使うよう求めた。言葉一つ一つに神経をピリピリさせていた」と指摘する。

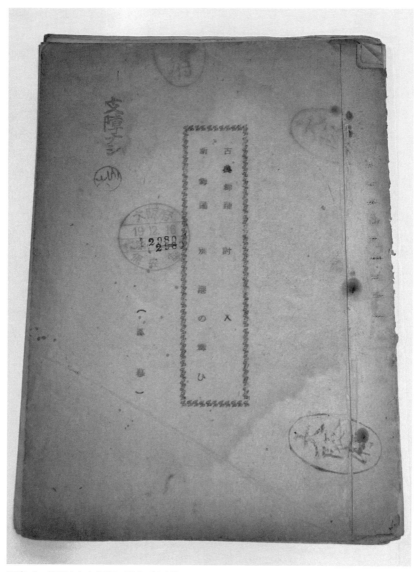

写真1 検閲された舞踊の脚本(表紙)　　　　　　(国立劇場おきなわ所蔵)

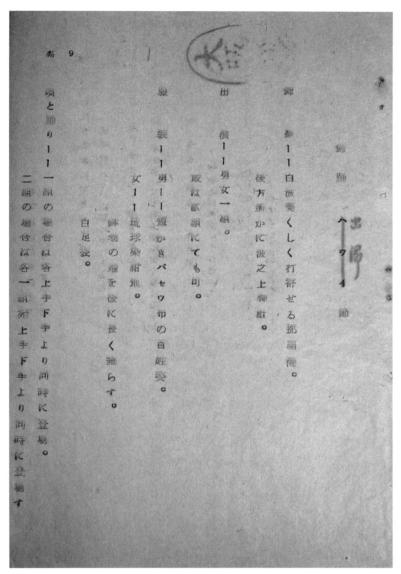

写真2 「ハワイ節」が「出郷節」に書き換えられている　　　（国立劇場おきなわ所蔵）

舞踊の脚本の一ページ。なお、巻末には同様に検閲官による朱書きで、「ハワイ節を殊更に出郷節と改めたのは沖縄舞踊を根本から兎角しようとする為ではない　目下の処ハワイは国民のうらみの地である〔……〕」などと、書き換えの理由が記されている。

沖縄文化の尊重と国粋主義の共存

　当時、沖縄の言語を否定した人物が必ずしも沖縄文化全体を否定したわけではない。また、沖縄文化の尊重と国粋主義という一見相反する思想が同じ人物の中で共存することもあった。当時の人々の思想・感情は複雑で、現代の私たちが理解しようとするには慎重さが必要だ。それが垣間見える事例も紹介したい。

　琉球古典音楽の主な流派に野村流がある。その声楽譜（歌の楽譜）を書いた世禮國男は教育者でもあった。1938年ごろ、県立第二中学の山城篤男校長らが県の学務部長に呼ばれ、二中の漢文教諭だった世禮について叱責を受けた。学務部長は「中学校の教員ともあろう者が琉球音楽ばかり研究している。琉球音楽は亡国的音楽である。このような教員は辞めさせてもらいたい」と求めたという。山城らは世禮が職務を果たしていることなどを説明し、部長の怒りを収めた。世禮の親類である親川光繁が野村流音楽協会の創立50周年記念誌（1974年）に寄稿した逸話だ。

　世禮と琉球古典音楽を批判した学務部長は誰なのか。親川は教育界の刷新を掲げて「Y旋風」を巻き起こした「Y部長」と書いている。これから推測すると、1938年10月から1939年4月初めまで赴任していた山口泉のことと思われる。琉球音楽を批判する一方で山口は日本民藝協会の機関誌『民藝』1939年11月号で「これほどの純粋な秀れた文化財をうけ継ぎながら、沖縄ほど自分の郷土の地盤に自信をもたない所もない」「郷土的地盤をはっきり認識することは〔……〕もっとも強力なる日本精神表現の現実的手段にほかならない」とも論じているが、「指導すべき点は積極的に言語の問題なり」と主張してもいる。山口の下で県は各学校、企業に標準語使用を依頼するなど標準語奨励を推し進めた（1939年3月28日付大阪朝日新聞）。その中で、琉球古語を用いる琉球古典音楽を嫌ったのかもしれない。

　世禮本人の思想も複雑だ。二中の教え子で作家の大城立裕は「世禮先生の漢文の授業や琉球古典音楽家としての功績は素晴らしいが、国粋主義者だった」と証言する。世禮は琉球古典音楽にとどまらず、幅広い分野で才能を発揮した。1943年7月20～27日の沖縄新報には「沖縄古神道　日本神道への帰一は急務」とする論文を寄稿した。「琉球神道が日本神道の古態であることを証し、

従って琉球神道の日本神道への帰一は、結局は琉球神道自体の進化発展であると論じたい」とし、「御嶽(うたき)を神社」「女神職ノロ奉賛を男神官司祭」に改めよと主張している。

　世禮に詳しい京都精華大学の末次智教授は「世禮の戦時中の文章は結論だけそう（国粋主義的に）なっているが、過程ではきちっと資料を押さえて客観的な見方をしている。国粋主義的な結論が本音なのかは疑わしい」とみる。世禮は本州の大学を出ず、文検（文部省教員検定試験）を経て二中の教員になった。末次教授は「世禮にとって二中の教員という仕事は大切なものだったはずだ。仕事を通して見る限り、プライドが高く、純粋で誠実な人だと思う。自分の責務を忠実に果たそうとすると、国の動きに忠実にならざるを得なかったと考えられる」と分析する。また、末次教授は「当時は郷土教育熱が高まった時代でもあった。国粋主義と矛盾するように思えるが、郷土愛は国粋主義を補完もする」とも指摘する。世禮を含め、戦時中の芸能・文化関係者の言動は十分に検証されていない。負の歴史を繰り返さないためにも、その言動に至らしめた背景を見極めることが求められる。

しまくとぅば普及における芸能の役割

　以上のような苦難の歴史を乗り越え、沖縄の芸能は受け継がれてきた。現代に生きるわれわれは先人たちの苦労や努力に学び、芸能や言葉に対する弾圧を二度と起こさないようにしなければならない。

　沖縄の言語は地域によって違いがあり、「しまくとぅば」と総称される。近年、沖縄ではしまくとぅばを普及、継承しようという機運が高まっている。芸能はしまくとぅばに興味を持たせたり教えたりする手段として有効だ。しまくとぅば講座の受講生が沖縄芝居や創作劇を通して習得する事例もある。

　創作劇にはさまざまな地域の言葉を用いた作品もあるだろうが、伝統的な沖縄芝居では首里・那覇の言葉を混ぜてつくられた「芝居言葉(くとぅば)」「芝居口(ぐち)」が主に用いられる。芝居言葉は戦前から戦後の巡業や戦後のラジオ、テレビなどを通して一般に浸透した。以前、うちなーぐち講師の比嘉光龍(ふぃじゃばいろん)さんに取材した際、芝居言葉について「その分かりやすさや、各家庭で地域の言葉が話されなくなったこともあり、今では沖縄本島中南部で使われるうちなーぐちの『共通

語的』な言葉になっている」と指摘していた。

　芝居言葉は、(1)多くの人に通じる、(2)首里士族の言葉を混ぜるため現代の日常生活に適した敬語表現も可能、といった利点がある。おなじみの「めんそーり（いらっしゃい）」や「初みてぃ　をぅがなびら（初めまして）」といったあいさつも士族の言葉だという。だが本島中南部内でも地域によって言葉の違いがある。宮古、八重山の言葉とうちなーぐちは別言語との見方もある。比嘉さんは「芝居言葉はあくまで『共通語的』であって共通語ではない。共通語を決めると、地域の言葉を否定し排除する恐れがある。各地域の言葉を尊重しながら教えないといけない」とも強調していた。

　また、しまくとぅばを芸能の上演・鑑賞において用いるだけでなく、日常生活でも用いなければ、本当の意味で普及・継承しているとは言い難い。生活の至るところでしまくとぅばに触れる環境を創り出す必要がある。

　県が2013年度、2016年度に実施した県民意識調査では、しまくとぅばの普及啓発のために必要なことを問う設問で「学校の総合学習などでの実施」と答えた人が最も多かった（2013年度72.4％、2016年度74.2％、複数回答）。学校でしまくとぅばを教える場合、(1)指導する人材の確保、(2)地域による言語の違い、(3)授業時間の確保、などの課題がある。そして、学校で教えたとしても、家庭や地域で使用しなければ浸透していかない。どの程度の時間と労力を注いで子どもたちにしまくとぅばを教えたいのか、大人たち自身もしまくとぅばを習得して話す意欲があるのかが問われる。文化や歴史と共に言語を受け継ぐことの重要性を社会全体でいかに共有できるか、県民一人一人がどれだけ当事者意識を持って関われるかが、しまくとぅば復興の鍵を握っているように思う。

　マスコミ、メディアが果たすべき役割も大きい。しまくとぅばによる報道、しまくとぅばに関する報道をさらに増やしていく必要があるだろう。

連載報告 | 多言語社会ニッポン

在日ベトナム人コミュニティにおける母語教室のあり方

在日ベトナム人2世の言語状況からみる「葛藤」をめぐって

野上 恵美

はじめに

　ここ10年で、日本に居住しているベトナム人の状況は大きく変化した。その変化は、法務省が毎年発表している「在留外国人統計（旧登録外国人統計）」からうかがうことができる。筆者が大学院の博士後期課程に入学し、在日ベトナム人の研究をはじめた2008年に発表された同統計に収められている「国籍（出身地）別在留資格（在留目的）別外国人登録者」によると、ベトナム国籍を持つ人びとの総数は41,136人であった。その上位を占める在留資格は、在留カードの交付対象となる場合が多い「特定活動」(9,089人)、「永住者」(8,494人)、「定住者」(5,526人)となっている。これらの数値からは、永住もしくは中長期の日本滞在を前提としているベトナム人が在留ベトナム人の半数を占めていたことが読み取れる。

　2017年12月末に発表された「在留外国人統計（旧登録外国人統計）」では、ベトナム国籍を持つ人びとの総数は262,405人である。最近は、コンビニエンスストアや居酒屋などで、アルバイトに励むベトナム人の若者を見かけるようになった。また、電車に乗っていると、ベトナム語が飛び交う場面に出くわすことも珍しくなく、日常生活の中でベトナム人の増加を実感することができる。このようなベトナム人の多くが、「技能実習」(123,966人)か「留学」(72,268

人）の在留資格を取得しており、予め年数が限られた短期の日本滞在を経てベトナム本国へ帰国することを前提にしている。

　短期滞在者の増加が顕著ではあるが、1980年代から現在に至るまで、さまざまな事情により定住（永住）を前提にベトナムから来日し、生活を営んでいる人びとがいる点にかわりはない。2017年12月末現在その数は、およそ30,000人となっている。世代の中心は、1世から2世、3世へと移行しており、日本社会への定着が進みつつある。日本に生活基盤を置く2世、3世の多くはベトナム語よりも日本語の運用能力のほうが高いため、在日ベトナム人コミュニティでは、いかにしてベトナム語を「母語」として、2世、3世に継承していくかが課題となっている。

　そこで、本稿では、ベトナム人集住地のひとつである神戸市長田区に居住する在日ベトナム人2世の言語状況と同地区に拠点をおく在日ベトナム人支援組織が行なっている母語教室の取り組みをとおして、現在の在日ベトナム人コミュニティにとって望ましい母語教室のあり方について考える。

在日ベトナム人をめぐる状況

　筆者は、2005年から神戸市長田区に拠点を置く在日ベトナム人支援組織に運営スタッフとして関わっている。この組織は、1995年に起こった阪神・淡路大震災の被災外国人支援活動から生まれた自助組織である。当時、神戸市長田区には、およそ500人の在日ベトナム人が居住していた（戸田2001: 149）。彼・彼女らの多くは、1980年代にインドシナ難民として来日した人びとであり、被災当時、「言葉の壁」が原因で行政が提供する復興支援サービスにアクセスしにくい状況に陥った。

　そのため、大学でベトナム語を学んでいる学生たちが全国から神戸にかけつけ、行政が発信する情報をベトナム語に翻訳するなど、日本人ボランティアによって在日ベトナム人支援が行なわれたが、「自分たちの課題は自分たちで解決しよう」という気運の高まりもあり、2001年に、難民1世の在日ベトナム人を中心とする支援組織が立ち上げられた。現在、支援組織運営にはベトナム人4名、日本人3名が関わっており、主に「ベトナム語による生活相談」、「通訳・翻訳」、「ベトナム語母語教室」などの事業を行なっている。

筆者が支援組織に関わりはじめた頃から現在に至る10年以上の間に、支援組織にアクセスしてくる在日ベトナム人が必要とする情報は変化した。2007年頃までは、難民1世から寄せられる生活相談が多かった。具体的には、「在留資格の更新」、「医療相談」、「子どもの進路相談」などであった。2007年以降になると、研修・技能実習生として来日したベトナム人から、「未払い貯金」や「強制貯金」など労働関係の相談が増え始めた。2010年頃にはこれらの問題は終息し、ほとんど相談が寄せられなくなった。その後、「在留資格の更新」、「医療相談」、「子どもの進路相談」に加えて、現在は、住宅購入に関する相談など、日本での中長期の滞在を前提とした相談が多くを占めている。

　成人であれば、日本語運用能力が不十分であっても、こういった組織を利用することで行政機関や支援団体にアクセスしたり主体的に行動を起こすことが可能であるが、子どもたちに関しては、仮に困難を抱えていても、解決に向けて主体的行動を起こすことが難しいのではないだろうか。日本で生まれて日本で育った2世・3世の子どもたちは、日本語運用能力には大きな支障はないが、それゆえの「難しさ」を抱えているのではないだろうか。

在日ベトナム人2世の言語状況

事例①――日本で生まれ育ったA（20代・女性）の事例

　Aは、日本生まれ日本育ちの在日ベトナム人2世である。両親はボートピープルとして日本にやって来た。自営業を営む父親は「日本語はうまくない」と言うが、外国人話者に特徴的なアクセントがほとんどない流暢な日本語を話す。9歳で来日した母親は、10代の頃から親族内では「通訳」として頼りにされている存在である。父親と母親はベトナム語で会話するが、Aは両親とほぼ日本語で会話する。A家族は、全員日本国籍を取得しており、AやAの兄は日本名で生活している。両親も子どもたちの名前を呼ぶ時は、日本名で呼んでいる。

　幼少時のAは、在日ベトナム人が多く通うカトリック教会が主催している「土曜学校」に通っていた（**写真1**）。土曜学校では、学校で習ったことを復習することが主だった。Aは、土曜学校に小学校高学年頃まで通っていたが、その間、特にベトナム語を学ぶ機会はなかった。その後、中学から高校へ進学したAは、放課後は家の近くの焼肉屋でアルバイトをするなど、活発な3年間を

過ごした。高校卒業後、自宅から通える範囲にあるファッションビル内のアパレルショップに販売員として就職した。販売員をしている時、人目をひく容姿をしているAは、モデル事務所からスカウトされた。モデル業に興味を持っていたAは、当初は前向きに検討していたが、実家から離れることが条件だったため、結局オーディションを受けなかった。それから間もなく、日本人男性と結婚し、現在は3児の母親として育児に奮闘している。

写真1
土曜学校で勉強する幼少時のA（右）
（2004年頃、提供：たかとり救援基地）

販売員を退職した後の結婚準備期間中に、Aはネイル学校に通っていた。筆者はネイルの練習台として、何度かAの自宅で施術してもらったことがある。施術中、いつもAと筆者はたわいもない雑談をしていたが、ある時Aが「野上さん（筆者）は、ほんまもんの日本人なん？」と筆者に聞いてきた。Aはいつもの様子とは異なり、少し深刻そうな表情を浮かべていた。

Aは、自分が「中途半端」であるという。それに対して、筆者は「日本国籍を持っているし、しっかりした日本語を話しているし、まわりと同じ『日本人』じゃないか」と伝えた。しかし、Aは自分はまわりの日本人とは違うと答えた。続けて、Aは、自分の両親がベトナム人であることを理由にあげ、時々両親が「わけのわからない言葉」を話している時があると話し、「ほんまもん」の日本人の家庭であればそのようなことは起こらないと続けた。

これまで、筆者は何度か親子げんかも含めA親子の会話の様子を眺めてきた。時には、ベトナム語と日本語が入り混じることがあったが、親子間の会話はスムーズに行なわれていたので、Aが家庭内の会話の様子をそのように捉えていたのは意外だった。ベトナム語を「わけのわからない言葉」と表現することによって、時々ベトナム語を理解できなくなる自分に複雑な感情を抱いているようだった。こういった感情は、いつも心を占めているわけではなく、ふとした時に現われるようにみえた。

事例②——日本で生まれ育ったB（30代・男性）の事例

　Bも、日本生まれ日本育ちの在日ベトナム人2世である。Bの両親は、ボートピープルとして同じ船に乗っていたことが縁で結婚した。Bの母親は、阪神・淡路大震災をきっかけに在日ベトナム人のコミュニティ活動に積極的に関わり始めるなど、自分がベトナム人であることに誇りを持ちながら、日本で人生を切り開いてきた。

　一方Bは、物心ついた時から「日本人」としてみられることに努めてきた。その理由としてはいじめもあるが、なにより、周囲の人びとにベトナム人であることを気づかれると「いろいろ面倒くさい」からである。周囲はBがベトナム人であると知ると、「ベトナム語が話せるの？」「ベトナムについて教えて」と、Bが答えることができないことを次々と聞いてくる。周囲からの質問に答えられない自分が嫌で、Bは自分がベトナム人であることを隠すようになった。

　年齢を重ねるにつれて、Bの心の中にある「日本人になりたい」という思いは強くなり、日本名を名乗るようになるだけでなく、外出時はベトナム語を話す親を避けるようになった。同時に、どれだけ努力しても周囲から「日本人」として認めてもらえないことに対して、「自分は何者なのか？」と悩み続けていた。ある日、親しくなった友人に自分がベトナム人であることを打ち明けると、今までのようにいろいろなことを質問されることなく「かっこいいやん」と返ってきた。その時、Bは今の自分を肯定されたことに衝撃を受けるとともに、自分はこのままでいいんだという気持ちになることができた。それから、自分が「ベトナム人である」ことと向き合おうと決意し、母親からどうしてベトナムから日本へやって来たのかを聞き取ったり、自己の複雑な内面をラップミュージックで表現するようになった。

　その後、Bはベトナム語を身につけるために1年間ベトナムに留学する。留学前、Bは家族・親族が話すベトナム語を聞き取ることはできたが、話すことはできなかった。現在はベトナム語と日本語を歌詞にしたラップミュージックの制作を精力的に行ない、ラッパーとして国内外で活躍している。Bは、常々自分は「日系ベトナム人」であると話す。「日系」という言葉の従来の使い方からみると、Bの使い方は正しくはないかもしれないが、この言葉が自分を表現する言葉としてしっくりくると感じているBの思いを否定することはできない。また、この言葉は、在日ベトナム人の若者たちの自己像と、周囲が在日ベトナム人の若者とは「こうあるはず（べき）」と思う像とが異なっていること

を示しているのではないだろうか。

　在日ベトナム人2世の言語使用状況全般をみると、ふたつの傾向がある。ひとつは、ベトナム語か日本語、どちらか一方の運用能力を獲得するケースである。この場合、運用機会の頻度の関係で、日本語モノリンガルとなることが圧倒的に多い。もうひとつは、ベトナム語、日本語とも運用能力を獲得するケースである。この場合、バイリンガルであることを活かして、ベトナムにある日系企業で通訳として勤務したり、ベトナムで起業するなど、ベトナムと日本の二国間に活躍の場をみいだしている。

　在日ベトナム人2世が、自分の言語運用能力や言語使用状況をどのように捉えているかは、決して単純なものではない。日本語モノリンガルの子どもたちは、ベトナム語を運用できない自分に対して何らかの葛藤を抱えている場合が少なくない。このような葛藤の背景には、周囲の大人たちの期待に応えられない自分への呵責があるのではないだろうか。たとえば、周囲からの「ベトナム人なのにベトナム語がわからないの？」という何気ない問いかけが、子どもたちの自己肯定に影響を及ぼしているのではないだろうか。

　いいかえると、在日ベトナム人2世の言語使用状況をめぐる最も大きな問題は、子どもたちの言語運用能力の高低ではなく、周囲の大人たちが、それぞれの子どもが持っているベトナム語の運用能力の程度によって、子どもたちを「評価」してしまうことではないか。子どもたちが自分のことを、不完全な存在として感じてしまうのは、周囲の大人たちが子どもたちのことを「ベトナム語のできないベトナム人」としてみなしている現実によるのではないだろうか。

　このような現実を変えていくためには、周囲の考え方を変えていかなければならないということになるが、これは決してやさしいことではない。しかし、こうした大きな課題に取り組む以前に、在日ベトナム人支援団体ができることがある。そのうちの一つが、以下で述べる母語教室である。

在日ベトナム人支援団体における母語教室の活動

　現在、母語教室は、2名のベトナム人女性によって運営されている（**写真2**）。週に1度開かれる教室には、就学前から中学生までの子どもたちがやって来る。

写真 2　母語教室主催の夏休み講座の様子（2017 年 7 月）

　学習時間は 1 時間の設定になっており、個々のベトナム語運用能力に合わせた課題が与えられる。課題を終えた者から自由時間になるので、子どもたちは少しでも早く課題を終えようと一生懸命取り組んでいる。母語教室の様子をながめていると、教室終了後に配られるおやつと仲間と遊ぶことが目的で通っている子もいるように思えるが、講師たちは隙をみつけては学習時間中も遊ぼうとする子どもたちを決して見逃さず、厳しい指導を行なっている。一方で、学習時間外になると、講師は帰宅時間まで子どもたちの意思を尊重することを心がけ、子どもたちが自由に過ごせるようにしている。

　母語教室では、「正確な」発音の習得と読み・書きの学習に時間を割いている。繰り返し同じ単語を発話させ、少しでも間違いがあると指摘する。読み・書きの練習も同様に、繰り返し同じ単語や文章を書かせて、書き間違いのないように徹底的に指導する。時には、ふざけている子どもに対して講師が大きな声を出して注意する時もある。こういった様子は、ベトナムの学校現場における教師と生徒の間の厳格な関係性を彷彿とさせる。

　母語教室の内容は濃密ではあるが、学習時間が限られていることから、実際のところ、学習者のベトナム語能力の向上には限界がある。しかし、日々の積み上げ式の学習は、子どもたちの自信につながっている。子どもたちは、年に

数回、国際交流イベントにおいてベトナム語の民謡を披露する機会がある。歌い終わった後の達成感に満ちあふれた子どもたちの笑顔からは、ベトナム語を使える自分に対する自信のようなものを感じとることができる。

当初筆者は、母語教室は学習者のベトナム語の運用能力を向上させることが最大の目的と考えていたため、これまでの母語教室のあり方に歯がゆさを感じていた。筆者のそのような考え方は、「ベトナムにルーツを持っているのであれば、ベトナム語を話せるようになるべきだ」という固定観念に基づくものであり、子どもたちが置かれている複雑な言語状況や、それに伴う子どもたちの複雑な感情を見落としていた。

子どもたちが置かれている言語状況を踏まえたうえで、母語教室のあり方について考えてみると、母語教室がベトナムにルーツを持つ子どもたちにとって、「そのままの自分」でいられる場であることが望ましい。母語教室は、子どもたちの言語能力や言語状況をまず肯定する場でなければならない。さらに言えば、子どもたちにとっての母語教室は、自己が肯定される場であると同時に、ベトナム語学習をとおして自分の中に抱えている「葛藤」を「多様性」に変化させる場であることが望ましいのではないだろうか。

いうまでもなく、プラクティカルな学習と子どもに寄り添う姿勢の両立は決して簡単なことではない。実際に、ベトナム語の運用能力の差によって、子どもの間で仲間割れが起こってしまうこともある。ベトナム語の運用能力にばらつきがある子どもたちを包括できるような教室のあり方については今後の課題として考えていかなければならない。だが常に、「母語教室に多くの子どもたちが通い続けており、母語教室がベトナムにルーツを持つ子どもたちにとって居心地の良い場所のひとつになっている」、ということは確認しておきたい。

おわりに

母語教室に通う子どもたちの様子をみていると、楽しそうな表情を浮かべて伸び伸びとした様子である。おそらく、自分と同じような状況にあり、同じような葛藤を抱えている「仲間」と出会うことにより、「しんどいのは自分だけじゃない」という安心感を得ることができているのだろう。

今後、在留ベトナム人人口の増加を受けて、ベトナムにルーツを持つ子ども

たちのためのベトナム語学習の場の重要性は高まりをみせると考えられる。ベトナムにルーツを持つ子どもたちにとってのベトナム語の習得は、自己アイデンティティの形成に関わるだけでなく、グローバル社会で活躍するための生存リテラシーにも関わる。

今回、筆者が紹介した母語教室のあり方は限定的な事例であり、すべての在日ベトナム人母語学習者のニーズをカバーできるわけではない。これからは、学習内容や学習目標がそれぞれ異なる多様な母語教室が複数存在し、保護者や子どもたちがニーズにあった母語教室を選択できるようになることを期待したい。その場合でも、学習者への向き合い方として重要なことは、欠落している言語能力を補っていくという姿勢ではなく、すでに持っている言語能力を伸ばすという姿勢で取り組むことだ、ということをあらためて強調しておきたい。

■参考文献

法務省「在留外国人統計（旧登録外国人統計）統計表」http://www.moj.go.jp/housei/toukei/toukei_ichiran_touroku.html

戸田佳子（2001）『日本のベトナム人コミュニティ ── 一世の時代、そして今』暁印書館。

謝辞：本稿を執筆するにあたり、貴重なお話を聞かせてくださった天清恵美（あますが）さん、ラップミュージシャンのMC NAMさんに、心より感謝申し上げます。また、本稿タイトルのベトナム語訳にご協力くださったズオン・ゴック・ディエップさん、いつも惜しみなくご協力くださる秋山ゆきさんにも、厚く御礼を申し上げます。

　最後に読者のみなさんへ。MC NAMさんが2009年に発表した「オレの歌」がYouTubeにアップされているので、ぜひ一度ご覧ください。彼のルーツについてリアルに語られています。

《映像の中の多言語》

NHK特集ドラマ（2018）
『どこにもない国』にみる「節英」の極北

木村 護郎クリストフ

満洲からの日本人の引き揚げをとりあげたNHK特集ドラマ『どこにもない国』が2018年3月24日と31日の2回に分けて放映された。敗戦後、中国東北部に取り残された100万人をこえる日本人の引き揚げを実現させるべく、極秘に日本に脱出し、引き揚げを実現させるために尽力した丸山邦雄、新甫八朗、武蔵正道の三人の物語である。大きな目標のために命をかけてたちあがり、あきらめずに困難を乗り越える三人の姿は、見ている人に勇気を与えるとともに、これまで主に関係者の間でのみ知られていた引き揚げの挿話に光をあてる、とてもよいドラマであった。

言語と宗教への着目

しかし、このドラマを見て私が瞠目したのは、日本でしばしば意識的か無意識的か、周辺化されたり消されたりしてしまう二つの要素を正面からとりあげていたことである。それは言語と宗教である。丸山の息子ポール・邦昭・マルヤマは、このドラマの元となった著書で、三人が130万同胞を救いだすことができたのは、GHQ（連合国軍最高司令官総司令部）、国民党軍、カトリック教会の三つの存在があってのことだと述べている（マルヤマ 2011：161, 329）。これはそれぞれ、英語、中国語、宗教（信仰）とつながる。ドラマでは、これらの要素の描写は単に話の展開に付随するものであるのみならず、ドラマの進行において重要な、いや決定的な役割を果たしていた。言語と宗教なしでは使命は果たせなかった、生き延びられなかったという場面が何度も描かれ、原作よりもさらに強調されて前面に出されている感があった。こうして、このドラマは、本来のテーマをこえて、個人や社会にとっての言語や宗教（信仰）の意味を強く印象づけるものであった。

三人の使命の遂行を下支えした、国境をこえた

カトリック教会の人脈の連動はそれ自体、興味深いテーマであるが、ここでは、宗教については、このドラマで、丸山の妻、万里子の信仰にもとづく言動や祈る姿が、ドラマを導く赤い糸といってもよいほど大きな位置を占めていたことのみを確認しよう。以下では、言語に焦点を当てて見ていきたい。

言語面に注目するにあたり、ここでは、言語の違いをこえたコミュニケーションの指針として私が提案する「節英5カ条」（木村 2016）に沿って見ていくことにする。「節英」とは、国際共通語としての英語に過度に依存せず節度をもって英語を使う姿勢を指す。そうすると必然的に他の言語にも相応の役割が見出されるのである。このドラマでみられた多言語コミュニケーションは、この指針を驚くほど見事に体現するものであった。節英5カ条は、次のとおりである。順に見ていこう。

第1条　何をしたいかを明確に
第2条　共通語（国際語）よりも現地語優先で
第3条　恥ずかしがらずに
第4条　他者の力を借りつつ
第5条　多様性を尊重する

何をしたいかを明確に

異言語を学び使うときには、まず明確な目的意識を持つことが肝心である。日本の「英会話」はしばしば英語を学ぶこと、使うこと自体が目的となってしまっている感がある。これでは、言語能力が伸びないとしても不思議ではない。その点、ドラマのあらすじ紹介では、丸山が英語に、武蔵が中国語に堪能なことが特にあげられていたが（西沢ほか 2018:8）、二人は若い日にそれぞれ勉学および仕事に関する志をいだいてアメリカや中国に渡って英語、中国語を覚えたという。その背景は、ドラマの中でも語られていた。

そしてこのドラマの中で両名がこれらの言語を使う目的は明確このうえない。日本人の帰還を可能にするために、カギとなる中国の国民党軍および東京のGHQに働きかけることである。国民党軍とのつながりは、中国語が話せる武蔵の現地人脈をとおして可能になり、国民党軍の助力によって三人は日本へ脱出することができた。そして日本では、GHQに引き揚げ船を出すよう訴えるときに、丸山の英語による交渉が大きな役割を果たす。ここで英語は国際共通語としての英語ではなく、相手の言語であることにも注目したい。直接、相手の言語で思いや意図を伝える両名のこのような外国語能力なくして、この使命を果たすことは不可能であった。外国語、とりわけコミュニケーションをとりたい相手の言語ができることの意味がこれほど身にしみて感じられるドラマはなかなかないだろう。

共通語（国際語）よりも現地語優先で

現地語を使うことの意義は、現地で中国語を覚えた武蔵の活躍に表されている。武蔵が登場する最初のシーンからして、彼が中国語を使ってやりとりしている様子が描かれる。武蔵を演じた満島真之介（敬称略、以下同）は、このドラマのために中国語を勉強しており、インタビューで次のように語っている。

「中国でロケを行った際、現地のスタッフさんたちに積極的に中国語で話しかけるようにしたんです。初めのころは、やはり日本人と中国人の間には微妙な垣根がありましたが、話しかけることでそれが取り払われていきます。」（西沢ほか 2018:21）

この姿勢は、中国語を駆使することで壁を乗り

越えていった武蔵の体験をそのまま体現している。また丸山についても、満洲脱出時に駅で国民党軍に捕まった時、銃をつきつけられて手を上にあげさせられて身動きできない状況で、「我有護照」(wǒ yǒu hùzhào)(パスポートを持っています)と言って、国民党司令部にもらった通行証を出すことができて連行を免れる場面があった。間違った動きをすれば射殺されかねない状況で、現地語能力はまさに命にかかわる役割を果たした。

そのほかにも、満洲に残された日本人たちの窮状を描く場面で、食いつなぐために食器などを売りに町に出た日本人の子どもたちは、日本語で売ろうとするが相手にされず、むしろ売り物を中国人に取られてしまう。一方、中国語を覚えた子どもたちは、うまく売りさばいていくのである。現地社会に入っていくために現地語が果たす役割を象徴的に示したシーンであった。

一方、国際共通語としての英語は、英語ができる一部の人を除き、社会全体としては共通語としてほとんど役に立っているようには見えない。「節英」のモデル映画と思えるほどに「節英5カ条」にかなった登場人物のふるまいとその描き方の中で、ほぼ唯一、多少的外れな言語選択に

見えたのは、英語が通じない(ので共有する言語がない)ロシア人や中国人とも必死で英語で話そうとする丸山や万里子の姿である。うがった見方をすれば、日本人にありがちな、国際語としての英語への過剰な期待の表れのようにも見えなくもない。イントネーションやリズム、音声の特徴や間合いといった意味内容以外のパラ言語(周辺言語)情報が明確に出やすい母語の日本語を使った方が、思いがうまく伝わったのではないかと思ってしまう(木村 2016:255-260)。しかし当時の旧満洲の状況で日本語を使うことによって反感を招く危険性の方が大きいと考えれば、両名の英語使用も妥当な選択だったとうなずけよう。

恥ずかしがらずに

日本の外国語学習者は、しばしば恥ずかしがって外国語を堂々と話すことができないという話をよく聞くが、今の日本で、発音や文法に過度にこだわってしまう傾向がみられるのは、ある意味、逆説的に聞こえるかもしれないが、伝えなければならないという切迫感がないことによる余裕の表れかもしれない。その対極にあるのがこのドラマに出てくる人々である。上述の、生き延びるために町で中国語を使う日本人たちは、発音や文法の正しさなど気にしている場合ではない。また武蔵以外

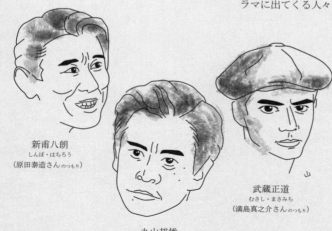

新甫八朗
しんぽ・はちろう
(原田泰造さんのつもり)

丸山邦雄
まるやま・くにお
(内野聖陽さんのつもり)

武蔵正道
むさし・まさみち
(満島真之介さんのつもり)

の二人も、脱出の支援を請いに行った国民党軍司令部では、自分たちなりの発音で、しかし臆することなく、自己紹介を中国語で行っている。異言語を使うことが最も効果的な場では恥ずかしがらずに話す姿勢は、日本にたどりついたあと、ついに実現したマッカーサーとの会見での丸山にとりわけ明確に表れている。与えられた30分をこえて、40分にわたって英語で熱弁をふるったという丸山の演説の一部は、ドラマでも、丸山を演じた内野聖陽によって説得的に再現されていた。

他者の力を借りつつ

しかし主人公の言語能力のみを一方的に強調することは避けたい。三人は、多くの人の助けを借りてはじめて使命を完遂したのであるが、そこには言語的な援助も多分に含まれているのである。たとえば、言語的な仲介者が、ドラマでは随所で登場した。ドラマでは、脱出の助けを依頼した国民党軍に日本語のできる将校がいるが、彼は元々、国民党軍に加わった日本人であった。この人の存在も、国民党軍との話し合いを順調にするのに貢献した（マルヤマ 2011：101-102参照）。また丸山らをマッカーサーととりついでくれたのは、GHQ内の日本語のできる日系人の将校であった。

主人公のうち語学力を売りにする二人も通訳として重要な働きをしている。丸山は、ソ連軍占領後に英語のできるソ連軍将校との通訳として活動するなかで協力者の存在を得ていく。また武蔵は国民党軍司令部との交渉で通訳の役割を担う。一方、自身は語学の才が目立たない分、商才や機転に富む新甫は、通訳を使った演説で日本人の店を襲う暴徒をなだめている。このドラマは、通訳の働きを考える教材にもなりうる。

つまるところ、高度な語学力をすべての人に要求するのは非現実的であり、必要なところで、語学力のある人の力を借りることがもっとも効率的で効果的なのである（木村 2016：243-250）。その点、一人で英語も中国語も自在に操る語学の超達人ではなく、中国語の武蔵と英語の丸山、そして日本で（もちろん日本語で）資金や支援物資を集めることに奔走する新甫という三人がそれぞれ強みを生かして弱みを補い合い、協力して目的を達成することにこのドラマの真骨頂があるといえよう。その意味で、この三人の協働は、それぞれが異なる言語の能力を生かしあう「言語分業社会」（木村 2016：188）のひな型を示している。

多様性を尊重する

そして、最後に、言語使用の多様性の尊重についてもこのドラマはよい例を示している。これは映画やドラマにおいて決して常識ではない。まじめに時代考証を行っている映画でも、言語にはそれほどこだわらない例もみられる（木村、未刊行）。もし映画で日本軍が自衛隊の制服を着ていたり米軍がドイツ軍の制服を着ていたらおかしいと感じるのに、言語面ではつめが甘くても、意志疎通の観点から大目にみられるところに、映画で言語の多様性を尊重する難しさがあるといえよう。

その点、中国東北部および日本を主な舞台とするこのドラマでは、日本語、中国語、さらには満洲を占領したソ連兵が話すロシア語、そして日本を占領した米軍が話す英語の4言語が、その場その場で現実的に用いられていた。演出を担当した木村隆文は、「ドラマ制作上でいちばん困ったのは、言葉の問題です」（西沢ほか 2018：38）と振りかえっているが、それは言語の面でも真正さにこだわったことを証している。

さらに、主人公たちの異言語使用も、多様な言語使用のあり方を示している。武蔵を演じる満島の中国語や丸山を演じた内野の英語は、ネイティブをひたすら目指すのではなく、それぞれの母語の影響が不可避であることを受けとめたうえで分かりやすく伝わる話し方を実践する好例である。とりわけ印象的なのは、この点でも、GHQでの

丸山の英語による演説である。ネイティブの英語ではないが、むしろネイティブ英語よりもわかりやすい。インタビューで、「英語が堪能な役柄で、流ちょうに話されていましたが、もともと得意なのですか」という問いに、内野は次のように答えている。

「大学時代に英語劇はやっていたけれど、海外留学の経験もないし、ネイティブのように話せるわけでもないので、企画を頂いた時点で、プロデューサーに「私でいいの？」と確認しました。だから特訓の毎日でしたよ。「あんたの英語が上手過ぎたから、俺たちは捕まったんだ」と非難されるせりふがあって、それが一番のプレッシャーでした（笑）。」*

アメリカに留学していた本物の丸山と異なり、海外留学の経験がなくともここまでできるというのは、多くの日本人英語学習者にとって希望ではないだろうか。「日本人英語」のひとつのモデルとして、丸山（を演じる内野）の演説を英語の授業で見せることができたら効果的だろう。

おわりに

このドラマは、三人の働きを通して、敗戦と共に消滅した「満洲国」と無条件降伏して占領下におかれた「大日本帝国」という二つの「どこにもない国」のはざまで、国家の保護を失い事実上の難民となった日本人たちがいたという、ほとんど忘れられたかに見える歴史を思い起こすためのすぐれた試みであった。内野は、出演にあたって、長野県阿智村にある満蒙開拓平和記念館**にも足をのばして語り部の話を聞くなど、相当に気合をいれて臨んでいるが（寺沢 2018）、以上みてきたように、歴史への視点のみならず、今後、日本人が国際社会とどのように向き合っていこうとするのかについても示唆に富む。昨今、「グローバル人材」をめぐる議論がかまびすしいが、極限状態の多言語コミュニケーションを示すことで、地に足のついた議論をするための手がかりにもなりうるドラマであった。

---

*　「インタビュー「どこにもない国」内野聖陽　知られざる歴史上の偉人伝に感服」https://ovo.kyodo.co.jp/interview/a-1137446（2018.6.29閲覧）

**　満蒙開拓平和記念館は、満蒙開拓民の悲劇と共に、大陸進出・侵略の一環としての満蒙開拓の加害者性にも目を向けて現実を多角的にみる展示を行っている。

■参考文献

木村護郎クリストフ（2016）『節英のすすめ──脱英語依存こそ国際化・グローバル化対応のカギ！』萬書房。
―――（未刊行）「コラム『杉原千畝　スギハラチウネ』（チェリン・グラック監督、2015年）」、櫻井映子編『リトアニアを知るための60章』明石書店。
寺沢秀文（2018）「ドラマ『どこにもない国』の放送実現と葫蘆島からの引き揚げ」『星火方正』26号、21～25頁。
西沢教夫／若堀久志／三猿舎（執筆）、三猿舎（編集）（2018）『満洲──NHK特集ドラマ『どこにもない国』を巡る』（洋泉社MOOK）洋泉社。
マルヤマ、ポール・邦昭（2011）『満洲　奇跡の脱出──170万同胞を救うべく立ち上がった3人の男たち』高作自子訳、柏艪舎。

近刊短評

シベリア関連で

小生の今年の短評も日本語文献だが、昨今はシベリア関係で貴重な著作が見られた。▶後藤悠樹『サハリンを忘れない——日本人残留者たちの見果てぬ故郷、永い記憶』（DU BOOKS、2018）。写真家によるフォト・エッセイ。朝鮮人やロシア人と結婚したり、子供をもうけたりなどして、サハリン（「樺太」）という場にとどまった／とどまらざるをえなかった人々の記録であり、国家と国籍という暴力装置の証拠でもある。▶麻田雅文『日露近代史——戦争と平和の百年』（講談社［講談社現代新書］、2018）、同『シベリア出兵——近代日本の忘れられた七年戦争』（中央公論新社［中公新書］、2016）も合わせて必読。シベリア抑留はシベリア出兵と合わせて記憶されなければならない。▶レーン・ウィラースレフ『ソウル・ハンターズ——シベリア・ユカギールのアニミズムの人類学』（奥野克巳＋近藤祉秋＋古川不可知［訳］、亜紀書房、2018）。英米圏でシベリアの文化人類学者と言えばいま一番の〈売れっ子〉で、マリノフスキ記念講演にも出場した人物の著作。シベリア民族誌の邦訳は久々だ。「存在論的転回」およびそのシベリアへの適用についてはいずれ、どこかで。▶永山ゆかり＋長崎郁（編）『シベリア先住民の食卓——食べものから見たシベリア先住民の暮らし』（東海大学出版部、2016）。食をいかに論じるか。Food Studiesは、いま力のある〈新興勢力〉だが、記述言語学者らによる本書は一般向けで、シベリア文化への導入として最良の一つ。　　　（渡邊日日）

「グローバル化する日本社会」という幻想への回答

ひつじ書房から昨年刊行された阿部公彦『史上最悪の英語政策——ウソだらけの「4技能」看板』、藤原康弘＋仲潔＋寺沢拓敬（編）『これからの英語教育の話をしよう』については別媒体で書評論文をかいた（『社会言語学』18号）。これら、近年の英語教育に関する風潮に対する批判は急増しており、社会人・学生および保護者むけとして、たとえば猪浦道夫『TOIEC亡国論』（集英社［集英社新書］）などもみられる。単なるビジネス書にはとどまらない啓発本として、世論に影響をおよぼせるか。▶近年の英語教育論に対して一貫して批判的な姿勢を維持してきた鳥飼玖美子。年頭にでた『英語教育の危機』（筑摩書房［ちくま新書］、2018）は、英語教育にたずさわってきた大学人による総決算的エッセンスといえるかもしれない。▶また鳥飼らを軸とした論集『英語だけの外国語教育は失敗する——複言語主義のすすめ』（ひつじ英語教育ブックレット4、ひつじ書房、2018）は、猪浦『TOIEC亡国論』と同様、英語教育関係者自身が英語偏重を指弾している点におおきな意義がある。▶一方、日本語を共有財として利用する視座から、ローマ字など複数表記の併用を提案する、J・マーシャル・アンガー＋茅島篤＋高取由紀（編）『国際化時代の日本語を考える——二表記社会への展望』（くろしお出版）なども注目すべきだろう。　　　（ましこ・ひでのり）

社会言語学の第三の波

社会言語学が誕生してすでに半世紀が経ち、古典的なアプローチ、根本的に新しいアプローチやアウト・オブ・ファッションなアプローチもある。▶Penelope Eckert（ペネロペ・エッカート）は半世紀にわたる社会言語学の発展を取り上げ、社会言語学には三つの波があるという。この三つの波の区別は現代社会言語学を評価する際、非常

に便利である。彼女の引退を機に、*Meaning and Linguistic Variation: The Third Wave in Sociolinguistics*（意味と言語変容——社会言語学の第三の波）**(Cambridge University Press, 2018)** が出版された。私にとってこの本は、最近12ヶ月間に読んだ本の中で最も重要なものとなった。▶第三の波に入る社会言語学の新しい教科書も取り上げよう。**Dick Smakman**（ディック・スマークマン）の *Discovering Sociolinguistics: From Theory to Practice*（社会言語学の発見——理論から実践へ）**(Palgrave Macmillan, 2018)** からは、二つの収穫があった。まず、この本は世界の例を使って文化的に個別とともに普遍的な特徴を描いている。さらに本の後半では、個々の調査手法や研究方法について詳説されている。▶**Alastair Pennycook**（アラステアー・ペニクック）は、現在最も重要な応用言語学者であり、彼の新著は必読である。*Posthumanist Applied Linguistics*（ポストヒューマニストの応用言語学）**(Routledge, 2018)** は、非・人間の「文脈」を取り上げて、非・人間の側面、およびモノとその認識が言語とどのように相互作用するのかに焦点を当てる。このような物理的文脈の理論化は、これまで以上に多様となった意味の理解のために重要な貢献であると思う。　　　（パトリック・ハインリッヒ）

禁じ手

自著3冊。▶『漢字廃止の思想史』（平凡社、2016）。刊行後に取材にきた大手新聞社文芸部記者が、漢字廃止論がこれほど多様に強力にとなえられていたとは知らなかった、といっていた。そう、それぞれの時代の先端的思想とむすびつけて漢字廃止は主張されていたのである。文明化・社会進化論・能率化・マルクス主義・民主主義などなど。こうした流れをおおきくまとめたのが本書であるが、先端的思想の力を借りなければならないことは逆に漢字体制の強固さを示すものでもある。ただ、『漢字に託した「日本の心」』（笹原宏之）とか『神さまがくれた漢字たち』（山本史也）などという情緒にうったえかける主張をうのみにせずにバランスよく考えるためにも、読んでいただきたい。▶『近代日本言語史再考 Ⅴ——ことばのとらえ方をめぐって』（三元社、2018）。「15円50銭」論・村上広之論・斎藤秀一論・下瀬謙太郎論・民科とスターリン言語学・先の大手新聞社が敗戦後にとなえた社説「漢字を廃止せよ」論などなど、と地味ではあるがそれなりのあたらしい知見をちりばめて通好みにしあげたつもりなので、読んでいただきたい。▶『大槻文彦『言海』——辞書と日本の近代』（慶應義塾大学出版会、2018）。「世界を読み解く一冊の本」シリーズの一冊。なぜ辞書『言海』なのかという問いには私も答えられないが、『言海』というあたらしいシステムによって、近代における「日本語」のあり方が方向づけられていったことを、大槻文彦の言説などとともにやや多面的に論じた。大槻が『言海』増訂作業（のち『大言海』となる）に没頭しつつも日本酒（瓶詰の月桂冠）を三合毎日たしなんでいたという話には、妙に親近感をおぼえた。（安田敏朗）

通訳から考えることばと人

通訳は、辞書では、「異なる言語を話す人あるいは言語の不自由な人などの間にたって、おたがいの意思をつうじるようにすること。また、その人。」といわれ、英語でInterpretation（解釈・判断・通訳など）となっている。親戚や同じ大学内の人だけでなく、国会答弁でも同じ言語で意思疎通が図れない昨今、「おたがいの意思をつうじるようにする」とは大変な仕事である。そして、法廷という非常に非対称な関

係性においては、アウェーで《通訳を依頼せざるをえない人》と《通訳者》の「言いづらさ」「伝わらない」もどかしさや憤りはいかばりかと思われる。▶そんな通訳に関して「通訳人はヒトです。通訳翻訳機械ではありません」という**水野かほる・津田守（編著）『裁判員裁判時代の法廷通訳人』（大阪大学出版会、2016）**は法廷通訳における問題点を海外事例の論文も交えて議論している。▶また、「言葉には、それを使う人の人となりや個人史、生き様が反映される」という**丁海玉『法廷通訳人──裁判所で日本語と韓国語のあいだを行き来する』（港の人、2015）**ではひとはその言葉のなかに感覚や感情を表現しているのだから、それをくみ取り、訴訟という生き物のなかで伝えるむずかしさを知ることができる。▶歴史的裁判での通訳の仕組みと力関係を分析した**武田珂代子『東京裁判における通訳』（みすず書房、2008＝2017新装版）**▶**フランチェスカ・ガイバ『ニュルンベルク裁判の通訳』（武田珂代子［訳］、みすず書房、2013）**も通訳学として必読。

(定松文)

ウォロフ語出版

▶ Murtadaa Jóob, *Woy ak Cax ci ëttub làmmiñu wolof* (L'Harmattan-Sénégal, 2018) ▶ Murtadaa Jóob, *Teqamta-laakonu Taalam Saate* (L'Harmattan-Sénégal, 2018)。二冊とも、ウォロフ語のみによる出版である。最初のものはウォロフ語の口承詩となぞなぞを集めたもので、二番目のものは、誤用、混用の多い語について発音と語義を明確にした語彙集である。ラジオ、テレビのウォロフ語放送で、ジャーナリストたちによるウォロフ語の誤用が目立つのでそれを正すためだという。ウォロフ語出版はパリのL'Harmattanからも数冊出版されているが、それらはすべてフランス語との対訳で、L'Harmattanによるウォロフ語のみの出版はこれが初めてである。68年5月が十分に担いきれなかった旧植民地に関わる問題意識を引き継ぐ形で、サハラに吹く熱風の名を社名としてL'Harmattan社がパリに設立されたのが1975年のことだった。経営基盤を維持しつつできるだけ多くの著作を世に出すために、初版1000部までは著者に著作権料を支払わない、という経営方針が物議をかもし、その経営方針をめぐって1980年には分裂してKharthala出版が作られるなどいろいろあったが、出版業不況の中で、こうした専門化した出版社としては健闘し続けている。そのL'Harmattanがダカールに書店と出版社を開いたのが2009年だった。セネガルに関わるフランス語著作の出版が主な活動で、ダカール中心部に向かう幹線道路沿いに大々的に開店した書店は、年々陳列書籍数が減っていくように思えて心配していたが、この二冊の出版を見て、厳しい状況の中でも意欲的な出版を続けていることを知り、うれしくなった。(砂野幸稔)

戦争と言語

こうした問題意識のもと、WWIIと言語については、語られてこなかったわけではない。たとえば、南太平洋戦線でのナバホ語暗号通信兵Code talkerを扱った映画『Windtalkers』（2002年）やCBI戦線を舞台とした日本語語学将校と日本人教師との恋愛譚（リチャード・メイソン『風は知らない』田代三千稔＋佐々木峻［訳］、英宝社、1949, 58年）とその映画作品（1958年）などが思いつく。しかし、史実の発掘は未だ十分とは言えないし、それに基づく研究書が多数存在しているわけでもない。そのなかで、▶**武田珂代子『太平洋戦争日本語諜報戦──言語官の活躍と試練』(筑摩書房［ちくま新書］、2018)**は、いくつ

もの手懸りを提供してくれる。ただ、残念なことにイギリスの植民地であったインドにおける日本語教育や、対日戦争の拠点となったインドに設置された翻訳訊問センターのことなどは触れられていない。関心のある方は、同じ著者の▶『東京裁判における通訳』（みすず書房、2008＝2017新装版）や、▶大庭定男『戦中ロンドン日本語学校』（中央公論社［中公新書］、1988年）と▶ハーバート・パッシン『米陸軍日本語学校──日本との出会い』（加瀬英明［訳］、TBSブリタニカ、1981）などを参照されたい。私の勤務先は、外国語を専門に教授する大学なのだが、こうした関心が共有されているのかというと、どうもそういうわけではない。それはそれで、一つの考究課題なのだろう。　　　　（藤井毅）

持続可能性と言語権

国際連合で2015年に採択された「持続可能な開発目標」（SDGs）は、169もの具体的な目標をあげているのに、驚くべきことに言語の問題にふれていない。それに対して、2017年5月、ニューヨークの国連本部のすぐそばで開かれたシンポジウムの最終報告（▶ **Final report. Symposium on Language, the Sustainable Development Goals, and Vulnerable Populations**, http://www.languageandtheun.org/events.html）は、SDGsがうたうように「誰一人として取り残さない」ことを目指すためには、教育や社会運営における言語の役割を認識して、多言語状況に十分に配慮することが不可欠であると指摘して、言語権を持続可能性の中に位置付ける。一方、同年、ジュネーヴの国連人権高等弁務官事務所は、言語の次元を忘れていないことを示すかのように、言語権に関してどのような施策をとることがなぜ望ましいか、またその国際法的な根拠および実例を紹介する実践的な指針を6つの公用語で発表した（英語版：▶ **Language Rights of Linguistic Minorities: A Practical Guide for Implementation**, https://www.ohchr.org/EN/Issues/Minorities/SRMinorities/Pages/LanguageRights.aspx）。日本語でも、▶宮崎里司＋杉野俊子（編著）『グローバル化と言語政策──サスティナブルな共生社会・言語教育の構築に向けて』（明石書店、2017）は、持続可能性と絡めて人権の言語的な側面も取りあげ、言語政策論の新たな方向性を示唆している。これが一時的な流行りに終わらず、言語権がより広い文脈から再検討されることを期待したい。

（木村護郎クリストフ）

ポピュリズム

ポピュリズム関連の書籍の刊行が続いている。▶カス・ミュデ＋クリストバル・ロビラ・カルトワッセル『ポピュリズム──デモクラシーの友と敵』（白水社、2018）、▶庄司克宏『欧州ポピュリズム──EU分断は避けられるか』（筑摩書房［ちくま新書］、2018）、▶佐々木毅（編著）『民主政とポピュリズム──ヨーロッパ・アメリカ・日本の比較政治学』（筑摩書房［筑摩選書］、2018）、▶ヤン＝ヴェルナー・ミュラー『ポピュリズムとは何か』（板橋拓己［訳］、岩波書店、2017）。与えられる定義、（自由）民主主義との関係、あるいはその危険性（または効用）については論者により様々であるが、カリスマ的指導者が市井の人々へ直接語りかけるというスタイル、およびその言葉には地域や時代をこえた共通性が見てとれる。▶そうした指導者たちの言葉を、近年のヨーロッパのポピュリズム運動、特に台頭する右派ポピュリズム政党を対象として言語的分析を行っているのが **Ruth Wodak, *The Politics of Fear: What Right-Wing Populist Discourses***

Mean(Sage, 2015)。彼我を分かつために駆使される巧妙な「コード化された言葉」、なかでも利害の異なる多様な聴衆に同時に語りかけるために戦略的に利用される「計算された両義性」の分析は興味深い。前著の著者が編者の一人である批判的談話分析研究の入門書の第3版の翻訳が、▶ルート・ヴォダック＋ミヒャエル・マイヤー（編）『批判的談話研究とは何か』（野呂香代子＋神田靖子他［訳］、三元社、2018）。

（石部尚登）

継続する経験としてのコミュニケーション〜人類学周辺

▶箭内匡『イメージの人類学』（せりか書房、2018）。実体的な「文化」や「社会」の概念と手を切り、「イメージ」概念を軸として人類学を組み替える壮大かつ体系的な試み。ウィリアム・ラボヴの仕事を「再イメージ化のミクロ政治学」として捉え直す刺激的な議論を含む。▶吉田優貴『いつも躍っている子供たち——聾・身体・ケニア』（風響社、2018）。長期滞在したケニアの一聾学校で経験した一見アモルフなコミュニケーションをそれ自体として捉えようとする試行錯誤の過程を提示した民族誌的著作。結論がある訳ではないが、言語に解消し得ない経験を動画を手掛かりに再分析していく中でその都度紡ぎだされる思考と、その向こうに見える可能性の断片には、何度もはっとさせられた。▶Janny H. C. Leung and Alan Durant (eds.) *Meaning and Power in the Language of Law* (Cambridge University Press, 2018)。大まかに言えば法言語学の論文集で、執筆者の専門は法学、言語学、人類学等多岐に亘る。翻訳、しぐさ、イメージ、政治といった論点が、前二書ほどラディカルな形ではないが繰り返し登場するのは意外だった。私も一章書いているので宣伝も兼ねて。

（名和克郎）

「ポスト真実」の時代に抵抗するために

小さなポライトネスの研究会で柳田亮吾さんに教えてもらった▶津田大介＋日比嘉高『「ポスト真実」の時代——「信じたいウソ」が「事実」に勝る世界をどう生き抜くか』（祥伝社、2017）。ドイツでもpostfaktischが2016年の暮れにドイツ語学会の「今年の言葉」に選ばれたそうだ。コミュニケーションの成立が前提できないときの言語現象をどのようにとらえるべきかが問われている。2015年に亡くなった▶西江雅之の『ことばだけでは伝わらない——コミュニケーションの文化人類学』（幻戯書房、2017）では、「人間同士が行なう現場でのコミュニケーション」が「伝え合い」としてとらえられており、そこでは「ことば、身体の動き、当人の特徴、社会的背景、空間、その場の環境、生理的な反応」という7つの要素がカクテルのように溶け合って作用しているという。だが、意図的に「嘘」をついておいて、あれは「冗談」だった、「皮肉」だったというストラテジーに対してどのように対処するべきなのだろうか。だから私は、▶ポール・グライス『論理と会話』（勁草書房、1998）を読み直してみた。とある言語現象に原理や確率といった法則性を見出し、その法則性を素晴らしいと評価し、その法則性に当てはまらないものを度外視しているが、それでいいのだろうか、と思っている。

（山下仁）

他／多なる言語

パリに立ち寄る際に必ず行く書店の言語学コーナーに平積みされていた大部の3冊。▶Jacques François, *Le siècle d'or de la linguistique en Allemagne: De Humboldt à Meyer-Lübke*（ドイツ言語学の黄金世紀）(Lambert-Lucas, 2017)。当時のフランス的言語観にとって意味不明な「歴史としての固有言語の生命」観が、19世紀ド

イツで近代言語学を打ち立てた。本書はフンボルト、シュライヒャー、マイヤー・リュプケなど代表的研究者7人を中心に、その全体像を図式を交えて把握しようと試みている。▶**Christine Hélot et Jürgen Erfurt (dir.), *L'éducation bilingue en France: Politiques linguistiques, modèles et pratiques***（フランスの二言語教育）**(Lambert-Lucas, 2016)**。 全650ページ、6部35章構成で、「フランス語とそれ以外（les autres）」(p.10) の二言語教育の多彩な現状を概観する。海外領土の言語、フランス国内地域言語、移民の言語、「威信言語」などの二言語教育に加え、ろう者の二言語教育に一部が割かれている。▶**Patrick Belissen, et al., *Paroles de Sourds: À la découverte d'une autre culture***（ろう者のことば）**(La Découverte, 2018)**。2013年、ろう教育の「口話主義」を決定づけたミラノ会議への抗議の意をこめて、ろう者たちがパリからミラノまで40日かけて踏破し、フランス手話（LSF）の「フランスの言語」としての承認を訴えた。本書はそこに参加した6人のライフヒストリーを中心に構成されている。原語（LSF）バージョンはサイト http://www.oss2007.org/paroles-de-sourds/ から閲覧できる。 （佐野直子）

アルゼンチン

ブエノスアイレスで調査を行うことになったため、アルゼンチンにおけるマイノリティ言語の研究についてごく簡単におさらい。▶**Cristina Messineo y Ana Carolina Hechat (comp.) *Lenguas indídenas y lenguas minorizadas: Estudios sobre la diversidad (socio)lingüística de la Argentina y países limítrofes* (Eudeba, 2015)**。アルゼンチンとその周辺におけるマイノリティ言語の状況に関する論集。近年出版された紙媒体書籍としては、おそらく唯一のもの。先住民言語が中心だが、イディッシュについての一章も含んでいる。タイトルに、「マイノリティ言語（lenguas minoritarias）」ではなく、「マイノリティ化された言語（lenguas minorizadas）」が使われている点に、編者らの立場を読み取ることができる。▶ちなみに、アルゼンチン憲法75条17項では、先住民の存在の認知や、そのアイデンティティの尊重、バイリンガル・間文化的教育の保障といったことがうたわれている。▶さて、この一点しか出版物が見当たらないといっても、研究が低調というわけではないようだ。アルゼンチン言語研究協会（Sociedad Argentina de Estudios Lingüísticos）のウェブサイト http://www.sael.com.ar/ からたどれる大会プログラムや電子出版物を見ると、いわゆる文法研究に偏らず、社会言語学研究も含めてさまざまなテーマが扱われている。研究が低調なのではなく、紙媒体から電子媒体への移行が進んでいるということだろう。▶なお、この協会は以前は「アルゼンチン言語学会（Asociación Argentina de Lingüística）」という名称だったらしい。まったくの憶測だが、研究領域の拡大にともなって、名称変更が行われたのではないだろうか。外部状況の変化に応じて組織自体のあり方を見直したのであれば、実に真っ当。 （塚原信行）

交錯する"ことば"と"社会"、そして個人の生

▶ **John H. McWhorter, *The creole debate* (Cambridge University Press 2018)**。とりわけ1980年頃から90年代前半にかけては、多くの言語学者がクレオール言語に興味を示した時期だった。この種の言語は規格外の例外的な言語で、言語学主流に一泡吹かせることができそうな新鮮な素材だ、当時そう思った研究者が少なか

らずいたということだろう。対して著者は、クレオール言語は新しい言語だが例外ではなく、言語接触と言語変化に関し他の普通一般の言語と同様のプロセスを経て発展・展開したとする立場に立つ。本書は、今後のクレオール研究の一つの在り方を示しているようにみえる。▶**河原理子『フランクル『夜と霧』への旅』（朝日新聞出版［朝日文庫］、2017）**。本書はこつこつと地道に、そして心のこもった丁寧な取材を積み重ねて成ったエッセーである。著者の集中力に富むぶれない姿勢は、少なからずフランクルから学んだものと言えよう。したがって、▶**ヴィクトール・E・フランクル『夜と霧　新版』（池田香代子［訳］、みすず書房、2002）**も併せて読みたい。もちろん旧版にあたる霜山徳爾訳『夜と霧──ドイツ強制収容所の体験記録』（みすず書房、1956）でもよい。河原やフランクルの著書をここに挙げたのは、クレオール言語誕生にかかわったとされるプランテーション奴隷たちのことが頭をよぎったからである。もちろん彼らとナチスの強制収容所の囚人たちとを同列に扱うことはできない。しかし、多言語社会でもある強制収容所にも、プランテーションと同様にコミュニケーションの問題があった。では囚人たちはこの問題にどう対処したのか（ピジンに類する言語形態は生み出されたのか）。興味深い問だが、残念ながら、河原もフランクルも（上掲書においては）この種の問題に触れていない。▶**アラン・レネ（監督）『夜と霧』（1955年制作）**。『夜と霧』といえば、このドキュメンタリー映画を外せない。上述の霜山徳爾訳を出版する際、書名として「一心理学者、強制収容所を体験する」という地味な原題を採用せず『夜と霧』とした。その理由は、その前年にフランスで公開された本作にあやかろうとしたからだ。

この映画は、日本での公開時（1961年）に、正視に堪えないシーンをカットして上映され、大いに物議をかもした。今日、DVDで観られるのはもちろんノーカット版である。カメラは淡々と収容所跡の風景を切り出していく。どこを見てものどかな田園風景だ。そしてそれに戦時中のニュース映像や写真を重ねていく。撮影時の十年前までここに強制収容所があったなんて嘘みたいだと思う人もいれば、どうということもない平凡な日常が、あれよあれよという間に、強制収容所を「自然」と思わせてしまう日常へと変貌しうるのだと思う人もいるだろう。26歳の**渡邊白泉**が、ナチス・ドイツがポーランドに侵攻した昭和14年（1939年）に詠んだ句をここに添えたい。「**戦争が廊下の奥に立つてゐた**」。

（林正寛）

「長期的展望」

▶**デイヴィッド・W・アンソニー『馬・車輪・言語──文明はどこで誕生したのか』（上下、東郷えりか［訳］、筑摩書房、2018）**が出版された。原本は2007年に英語で出されているが、私はこれを精読して、これまでの印欧語誕生のシナリオについて見解を新たにすることになった。これまでの比較言語学者と近年のDNA研究以降の研究者との中間的見解だが、考古学的証拠に裏打ちされて、説得的である。▶**鈴木董『文字と組織の世界史──新しい「比較文明史」のスケッチ』（山川出版社、2018）**。2016年日本西洋史学会での講演で注目したのだが、文字を通して比較文明史に挑戦するというなかなか大胆な試みだが、私の書記言語比較研究と共通するところが大にあり、たいへん参考になる。▶**江利川春雄『日本の外国語教育政策史』ひつじ書房、2018）**。英語教育の大御所による通史。高額な図書だが、参照図書として便利。（原聖）

Kotoba to Syakai 20-gou (Language and Society No.20)

Mokuzi (Contents)

Tokusyuu "Toukyou, Kotoba to Tosi no Tougouteki Rikai e"
(Special Issue "Tokyo: Linking Language and Urban Space")

Maegaki 4
Introduction
    Patrick HEINRICH / MAŜIKO Hidenori / NAWA Katsuo

"Toukyou" - Syakaigengogakuteki-katei tositeno / Syakaigengogakuteki-keiken tositeno ·········· 7
Tokyo as a Sociolinguistic Process and Experience
    Patrick HEINRICH   Translated by TUKAHARA Nobuyuki

Aimaina "Toukyou" to Watasitati: Daitosiken / Seikatusya / Gengo ·· 25
Ambigua "Tokio" kaj Ni: Metropola areo / loĝantoj / Lingvoj
    MAŜIKO Hidenori

Toukyou-ben, Toukyou-hougen, Toukyou-go ·· 47
Terms for the Tokyo Dialect: "Tōkyō-ben," "Tōkyō-hōgen" or "Tōkyō-go."
    SHIMIZU Yasuyuki

‹Komento› "Toukyou" no Kotoba to Tosi no Tougouteki Haaku no tameni ···························· 73
‹Comments› For A Comprehensive Study of Language and Urbanism of "Tokyo"
    NAWA Katsuo

*

‹Kotoba to Syakai to Kentiku› Wareware o Ziyuu ni suru "Kabe" ················ 95
‹Sprache, Gesellschaft und Architektur›
"Mauern", die uns befreien

  Patrick HEINRICH   Übersetzer: YOSHIDA Tatsuhiko

*

Toukou-Ronbun (Reviewed Paper)

Tagengosyakai-Nihon nitotte, Rou-gakkou ga Sonzai suru Igi ················ 103
The Importance of School for the DEAF for Multilingual Japanese Society

  NAKASHIMA Takeshi

Syohyou (Book Reviews)

Shinji SATO, Yutaka SAYEKI (editors) ·· 126
Engaging Language: An Invitation to Dialogic Education and Research

  Reviewer: Alessandro MANTELLI

Gengozinruigaku to Bunkazinruigaku ni kakawaru Ikutuka no Syukudai no Danpenteki Oboegaki, aruiwa Eihaan *Ikiteiru Gengo* o meguru Turezurenaru Zuisou ················ 131
Fragmentary Memoranda on the Several Tasks for Linguistic and Cultural Anthropologists, or A Review Essay about AHEARN's *Living Language*

  Reviewer: WATANABE Y. Hibi

Rensai houkoku "Tagengo-syakai Nippon"
(Reports "Japan as a Multilingual Society")

Ainugo ⑪ (Aynu itak: the Ainu language ⑪) ·· 164
Ainugo Hukkou no Atarasii Nagare
Aynu itak amososo kuni asir rir

  TANGIKU Itsuji

Ryuukyuu-ko no Gengo ⑲
(Simakutwuba: the Language in the Okinawa Main Island and its Surrounding Islets ⑲) ·········· 184
Senzityuu no Okinawa-geinou to Utinaaguti ni taisuru Kisei

戦世ぬ芸能とぅ沖縄口ぬ取い調び

新吉門ぬ尚記

Imin no Gengo ⑧ (Allochthonous Languages ⑧) ·· 193
Zainiti-Betonamuzin-Komyunitji niokeru Bogo-kyousitu no arikata:
Zainiti-Betonamuzin-2sei no Gengo-zyoukyou kara miru "Kattou" o megutte

Tình hình lớp tiếng Việt trong cộng đồng người Việt đang sinh sống tại Nhật - "Tâm trạng phức tạp" của người Việt thế hệ thứ 2 được nhìn thấy qua tình trạng ngôn ngữ-

Nogami Emi

*

‹Eizou no nakano Tagengo›
NHK Tokusyuu Dorama (2018) *Dokonimo nai Kuni* nimiru "Setuei" no Kyokuhoku ················· 202
‹Multlingveco en movbildoj›
Modele celkonscia uzo de lingvoj en televida dramo "La lando kiu nenie ekzistas" (NHK 2018)

Kimura Goro Christoph

*

Kinkan Tanpyou (Short Reviews) ·· 207
Mokuzi (Contents) ·· 214
Sippitusya Syoukai (Authors) ·· 217

執筆者紹介 (掲載順)

パトリック・ハインリッヒ
[Patrick Heinrich]
ヴェネツィア大学アジア北アフリカ研究学科准教授。専門は、言語危機、大都市の社会言語学。

ましこ・ひでのり
中京大学国際教養学部教授。専門は、社会学、とくに国民国家論、教育イデオロギー、身体論、植民地主義。

名和 克郎 [なわ・かつお]
東京大学東洋文化研究所教授。専門は、(社会・文化・言語) 人類学、ネパール・ヒマラヤ民族誌。

塚原 信行 [つかはら・のぶゆき]
京都大学国際高等教育院附属国際学術言語教育センター准教授。専門は社会言語学、言語政策研究、多言語社会における言語教育。

清水 康行 [しみず・やすゆき]
日本女子大学教授。専門は日本語学 (国語学)。

吉田 達彦 [よしだ・たつひこ]
IFSIK外国語・異文化コミュニケーション研究所ディレクター、IDSドイツ語研究所マンハイム客員研究員。専門は、ドイツ語学・社会言語学。とくに、異文化接触としての (非) 言語的相互行為に関するエスノメソドロジー。

中島 武史 [なかしま・たけし]
大阪府立中央聴覚支援学校教諭。関西学院大学手話言語研究センター客員研究員。専門は、社会言語学。ろう教育研究。

アレッサンドロ・マンテッリ
[Alessandro Mantelli]
ヴェネツィア大学大学院生。アジア北アフリカ研究学科。専門は、日本語教育学とIT。

渡邊 日日 [わたなべ・ひび]
東京大学大学院総合文化研究科教員。専門は、文化人類学、シベリア民族学、ロシア思想史。

丹菊 逸治 [たんぎく・いつじ]
北海道大学アイヌ・先住民研究センター准教授。専門は、口承文芸論、アイヌ語アイヌ文学、ニヴフ語ニヴフ文学。

伊佐 尚記 [いさ・なおき]
琉球新報記者。文化部で主に伝統芸能を担当。

野上 恵美 [のがみ・えみ]
神戸大学国際文化学研究推進センター協力研究員。専門は、文化人類学、マイノリティ論、在日ベトナム人研究。

木村 護郎クリストフ
[きむら・ごろうクリストフ]
上智大学外国語学部教授。専門は、言語社会学、とくに少数言語の維持・再活性化・復興、媒介言語論。

■21号予告
特集「オリンピック　言語と政治」(仮)
2019年10月発売予定　予価：本体2,300円（税別）

■21号論文募集
特集投稿論文・一般投稿論文を募集しています。下記の方法でご投稿ください。いずれも編集委員会にて査読の上、採否を決定いたします。

【特集投稿論文・応募規定】
●特集テーマ「オリンピック　言語と政治」(仮)。●下記の特集趣旨をご一読の上、まず、論文要旨（A4用紙1枚程度）を下記のアドレスまでお送りください。編集委員会にて特集論文として投稿していただけるかどうか検討させていただきます（ただし、特集論文として取り上げられない場合も一般投稿論文としては投稿可能です）。●要旨受付〆切＝2019年1月10日（論文は4月20日〆切）。

[特集趣旨]
　2020年の東京オリンピック・パラリンピック大会を前にして、多言語化についての議論を目にする機会が増えてきた。それら議論の多くは、とりわけ観光振興との関連において、公共空間での多言語表記、公共サービスやビジネスにおける多言語対応を課題とみなしている。しかしそこで挙げられている具体的課題の多くは、すでに1964年東京オリンピック時に提示されたものである。当時と現在の違いは、現在では課題への対応策として情報通信技術の応用が前面に打ち出されているという程度であり、それ以外の点、例えば、オリンピック用語の整備・翻訳をどのようにすすめるべきか、あるいは、制度的にどの言語をどのように扱うべきか、といった社会言語学的（あるいは言語政策論的）議論が見られない点は1964年大会当時と変わらない。
　こうした状況の背景には、いくつかの要因が潜んでいるように思われる。1つは、オリンピックや多言語状況が本来的に内包している政治性の等閑視であろうし、また別の1つは、観光振興において訪問者を顧客として捉える見方と、オリンピズムに含まれる国際理解や他者理解といった概念との本質的断絶であろう。これら要因を考慮することなく、表面的な現象だけを、いわば場当たり的に扱ったところで、学術的に意義がある議論を深めることはできないのではないか。
　本特集では、以上のような認識に基づき、社会言語学的、あるいは言語政策論的観点から、オリンピックにおける言語と政治を扱う論考を募集する。

【一般投稿論文・応募規定】
●テーマ不問。下記の〆切日までに論文をお送りください。●本文・注を含め400字詰め原稿用紙で50枚。句読点「、」と「。」を使用。●応募原稿は返却致しませんので、郵送の場合はコピーをお送り下さい。●掲載になった場合、本誌5部を呈します。●応募方法＝郵送（三元社宛）またはメール添付ファイルにて下記のアドレスまで。●論文受付〆切＝2019年4月20日。

【問い合わせ・応募先】三元社『ことばと社会』編集部　email@sangensha.co.jp

■20号編集後記
　社会言語学を現代のことばと社会に即したものとするためには、既存の社会言語学の批判的再検討と共に、新たな理論や方法論の創造が必要である。他方、「新しい社会言語学」または「社会言語学2.0」のためには、新たな実証研究が不可欠である。本特集で提示・討論されたアイデアが、この目的に資することになれば幸いである。(ハ)　最初に御寄稿くださったみなさまに感謝もうしあげる。特集総括にあるとおり、序論的論稿だけで構成された今回の特集だが、論点整理としての意義はあるだろう。それは「東京圏」という特定空間の言語状況を把握するための方法論的提起にとどまらず、広義の社会言語学に一石を投じるという意味でも。(ま)　思いがけず本号特集の担当の一翼を担うことになり、コメントも担当した。付け焼き刃でなく書けることに集中したところ特集論文を一部批判する内容になったが、これも本誌らしいのではないかと思う。最後に、本号に関わられた全ての方々、とりわけ査読に当たられた先生方に改めて感謝申し上げる。(名)

『ことばと社会』編集委員

石部 尚登 [Ishibe Naoto] 　　　　　　　　　日本大学
木村 護郎クリストフ [Kimura Goro Christoph] 　上智大学
定松 文 [Sadamatsu Aya] 　　　　　　　　恵泉女学園大学
佐野 直子 [Sano Naoko] 　　　　　　　　名古屋市立大学
塚原 信行 [Tukahara Nobuyuki] 　　　　　京都大学
名和 克郎 [Nawa Katsuo] 　　　　　　　　東京大学
パトリック・ハインリッヒ [Patrick Heinrich] 　ヴェネツィア大学
藤井 久美子 [Fujii Kumiko] 　　　　　　　宮崎大学
前田 達朗 [Maeda Tatsuro]
ましこ・ひでのり [Mašiko Hidenori] 　　　中京大学
安田 敏朗 [Yasuda Tosiaki] 　　　　　　　一橋大学
山下 仁 [Yamashita Hitoshi] 　　　　　　大阪大学
渡邊 日日 [Watanabe Hibi] 　　　　　　　東京大学

協力者

清水 康行 [Shimizu Yasuyuki] 　　　　　日本女子大学
砂野 幸稔 [Sunano Yukitoshi] 　　　　　熊本県立大学
林 正寛 [Hayashi Masahiro]
原 聖 [Hara Kiyosi] 　　　　　　　　　　女子美術大学
藤井 毅 [Fujii Takeshi] 　　　　　　　　東京外国語大学

20号協力者

庄司 博史 [Shoji Hiroshi]

ことばと社会　20号

発行日　2019年1月25日　初版第1刷発行

『ことばと社会』編集委員会・編

発行所　株式会社 三元社
〒113-0033 東京都文京区本郷1-28-36鳳明ビル1階
電話／03-5803-4155　FAX／03-5803-4156

印刷　モリモト印刷 株式会社
製本　鶴亀製本 株式会社
装幀　山野麻里子

ISBN978-4-88303-474-1
http://www.sangensha.co.jp

三元社［定期刊行］

ことばと社会
多言語社会研究

『ことばと社会』編集委員会・編　年1回刊行／定期購読申し込み受付中

1号	特集	地名の政治言語学	1999年刊	2,200円
2号	特集	言語の復活	1999年刊	2,200円
3号	特集	単一言語支配	2000年刊	2,200円
4号	特集	メディアと多言語	2000年刊	〈品切中〉
5号	特集	漢字文化圏の文字ナショナリズム①	2001年刊	〈品切中〉
6号	特集	漢字文化圏の文字ナショナリズム②	2002年刊	2,200円
7号	特集	危機言語	2003年刊	2,200円
8号	特集	地域語発展のために	2004年刊	2,200円
9号	特集	バイリテラシー	2005年刊	2,200円
10号	特集	社会言語学再考	2007年刊	2,300円
11号	特集	移民と言語①	2008年刊	2,200円
12号	特集	移民と言語②	2010年刊	2,300円
13号	特集	学校教育における少数派言語	2011年刊	2,300円
14号	特集	リテラシー再考	2012年刊	2,500円
15号	特集	ネット時代のことばと社会	2013年刊	2,300円
16号	特集	セクシュアリティ、権力、撹乱	2014年刊	2,300円
17号	特集	アジアのリンガフランカ	2015年刊	2,300円
18号	特集	アイデンティティ研究の新展開	2016年刊	2,300円
19号	特集	ことばの商品化	2017年刊	2,300円
別冊1号		ヨーロッパの多言語主義はどこまできたか	2004年刊	〈品切中〉
別冊2号		脱帝国と多言語化社会のゆくえ	2005年刊	2,500円
別冊3号		言語的多様性という視座	2010年刊	2,300円
別冊4号		ケルト諸語文化の復興	2012年刊	2,300円

＊価格税別

- 定期購読をおすすめいたします。お近くの書店にご注文ください。
- 直送での定期購読をご希望の方は、小社までお名前・住所・電話番号をお知らせください。代金は各号ごとに、本誌に同封する郵便振替用紙でお支払いいただきます（国内のみ送料無料）。